**INTERAÇÕES NAS PRÁTICAS
DE LETRAMENTO**

INTERAÇÕES NAS PRÁTICAS DE LETRAMENTO
O uso do livro didático e da metodologia de projetos

Maria do Socorro Alencar Nunes Macedo

Martins Fontes
São Paulo 2005

*Copyright © 2005, Livraria Martins Fontes Editora Ltda.,
São Paulo, para a presente edição.*

1ª edição
2005

Acompanhamento editorial
Helena Guimarães Bittencourt
Preparação do original
Maria Luiza Favret
Revisões gráficas
Adriana Cristina Bairrada
Letícia Castelo Branco Braun
Dinarte Zorzanelli da Silva
Produção gráfica
Geraldo Alves
Paginação/Fotolitos
Studio 3 Desenvolvimento Editorial

Dados Internacionais de Catalogação na Publicação (CIP)
(Câmara Brasileira do Livro, SP, Brasil)

Macedo, Maria do Socorro Alencar Nunes
 Interações nas práticas de letramento : o uso do livro didático e da metodologia de projetos / Maria do Socorro Alencar Nunes Macedo. – São Paulo : Martins Fontes, 2005. – (Texto e linguagem)

 ISBN 85-336-2216-3

 1. Ensino fundamental 2. Escrita (Ensino fundamental) 3. Interação em educação (Ensino fundamental) 4. Leitura (Ensino fundamental) 5. Letramento 6. Livros didáticos – Brasil 7. Pesquisa – Metodologia I. Título. II. Série.

05-7708   CDD-371.332

Índices para catálogo sistemático:
1. Livros didáticos : Interações nas práticas
de letramento : Educação 371.332

Todos os direitos desta edição para a língua portuguesa reservados à
Livraria Martins Fontes Editora Ltda.
Rua Conselheiro Ramalho, 330 01325-000 São Paulo SP Brasil
Tel. (11) 3241.3677 Fax (11) 3101.1042
e-mail: info@martinsfontes.com.br http://www.martinsfontes.com.br

Índice

Agradecimentos **VII**
Apresentação **IX**
Introdução **1**

1. **Pesquisas sobre interações e práticas de letramento em sala de aula** *9*

   Pesquisas sobre interações em sala de aula entre os anos 60 e o final dos anos 70: algumas considerações *10*
   Pressupostos para a análise das interações em sala de aula *14*
   Formas de organização do discurso e das interações em sala de aula *24*
   Interações nas práticas de letramento em sala de aula *31*

2. **Procedimentos metodológicos** *45*

   A coleta dos dados *45*
   Organização dos dados e procedimentos analíticos *54*

3. **Padrões e eventos de interação na constituição da cultura da sala de aula** *61*

   Caracterizando as escolas, as turmas e as professoras *61*

Eventos e padrões interacionais: como o cotidiano da sala de aula é constituído **70**
Padrões de organização das interações **82**
Negociando as regras das interações na sala de aula **115**

4. Interações em sala de aula no uso do livro didático: uma análise de práticas de letramento da escola A 135

Práticas de letramento na turma da escola A: uma visão geral **136**
Práticas de letramento anteriores ao uso do LD **150**
Práticas de letramento mediadas pelo LD **155**

5. Interações nas práticas de letramento no trabalho com projetos: análise da escola B 203

Práticas de letramento da turma da escola B: uma visão geral **204**
Práticas de letramento no contexto dos projetos **212**

Considerações finais **281**
Referências bibliográficas **299**

Para Luan

A Eduardo, meu orientador.
A Judith Green e Carol Dixon, orientadoras no doutorado sanduíche, pela generosidade com que me receberam na University of California, Santa Barbara (UCSB).
A minha família, pelo apoio incondicional.
A Capes e CNPq, pelo apoio financeiro.

Apresentação

Nos primeiros anos deste novo século, o discurso da inovação curricular formulado em documentos oficiais federais, estaduais e municipais, e sustentado pela produção de conhecimentos na universidade, tem sido escutado em salas de aula e nos corredores das mais remotas e recônditas escolas. O trabalho que ora apresentamos investiga o impacto desse discurso na prática escolar e conclui que há, de fato, importantes mudanças em curso nas escolas da rede municipal de Belo Horizonte, o local de trabalho, como formadora de professores e como pesquisadora, da autora desta obra.

Conhecer as transformações que, segundo Socorro Nunes, estão sendo implementadas por professores do 1.º ciclo do Ensino Fundamental, justamente aqueles encarregados de introduzir os alunos no mundo da escrita, já justifica a sua leitura, mas há outras razões que fazem do trabalho uma contribuição necessária e bem-vinda para a área do letramento e do impacto dos trabalhos sobre o letramento no ensino da língua escrita nas séries iniciais. Uma dessas razões é a escassez de trabalhos sobre interação em sala de aula, apesar de ser esta uma área reconhecida como um campo de estudos necessário à formação de todo professor. Ainda uma outra razão é que trabalhos que mostram o cotidiano escolar, as mudanças que aí ocorrem e os esforços dos professores para realizar essas mudanças devem ser enquadrados no paradigma da pesquisa fortalecedora do professor, cujos resultados contribuem para a compreensão do trabalho docente e a valorização dos professores. E todo trabalho que resultar numa valorização desse profissional, geralmente responsabilizado pelos resultados de décadas de descaso com a educação, é bem-vindo.

Vejamos como a autora, ela própria uma professora com vasta experiência como alfabetizadora e formadora de outros alfabetizadores, desenvolve sua pesquisa, que utiliza métodos quantitativos e qualitativos. A pesquisa quantitativa consistiu da aplicação de um questionário que foi respondido por mais de quinhentos professores da rede municipal escolhida como contexto da pesquisa. A análise das respostas ao questionário lhe forneceu os dados para construir o perfil do professor, com foco especial nas práticas de letramento desse profissional, nas suas práticas de ensino da língua escrita e nos modos de incorporação de novas tendências sobre o ensino da escrita na prática escolar.

De posse do perfil do professor, a pesquisadora voltou-se para a pesquisa profunda de duas salas de aula, utilizando as abordagens e técnicas metodológicas da pesquisa qualitativa. As professoras dessas duas salas, uma formada em Pedagogia e a outra formada em Letras, foram entrevistadas e tiveram suas aulas gravadas em vídeo.

Referenciada por uma perspectiva dialógica e sociointeracionista da linguagem e da interação inspirada em Bakhtin, a pesquisadora realiza uma análise contextualizada das duas salas de aula em que os alunos iniciam suas práticas letradas. Ela considera a aula como o contexto privilegiado para começar a entender o impacto que as novas concepções teórico-metodológicas sobre a língua escrita e seu ensino têm exercido sobre a prática das duas professoras sujeitos da pesquisa. Conseqüente com essa perspectiva bakhtiniana é a concepção da sala de aula como uma comunidade cultural e, diríamos, também uma comunidade discursiva.

Quanto à metodologia analítica, Socorro Nunes recorre a uma abordagem microanalítica da interação, utilizada pela Etnografia Educacional, que examina em minucioso detalhe os padrões e eventos ocorridos na aula. Através dessa análise, a autora nos mostra dois modos diferenciados de construção de contextos de aprendizagem, evidentes nas rotinas, nos projetos elaborados, nos temas escolhidos, nos enfoques analíticos, nos materiais didáticos utilizados pelas duas professores nos dois contextos examinados. A pesquisa evidencia os distintos modos de construção, ratificação e negociação de sentidos via interação professor-alunos nesses dois contextos socioculturais e discursivos que são as salas de aula objeto de sua pesquisa.

O papel do curso de formação na construção do referencial didático-pedagógico do professor e deste na construção de saberes locais na aula é devidamente salientado nos resultados da pesquisa. Por essa razão, a obra traz dados importantes para alunos e professores dos cursos de Letras e de Pedagogia, para aqueles engajados na formação continuada do professor e para os professores atuantes na escola. O trabalho é também atual e oportuno ao tecer considerações relevantes para o ensino em relação ao papel dos projetos pedagógicos na construção de saberes, neste momento em que o projeto pedagógico tem sido caracterizado, em diversos documentos curriculares, como uma das mais produtivas abordagens para desenvolver diversas competências do aluno, entre as quais as capacidades de leitura e produção textual dos alunos.

Os indícios que a pesquisa traz relativamente aos modos de apropriação dos novos discursos por parte dos professores também podem vir a ser ferramenta importante na formação do professor pelo que eles revelam sobre os problemas e conflitos que esses discursos trazem para as concepções ou representações do professor sobre o ensino da língua escrita e, conseqüentemente, para o exercício da profissão.

Como todo trabalho que adentra por caminhos pouco explorados, trata-se de um estudo valioso pelos múltiplos elementos da complexa realidade escolar que consegue apontar, assim como pelas numerosas pistas que deixa em relação a novas e relevantes questões dessa realidade que merecem ser pesquisadas. Esperamos, com otimismo, que, inspiradas neste trabalho, novas pesquisas sobre a interação em sala de aula sejam concretizadas.

ANGELA B. KLEIMAN
Campinas, 25 de janeiro de 2005.

Introdução

Este trabalho, agora transformado em livro, é o resultado de um estudo que teve como foco de interesse a investigação dos processos de apropriação, pelos professores, das novas concepções de ensino-aprendizagem da leitura e da escrita presentes no discurso oficial e nos programas de formação continuada. Para investigar essa questão, analisamos as interações discursivas que constituem as práticas de letramento em duas turmas do primeiro ciclo do ensino fundamental da rede municipal de Belo Horizonte. Nesse contexto interacional, buscamos compreender como se constitui a dialogia – no sentido atribuído por Bakhtin – nos processos de interlocução entre os alunos dessas turmas e as professoras, na construção de práticas de letramento.

O interesse pela compreensão dos processos de apropriação dessas novas concepções advém de minhas experiências como professora alfabetizadora e como formadora de professores na rede municipal de ensino de Belo Horizonte.

Atuando como professora do primeiro ciclo em escolas da periferia de Belo Horizonte, foi possível o contato com novos referenciais teórico-metodológicos sobre alfabetização e sobre o ensino-aprendizagem da leitura e da escrita, bastante divulgados no Brasil a partir da década de 80. Entre esses referenciais, destacava-se a pesquisa de Ferreiro e Teberosky no campo da psicogênese da língua escrita, que rompe com a concepção de alfabetização como um processo de transmissão do código escrito e desvinculado de seus usos e funções sociais. Destacavam-se, ainda, as formulações de Vigotski sobre a aprendizagem, fundada no papel da interação com o outro nos processos de construção do conhecimento. Tal concepção tem sido objeto de divulgação e de sistematização em processos de formação continuada de professores, estando presente também em diferentes propostas oficiais de ensino, tanto no âmbito federal (com a formulação dos Parâmetros Curriculares Nacionais – PCNs) como nos âmbitos estadual e municipal.

Na década de 90, o conceito de letramento, discutido no Brasil inicialmente por Kleiman (1995) e Soares (1998), impulsionou o debate em torno dos processos de escolarização da leitura e da escrita, estabelecendo novas formas de compreender as práticas de uso da escrita na sociedade. Tal debate veio reforçar a concepção de leitura e escrita como uma prática social, contextualizada, realizada em diferentes situações de uso e com diferentes fins, explicitada na visão de letramento ideológico, formulada por Street (1984). Segundo Soares (1999), uma escolarização "adequada" não poderia ignorar essa dimensão sociocultural da leitura e da escrita.

O discurso oficial incorporou essas mudanças por meio dos Parâmetros Curriculares Nacionais, publicados na década de 90, e da implementação de diferentes políticas públicas, como a Escola Plural, em Belo Horizonte (1995), e a Escola Candanga, em Brasília (1996).

No caso da Escola Plural, pode-se observar a circulação dessas concepções em todos os cadernos que divulgam a proposta. Como os professores apropriam-se das concepções expressas nessas propostas de mudanças? Em que medida essas novas proposições têm influenciado a prática de professores do ensino fundamental, das séries/ciclos iniciais? Ainda que pesquisas recentes busquem compreender as práticas pedagógicas construídas na sala de aula, consideramos que muito pouco se sabe sobre a forma como os diferentes professores implementam em suas salas de aula as mudanças que vêm sendo propostas. É nesse contexto que este trabalho tem lugar. Optamos por abordar a sala de aula como o espaço privilegiado de pesquisa no sentido de uma compreensão mais aprofundada das práticas de duas professoras do primeiro ciclo. Ao priorizar a investigação empírica da sala de aula e a prática de professores que avançam na utilização de novos referenciais teórico-metodológicos, esperamos somar os resultados desta pesquisa aos já existentes e, assim, contribuir para o avanço na compreensão das interações e práticas de letramento que estão sendo construídas na escola. Além disso, pensamos que os resultados têm potencial para contribuir para uma ressignificação dos procedimentos e estratégias adotados nos programas de formação continuada de professores e nos referenciais teórico-metodológicos utilizados na organização de propostas pedagógicas inovadoras no campo do ensino da leitura e da escrita.

Partimos do pressuposto de que as apropriações que os professores fazem dessas propostas são variadas e de que as mudanças introduzidas por eles ocorrem em diferentes níveis. No diálogo com professores alfabetizadores, percebemos que muitos demonstram ter incorporado, no discurso, alguns aspectos dessas novas propostas. Por exemplo, em relação à organização dos alunos na sala de aula, o relato desses professores evidencia alterações importantes, como a constituição de agrupamentos de alunos com níveis diferenciados de aprendizagem da escrita a partir das hipóteses de Ferreiro e Teberosky sobre o processo de construção da escrita na criança. Aliado a isso, eles relatam a realização de atividades em pequenos grupos e em duplas como uma estratégia usada com muita freqüência no dia-a-dia da sala de aula, o que sugeriria uma aproximação com o pressuposto de que o sujeito aprende na interação com o outro.

Observamos também que o agrupamento dos alunos vem sofrendo alterações significativas. O Programa Escola Plural, por exemplo, orienta que os alunos devem ser agrupados com base na idade prevista para cada ciclo, e não somente no nível de aprendizagem, rompendo-se com os agrupamentos de turmas fracas e fortes, tradicionalmente presentes na escola e constituídos por alunos com idades bastante discrepantes.

Além disso, os relatos dos professores indicam a apropriação das novas proposições teórico-metodológicas no campo do ensino da leitura e da escrita que vêm sendo divulgadas nas últimas décadas. Por exemplo, eles buscam romper com o uso exclusivo do livro didático e da cartilha, indicando a disponibilização de outros impressos no trabalho pedagógico com a alfabetização.

A política nacional do livro didático (LD) também vem sofrendo o impacto dessas mudanças e foi radicalmente modificada a partir da implementação do PNLD (Programa Nacional do Livro Didático), do governo federal. No caso do LD de língua portuguesa, tem-se observado, dentre outros aspectos, que os novos materiais estão estruturados em torno de uma seleção textual diversificada e de atividades que potencializam diferentes formas de organização da sala de aula, como trabalhos em grupos e em duplas.

Nesse sentido, buscamos detectar como as mudanças em torno das concepções de leitura e escrita e de aprendizagem estão sendo compreendidas e implementadas por professores do primeiro ciclo da escola pública. Dessa questão central derivam outras que delimitam com mais clareza o foco de análise: Como as interações na sala de aula são organizadas? Como os padrões de interação são construídos pelos sujeitos participantes, alunos e professor? Como o professor concebe e organiza a proposta de trabalho em grupo e em dupla e na rodinha? Como as interações nas práticas de letramento são construídas quando um livro didático de língua portuguesa está sendo usado? Como as interações nas práticas de letramento são construídas quando o professor opta por trabalhar com a metodologia de projetos?

Construimos uma proposta teórico-metodológica que buscou articular dados quantitativos com dados de cunho etnográfico. Os primeiros possibilitaram descrever o perfil dos professores do primeiro ciclo e permitiram mapear diferentes questões relacionadas às formas de organização das interações e às práticas de ensino da leitura e da escrita, entre outras. Os dados quantitativos revelaram as principais tendências nas práticas pedagógicas dos professores do primeiro ciclo da rede municipal de ensino de Belo Horizonte (Macedo, 2004). Isso conferiu às duas salas de aula estudadas certa representatividade, pelo menos em termos dessas tendências. Os dados etnográficos possibilitaram investigar práticas reais de ensino da leitura e da escrita, em duas turmas diferentes, de professoras que responderam aos questionários. Além disso, utilizamos entrevistas para recolher informações sobre as práticas de sala de aula dessas professoras não perceptíveis apenas pela análise dos dados em vídeo. Os materiais utilizados e produzidos pelos alunos nas aulas também serviram de referência para as análises. Desse modo, analisamos as práticas das professoras a partir de diferentes ângulos e por meio de diferentes fontes de pesquisa. Essa proposta teórico-metodológica permitiu-nos uma visão mais abrangente e mais contextualizada das práticas de sala de aula, no sentido de que, ao focalizarmos diferentes aspectos das interações em sala de aula e das práticas de letramento aí construídas, produzimos evidências diversificadas que permitiram perceber e compreender a sala de aula como um espaço sociocultural complexo e multifacetado, e as práticas nela construídas não podem ser percebidas utilizando-se um único instrumento de pesquisa.

A análise dos dados de sala de aula baseia-se nas considerações de Bakhtin acerca da interação verbal, nas proposições de pesquisadores da etnografia interacional sobre as interações em sala de aula e nas discussões sobre letramento como uma prática sociocultural (Street, 1984; Santa Barbara Classroom Discourse Group, 1992; Kleiman, 1995; Soares, 1998). Tais pressupostos permitiram construir uma concepção de sala de aula como espaço de produção de uma cultura construída discursivamente pelos participantes em suas relações cotidianas. As práticas escolares de leitura e escrita, como um tipo de prática social de letramento (Street, 2001), por sua vez, são construídas nas interações discursivas em sala de aula.

O discurso produzido na relação professor-alunos foi analisado em relação a duas dimensões: uma de autoridade e outra de persuasão, conforme apontado por Bakhtin (1981). No processo interacional, os sujeitos constroem uma relação dialógica, marcada por diferentes vozes, entendidas no sentido bakhtiniano de horizontes conceituais que conformam os discursos dos sujeitos concretos.

Na elaboração desta pesquisa, partimos do princípio de que as perguntas aqui levantadas são mais bem investigadas em salas de aula de professores que organizam as interações de forma diversificada e que acreditam no diálogo como um aspecto constitutivo dos processos de ensino e aprendizagem. Para Edwards e Mercer (1988), o professor vive um dilema na tentativa de desenvolver um trabalho que tenha como princípio a interação e o diálogo com os alunos: enfrentar a tensão inevitável entre seguir o planejamento a ser desenvolvido e contemplar os processos de aprendizagem dos alunos, geralmente caracterizados por diferentes ritmos. Essa tensão ocorre mesmo quando a prática pedagógica é flexível; ou seja, quando se tem a opção de tomar o processo de apropriação de significados pelos alunos como referência para a organização do trabalho pedagógico, possibilitando que eles dialoguem sobre suas dúvidas e questões e posicionem-se diante do conhecimento a ser elaborado, pode ocorrer que esses tensionem o curso do desenvolvimento da aula.

O professor sempre enfrenta a pressão social materializada no currículo, que determina objetivos a atingir e tempos a serem cumpridos. Essa pressão funciona na direção oposta daquela determinada pela opção de "dar voz aos alunos" (Mortimer e Machado, 1996). Partimos do princípio de que essa contradição é inevitável no trabalho do professor que procura valorizar a participação ativa do aluno no processo de ensino e aprendizagem. Quando os professores adotam uma posição de procurar manter o espaço do aluno e ao mesmo tempo contemplar os aspectos curriculares, Mortimer e Macedo (2001) constatam que a dinâmica discursiva da sala de aula assume características de uma tensão entre discurso de autoridade e discurso internamente persuasivo, no sentido atribuído por Wertsch (1991). Por isso, entender essa tensão nas salas de aula estudadas nos parece importante.

Na busca de uma compreensão mais ampla das práticas de sala de aula, em que os elementos do contexto em que essas práticas estão inseridas são importantes, o primeiro passo para a estruturação da pesquisa foi a aplicação de um questionário a todos os professores do primeiro ciclo da rede municipal de ensino de Belo Horizonte, com o objetivo de detectar e mapear aspectos relacionados às formas de organização das interações na sala de aula e aos materiais pedagógicos utilizados no ensino da leitura e da escrita. Constatamos que a maioria dos professores assume trabalhar com diferentes formas de organização das interações e com diferentes materiais para o ensino da leitura e da escrita, negando o uso do livro didático como a única fonte de conhecimento na sala de aula (Macedo, 2004). Tal constatação confirmou nossa hipótese de que os processos interacionais na sala de aula e as práticas de letramento estavam sofrendo alterações em suas formas de organização.

Após a aplicação e a análise inicial dos questionários, delimitamos o perfil e a quantidade de professores com os quais iríamos trabalhar na investigação da sala de aula. Duas professoras foram selecionadas por duas razões principais: primeiro, porque diziam utilizar práticas pedagógicas que refletem as tendências indicadas na análise dos questionários em relação às formas de organização das interações na sala de aula e em relação aos materiais didáticos que utilizam no ensino da leitura e da escrita; segundo, elas dispuseram-se a participar da pesquisa, permitindo-nos que suas aulas fossem filmadas. O perfil das duas professoras coincide em alguns aspectos, mas diferencia-se em outros. Por exemplo, as duas professoras utilizam estratégias de trabalho em grupos e em duplas, mas uma delas não usa LD e trabalha com a metodologia de projetos. Consideramos que o contraste entre essas duas práticas pode enriquecer a compreensão da questão central desta pesquisa. Assim, dois estudos de caso compõem o escopo da pesquisa na sala de aula, articulados à análise estatística do perfil dos professores.

Capítulo 1 **Pesquisas sobre interações e práticas de letramento em sala de aula**

No final da década de 70 e no início da década de 80 do século XX, surgiram novas abordagens de pesquisas no campo das interações em sala de aula e dos estudos sobre letramento que, de certa maneira, rompiam com os pressupostos teórico-metodológicos das pesquisas realizadas anteriormente. Neste capítulo será apresentada uma breve discussão de pesquisas sobre interações em sala de aula e sobre práticas escolares de letramento, assim como os fundamentos teórico-metodológicos que suportam nossas análises.

Para efeito de contextualização, iniciamos com uma síntese de alguns estudos acerca das interações em sala de aula realizados entre os anos 60 e 70 que, ao serem questionados, proporcionaram o surgimento de novas bases teórico-metodológicas na investigação dos processos de ensino-aprendizagem. Em seguida, são apresentadas algumas pesquisas realizadas com base na etnografia interacional e na abordagem sociocultural que focalizam diferentes aspectos das interações em sala de aula. Por fim, são discutidas questões relacionadas a letramento e interação, focalizando práticas de letramento escolar.

Pesquisas sobre interações em sala de aula entre os anos 60 e o final dos anos 70: algumas considerações

Revisões produzidas por diferentes autores (Koehler, 1978; Evertson e Green, 1986; Delamont e Hamilton, 1987) indicam que os estudos sobre as interações em sala de aula realizados entre os anos 60 e o final dos anos 70 do século passado focalizavam os comportamentos de alunos e professores com o objetivo de estabelecer relações causais entre esses comportamentos e o produto da aprendizagem, avaliado geralmente por testes padronizados. Esses estudos pretendiam determinar a eficácia dos processos de ensino em relação aos resultados de aprendizagem desejados e foram nomeados por alguns representantes dessa tendência como "pesquisas processo-produto" (Dunkin e Biddle, 1974).

A descrição das teorias subjacentes a esses estudos é bastante variada, mas pode-se afirmar que a psicologia behaviorista, fundada por Skinner, foi determinante na investigação dos processos de ensino nessa época. Alguns pesquisadores enfatizam a influência do modelo positivista, emprestado das ciências naturais, na constituição do arcabouço teórico-metodológico dessas pesquisas (Erickson, 1986; Delamon e Hamilton, 1987). Ao enfocar os comportamentos dos sujeitos, essas pesquisas desconsideravam elementos dos contextos em que esses comportamentos eram produzidos, buscando generalizações dos resultados encontrados.

Uma das pesquisas mais influentes na época foi realizada por Flanders (1970), que propôs um sistema de códigos para a observação da sala de aula denominado FIAC (Categorias de Análises das Interações de Flanders). O sistema constitui-se de dez categorias pré-especificadas a partir das quais o pesquisador poderia analisar o "comportamento verbal" do professor e dos alunos nas interações. A metodologia constituía-se de observação e quantificação da freqüência com que os comportamentos ocorriam. Entre as categorias a serem codificadas, destacavam-se perguntas do professor; esclarecimentos ou ampliação das idéias dos alunos pelo professor; os tipos de respostas dos alunos, o silêncio etc. Cada categoria representava um "comportamento lingüístico", criando uma "linguagem" sobre o ensino a ser analisada estatisticamente através do estabelecimento de relações causais entre os comportamentos, reduzidos a unidades passíveis de mensuração e tabulação.

Na mesma direção do estudo de Flanders, encontra-se a pesquisa de Bellack et al. (1966). Empregando procedimentos estatísticos para analisar os "comportamentos lingüísticos" do professor e sua relação com os resultados da aprendizagem, os autores investigaram quatro categorias analíticas para "descrever a *performance* verbal de alunos e professores" (p. 15). As categorias relacionavam-se aos movimentos pedagógicos realizados pelo professor, compreendidos como estruturação, solicitação, resposta e reação.

Nesses estudos, os comportamentos dos sujeitos foram o objeto central de análise. Embora as categorias analíticas relacionem-se, de alguma forma, à linguagem produzida no processo de ensino-aprendizagem, essa categoria era reduzida a comportamentos lingüísticos mensuráveis. O contexto de interlocução e os significados produzidos pelos sujeitos nesse processo não eram considerados, bem como o contexto temporal e espacial de coleta dos dados. A maioria das observações era feita em curtos períodos de tempo, medidos em minutos e segundos, mais que em horas ou dias. O foco analítico era o comportamento observável e não as intenções que constituíam tais comportamentos.

Stallings e Kaskowitz (1974, apud Walberg, 1986), ao fazerem um levantamento dos estudos mais relevantes dessa época, verificaram que o uso de diferentes instrumentos pelos pesquisadores gerou centenas de variáveis relativas aos comportamentos de professores e alunos, o que proporcionou, segundo esses autores, o surgimento de críticas a esse modelo de pesquisa.

As críticas

Rosenshine e Furst (1976), representantes da tendência de pesquisa descrita, foram os primeiros a estabelecer severas críticas. Eles consideraram caóticos os estudos realizados até aquele momento, devido à enorme diversidade de variáveis e instrumentos existentes. Os autores propuseram, como resultado da crítica, um modelo para a descrição e análise dos processos de ensino que deveria conter: 1) desenvolvimento de procedimentos para descrever o ensino de maneira quantitativa; 2) estudos correlacionais nos quais as variáveis são relacionadas às medidas de aprendizagem dos estudantes; e 3) estudos experimentais nos quais as variáveis possam ser testadas de uma forma mais controlada (1976).

Enquanto Rosenshine e Furst (1976) criticavam o modelo com o objetivo de propor modificações e aperfeiçoá-lo, outras críticas surgiam no sentido de pensar alternativas para os problemas da pesquisa sobre a sala de aula. Considerando-se que o principal objetivo das pesquisas era possibilitar a melhoria da qualidade do ensino, os estudos realizados até então não tiveram um impacto substancial na prática de sala de aula, pois não consideraram a complexidade do fenômeno estudado e não trabalharam com metodologias apropriadas para investigá-lo (Berliner, 1977, apud Koehler, 1978).

Apontando os limites dessa abordagem, Mehan (1979) afirma que uma das conseqüências mais sérias é que a natureza das interações é obscurecida, na medida em que não se analisam aspectos constitutivos das interações, tais como: contribuições dos estudantes para a interação da sala de aula; inter-relação de "comportamentos" verbais e não-verbais; natureza contextual dos comportamentos; e funções da linguagem na sala de aula. O interesse em compreender o que realmente ocorre na sala de aula impulsionou o surgimento de novas tendências de pesquisa a partir do final da década de 70.

O surgimento de novas tendências

As demandas de pesquisas alternativas ao modelo descrito giravam em torno de procedimentos para a descrição da sala de aula numa perspectiva interdisciplinar. O propósito dessas pesquisas seria "descrever o processo de ensino/aprendizagem no espaço social e cultural da sala de aula. O movimento é em direção a uma pesquisa holística e a uma descrição profunda, com atenção à ecologia da sala de aula" (Koehler, 1978: 6-7).

A perspectiva de compreender a sala de aula como um espaço social e cultural não é recente. Ela nasceu desse movimento que teve início no final da década de 70. Nos Estados Unidos, a demanda do Instituto Nacional de Educação por um debate sobre as questões relacionadas ao ensino foi um fator decisivo para o surgimento de novas tendências de pesquisa naquele país. A conferência nacional de educação, organizada em 1974 por esse instituto, reuniu pesquisadores de diferentes áreas e de diferentes universidades e apresentou como resultado dez painéis, cada um deles representando uma orientação diferente para o estudo da sala de aula (Green, 1983).

A pesquisa etnográfica, bem como outras pesquisas qualitativas, é a grande novidade desse movimento. O trabalho de Splinder (1982) reúne estudos de diferentes pesquisadores interessados em compreender o processo de escolarização numa perspectiva etnográfica. Tal perspectiva parte do princípio de que as interações em sala de aula ocorrem sempre num contexto permeado por uma multiplicidade de significados que fazem parte de um universo cultural a ser estudado pelo pesquisador. Esse contexto era ignorado pelos pesquisadores que utilizavam o "sistema de códigos pré-especificados" (Delamon e Hamilton, 1987; Erickson, 1986).

A pesquisa de Mehan (1979) é pioneira na análise da estrutura das interações em sala de aula, numa perspectiva etnográfica por ele denominada "etnografia constitutiva". O pesquisador parte da premissa de que as respostas para a questão do papel da escolarização na sociedade não vêm de comparações quantitativas entre escolas, mas "do exame dos processos vivos de educação que ocorrem dentro das salas de aula" (1979: 8), através da análise da organização de eventos próprios da sala de aula, como lições, grupos de leitura e outras atividades.

Ao lado da abordagem etnográfica, novas teorias no campo da psicologia e da linguagem passam a influenciar o movimento de constituição da chamada abordagem sociocultural para a pesquisa sobre interações na sala de aula. A psicologia sociocultural vigotskiana e a teoria da enunciação bakhtiniana passam a influenciar pesquisas realizadas não apenas nos Estados Unidos e na Inglaterra, mas também no Brasil. Fora do Brasil, os trabalhos de Wertsch, nos Estados Unidos, forneceram fundamentos a diversos outros trabalhos. Na Inglaterra, poderíamos citar, por exemplo, os trabalhos de Mercer e Scott. No Brasil, pesquisadores como Mortimer, Rojo e Smolka vêm realizando estudos com base nas proposições da vertente sociocultural em aulas de diferentes disciplinas do currículo escolar do ensino fundamental.

Pressupostos para a análise das interações em sala de aula

Sala de aula como cultura

Pesquisadores da etnografia interacional têm buscado compreender as especificidades da cultura da sala de aula focalizando as interações e o discurso produzido por alunos e professores. Partem do pressuposto de que a sala de aula é uma "comunidade culturalmente constituída" por meio da participação de diferentes sujeitos, que assumem diferentes papéis no processo de ensino-aprendizagem (Collins e Green, 1992; Lin, 1994; Castanheira, 2000; Floriani, 1993, por exemplo).

Nessa perspectiva, a aprendizagem é definida situacionalmente por meio dos padrões e práticas discursivos com os quais professores e alunos constroem a vida de cada sala de aula. Os padrões e práticas são definidos pela análise das ações dos sujeitos, objetos e práticas sociais que os sujeitos constroem, por meio de eventos, ações e interações com o outro na vida cotidiana da sala de aula. Vista dessa forma, a sala de aula é um espaço onde um grupo constrói e reconstrói, nas interações de que participa, uma "cultura de sala" a partir de uma "cultura escolar" (Green e Weade, 1987; Collins e Green, 1992). Os processos de ensino e aprendizagem são vistos como processos sociais e interativos que ocorrem no interior de uma cultura específica produzida na escola, devendo, portanto, ser explorados dentro das situações reais em que ocorrem.

O conceito de cultura proposto por Spradley (1980) tem influenciado pesquisas da etnografia interacional. Para esse autor, o essencial da pesquisa etnográfica é a compreensão dos significados de ações e eventos produzidos pelas pessoas em determinado grupo. Para interpretar o "conhecimento cultural", o pesquisador deve mudar o foco do comportamento e dos artefatos para os significados. O conceito de cultura pode ser compreendido como a produção de significados por determinado grupo social.

Cultura como um sistema de significados "é aprendida, revisada, mantida e definida no contexto da interação entre as pessoas" (1980: 9). Por meio da análise de "quem pode fazer o quê, com quem, sob quais condições, onde, com qual objetivo" (Green e Meyer, 1991: 143), pode-se compreender de que forma membros de determinado grupo social (professor e alunos) desenvolvem o conhecimento cultural necessário para participar apropriadamente dos eventos cotidianos da sala de aula. Nesse sentido, a sala de aula pode ser analisada como um lugar em que alunos e professor interagem e negociam significados no processo de ensino-aprendizagem e, nesse processo, constroem sua história como grupo por meio da participação em diferentes eventos que constituem o fluxo da vida cotidiana da sala de aula. A vida da sala de aula, portanto, é dinâmica e não se constitui unicamente de *scripts* a serem seguidos pelo professor e pelos alunos. Nessa perspectiva, Collins e Green afirmam a importância de considerar a natureza holística da vida da sala de aula.

O debate sobre a natureza holística da sala de aula implica, necessariamente, a discussão sobre a relação parte-todo. Como afirmam Green, Dixon e Zaharlick (2001), a questão central relaciona-se ao significado da palavra "todo". Para alguns etnógrafos, o todo se refere à "comunidade" (Luz, 1981; Ogbu, 1974, apud Green, Dixon e Zaharlick, 2001). Para outros, o todo não equivale a tamanho, mas à identificação de uma unidade social "delimitada" (Gee e Green, 1998; Erickson, 1977, apud Green, Dixon e Zaharlick, 2001). O trabalho etnográfico é holístico não por causa do tamanho da unidade social, mas porque cada unidade é sistematicamente analisada como um todo, independentemente se é uma comunidade, um sistema escolar ou o começo de uma lição em sala de aula (Green, Dixon e Zaharlick, 2001). Nesse sentido, a análise dos eventos da sala de aula, numa perspectiva holística, deve considerar como as partes individuais relacionam-se com o todo mais amplo: o começo de lições, por exemplo, outros aspectos das lições, outros aspectos da vida da sala de aula e de outros tipos de eventos fora da sala de aula (Green, Dixon e Zaharlick, 2001: 211).

O evento tem sido definido de diferentes formas. Para Mehan (1979), a unidade de análise das interações em sala de aula é o evento e não a sentença, porque as pessoas participam de eventos sociais, considerados por ele "constelações de comportamentos verbais e não-verbais produzidos e manifestos em circunstâncias concretas" (1979: 75). Essa perspectiva implica mover a análise do plano individual para o plano interacional ou social.

Segundo Spradley (1980), eventos freqüentemente ocorrem em diferentes situações sociais e são constituídos por um conjunto de atividades que se vinculam a padrões culturais. Focalizando questões de letramento, Heath (1983) define eventos como situações que envolvem práticas de leitura e escrita por determinado grupo social, que ela denomina de "eventos de letramento". Bloome e Bayley (1992) afirmam que "as pessoas e sua linguagem são vistas como envolvidas em eventos e essas pessoas usam a linguagem para construir eventos" (p. 183). Dito de outra forma, "por evento nós nos referimos às interações face a face das pessoas em uma seqüência discursiva com começo, meio e fim reconhecidos. Eventos, então, são construídos pelas ações e reações das pessoas uma às outras" (p. 185).

Nesse sentido, as análises das interações em sala de aula focalizam a prática de alunos e professores, sujeitos socioculturais, ao se engajarem em eventos e atividades de ensino e aprendizagem. Uma forma de organizar essa unidade de análise é por meio de mapas de eventos. Um mapa de eventos pode ser definido como uma transcrição ou representação de um evento, um ciclo de atividades ou um segmento da história de um grupo construída pelos sujeitos por meio do processo dialógico e interacional (Green e Meyer, 1991). O nível de detalhes representado no mapa depende da questão que está sendo analisada. Um aspecto que pode ser comum entre todos os mapas é o fato de representarem como o tempo foi gasto e como o espaço interacional foi utilizado pelos participantes.

Para compreender como a continuidade da vida na sala de aula é construída e como esse processo pode ser observado, Collins e Green (1992) pesquisam situações nas quais professores substitutos assumem aulas em uma turma, rompendo com a cultura e as condições estabelecidas pelo grupo no processo de ensino-aprendizagem. O argumento principal que fundamenta o conceito de aprendizagem, para essas autoras, é que "a vida na sala de aula torna-se padronizada porque os membros constroem uma linguagem comum e um conjunto de experiências que influenciam suas interpretações das ações e interações futuras" (p. 72). Professores substitutos não compartilham "o sistema referencial" da classe, que inclui palavras, discursos e padrões construídos pelos participantes. O sistema social construído pelo grupo – alunos e professor – influencia as oportunidades que os alunos têm para aprender, como elas serão realizadas e os resultados da participação nos vários tipos de eventos. Nesse sentido, os autores acima citados afirmam que "participar em eventos não se equipara à aprendizagem", apenas constitui as "condições potenciais para a aprendizagem" (p. 72). Nesse sentido, a aprendizagem é o resultado da participação dentro e através de eventos, constituídos discursivamente pelos participantes na sala de aula.

Discurso, dialogia, ensino e aprendizagem

A relação entre discurso, ensino e aprendizagem tem sido evidenciada por diferentes pesquisadores ao longo das últimas duas décadas. Nesta pesquisa, partimos do pressuposto de que os processos de ensino-aprendizagem são mediados discursivamente pela ação dos participantes. Esse princípio baseia-se numa visão de linguagem como prática social, histórica e ideologicamente marcada, proposta por Bakhtin (1929, 1995). Esse autor entende que o processo de desenvolvimento psicológico dos indivíduos é marcado ideologicamente pela mediação dos signos lingüísticos. A linguagem, assim, pode ser compreendida como constitutiva dos sujeitos, seres históricos e sociais e, para ser analisada, devem-se considerar os condicionantes de sua produção, posição também compartilhada por Vigotski (1991, 1995).

Bakhtin postula que a interação verbal, de natureza dialógica e social, é a categoria básica da concepção de linguagem como fenômeno social, marcado ideologicamente. Sendo a interação verbal a categoria básica da concepção de linguagem, o enunciado é a unidade de análise dos processos de interação verbal, "a verdadeira unidade da comunicação verbal". Para Bakhtin, o diálogo, concebido como um processo que ultrapassa a interação face a face, é o traço fundamental do enunciado e da enunciação: "Pode-se compreender a palavra 'diálogo' no sentido amplo, isto é, não apenas como a comunicação face a face, mas toda comunicação verbal, de qualquer tipo que seja. O livro, isto é, o ato de fala impresso, constitui igualmente um elemento da comunicação verbal" (1929, 1995: 123).

Ainda segundo Bakhtin, "a enunciação é o produto da interação de dois indivíduos socialmente organizados" (1929, 1995: 112), pois todo discurso constitui-se na fronteira entre aquilo que é nosso e aquilo que é do outro. Os discursos comportam duas faces e são determinados tanto pelo fato de que procedem de alguém quanto pelo fato de que se dirigem a alguém. Dessa forma, os enunciados não são indiferentes nem refratários uns aos outros. Eles são conscientes e refletem-se mutuamente por meio de um processo de compreensão que implica a produção de "contrapalavras" vinculadas às palavras do outro. Os significados, portanto, só podem começar a existir quando duas ou mais vozes entram em contato, evidenciando que o enunciado não é isolado, ao contrário, constitui-se em um elo na cadeia de interação verbal.

O fato de o discurso ser direcionado para o outro constitui o que Bakhtin concebe como "dialogicidade interna do discurso".

Para Bakhtin (1979, 1997: 345), "a relação dialógica é uma relação (de sentido) que se estabelece entre enunciados da comunicação verbal", o que implica a compreensão do enunciado concebido como um diálogo. A compreensão, para Bakhtin, "implica uma *responsividade* e, por conseguinte, um juízo de valor" (1979, 1997: 351). Nesse sentido, a compreensão responsiva de um todo verbal – o enunciado – é sempre dialógica. "Para a palavra (e por conseguinte o homem) nada é mais terrível que a irresponsividade (a falta de resposta) [...]. A palavra quer ser ouvida, compreendida, respondida e quer, por sua vez, responder à resposta, e assim *ad infinitum*" (op. cit., p. 351).

A concepção de linguagem e de discurso de Bakhtin encontra eco nas proposições de pesquisadores da etnografia interacional acerca da interação verbal (Bloome e Egan-Robertson, 1993; Bloome e Bailey, 1992). Os pesquisadores afirmam que, quando a linguagem é concebida como parte de um diálogo conjunto em que as pessoas agem e reagem umas às outras, ela não deve ser pensada como um significado em si, mas como significativa, ação estratégica que é materialmente realizada. Assim, para engajar-se em um diálogo, as pessoas devem agir de modo que suas ações e intenções possam ser compreendidas pelos outros em um evento. As ações discursivas das pessoas devem ser consideradas à luz do contexto social e histórico mais amplo que as constitui. Nesse sentido, a análise dos fatores institucionais que condicionam a produção do discurso na sala de aula, ou seja, a análise das condições de produção do discurso pedagógico, é fundamental para uma visão mais aprofundada da complexidade que envolve a relação discurso, ensino e aprendizagem.

Preocupado com as condições do discurso pedagógico e buscando responder à pergunta "quando se ensina Português, o que se ensina?", Batista (1997) centra suas análises "nos processos de organização do discurso em sala de aula e [...] nas relações entre esses processos, suas condições de possibilidade e os saberes que acabam por ser transmitidos na aula de Português" (1997: 11). O autor explora as relações entre a língua (o conhecimento) que se ensina, o discurso escolar e a organização do trabalho em sala de aula. "Um saber parece tornar-se passível de se instalar na sala de aula desde que ele permita a construção de efeitos que organizem o trabalho em sala de aula" (1997: 114).

O saber ao qual o pesquisador se refere é o da gramática normativa que, diferentemente da leitura e da produção de textos, possibilita certo modo de organização curricular, de organização do trabalho em sala de aula. Em recente investigação, Albuquerque (2002) constata que o ensino da leitura, diferentemente do que afirma Batista (1997), também tem possibilitado formas de organização do currículo semelhantes às do ensino da gramática. Isto significa dizer que o trabalho com textos tem sido feito de forma sistemática for professores que tentam inovar o ensino da língua, por meio da criação de uma metalinguagem que enfatiza as dimensões estruturais dos textos, em detrimento do uso. Os professores investem na definição e na classificação dos textos com os alunos, sem que sejam efetivamente lidos. Nesta pesquisa, constatamos que diferentes saberes circulam e são sistematizados nas aulas, possibilitando diferentes modos de organização das interações. Batista (op. cit.) faz uma crítica, com a qual concordamos, à tendência, no discurso acadêmico e nas políticas educacionais, de atribuir aos professores a responsabilidade pela mudança e transformação do processo educacional, assim como seu fracasso e a persistência da tradição. A análise dos processos de ensino na sala de aula evidencia que a questão é muito mais complexa. O professor exerce sua prática sob um regime de constrições em que ele forma e ao mesmo tempo é formado por ela.

O princípio de que a linguagem da sala de aula (Lin, 1994) não funciona como uma via de mão única, em que a mensagem transmitida pelo professor é claramente compreendida pelo aluno, tem sido assumido por Mortimer (1998; 2001) em suas pesquisas sobre apropriação de conceitos na sala de aula. Para o pesquisador, o discurso da sala de aula é de natureza dialógica, pois mesmo que o professor não ofereça oportunidades aos alunos de expressarem suas compreensões dos conceitos ensinados, estes reelaboram e ressignificam esses conceitos, produzindo "contrapalavras".

Investigando aulas de ciências (Mortimer, 1998, 2000; Mortimer e Machado, 2001; Machado, 1999; Candela, 1995; Mortimer e Scott, 2003) e aulas de estudos sociais (Fontana, 1996; Rojo, 2001), essas pesquisas focalizam o discurso produzido por alunos e professores no processo de elaboração dos conceitos. Mortimer (2000), mais especificamente, está interessado "na forma como as idéias dos alunos evoluem na sala de aula e nas características socioculturais desse espaço e de sua linguagem que propiciam ou dificultam essa evolução" (p. 267).

Na mesma direção, Fontana (1996) investiga o modo como se desenvolve o processo de apropriação/elaboração, pela criança, dos conceitos na dinâmica contraditória da prática educativa escolar. Ela parte do princípio de que as diferenciações dos lugares sociais ocupados pelo professor e pelos alunos na sala de aula possibilitam a emergência de formas variadas de apreensão e articulação dos conhecimentos que estão sendo elaborados, que fazem circular múltiplos sentidos a eles relacionados.

Fontana constatou que, na dinâmica de construção de significados pelas crianças, elas não só se apropriaram do conceito como também elaboraram modos de interação, de participação e de negociação, por exemplo, de que maneira perguntar, responder, argumentar. Elas imitam os modos de dizer da professora, dos colegas e da pesquisadora, das vozes que foram sendo incorporadas à interlocução. Mortimer e Scott (2003) observam aspectos semelhantes ao mostrar como certos estudantes, nos trabalhos em pequenos grupos, se apropriam do papel do professor tanto ao manter os colegas centrados na tarefa quanto ao rever as conclusões do grupo. Em turmas de primeiro ciclo, fatos semelhantes foram constatados por Macedo e Mortimer (2001).

Os discursos do professor e dos alunos nas interações em sala de aula podem ser também compreendidos à luz dos conceitos de discurso de autoridade e discurso internamente persuasivo propostos por Bakhtin (1981), compreendidos como duas dimensões constitutivas do discurso do outro. O discurso do professor, de acordo com Bakhtin, é um discurso de autoridade, assim como o discurso da religião, a ordem militar etc. O discurso de autoridade demanda que o reconheçamos, apropriando-o em bloco, sem questionamentos. Trata-se de um discurso já reconhecido no passado, localizado numa zona distante, hierarquicamente superior.

O discurso internamente persuasivo é oposto ao discurso de autoridade e afirma-se pela apropriação do discurso do outro, transformando-o e povoando-o com nossas próprias palavras. Esse discurso é metade nosso e metade do outro. Trata-se de um discurso dinâmico, "sua estrutura semântica não é finita, é aberta, e a cada novo contexto em que ocorre é capaz de revelar novas formas de significar" (1981: 345-6). Para Bakhtin, "a autoridade do discurso e sua persuasividade interna podem ser unidas em um único discurso, pela ocorrência simultânea da autoridade e da persuasão, apesar das diferenças profundas entre essas duas categorias do discurso do outro" (1981: 342).

O pressuposto de que as duas dimensões do discurso podem constituir-se em um único discurso exclui qualquer possibilidade de uma interpretação dicotômica sobre a natureza dos discursos que circulam na sala de aula. O discurso do professor pode ser interpretado como se constituindo dessas duas dimensões, num processo denominado por Werstch (1991) de "tensão irredutível". Nessa perspectiva teórica, o conhecimento e a aprendizagem não resultam da interação direta dos sujeitos com os objetos, pois essa interação é sempre mediada pela linguagem (Vigotski, 1991, 1995). O sujeito se constitui, portanto, pela apropriação dos signos que circulam nas interações verbais de que participa.

As pesquisas aqui relatadas evidenciam o princípio de que o discurso pode ser visto como mediador dos processos de ensino-aprendizagem e como atividade constitutiva dos sujeitos e da interação. Nesse sentido, pode ser compreendido como uma ação dialógica, polifônica e contraditória (Bakhtin, 1929, 1995).

A concepção de dialogia descrita por Bakhtin permite-nos supor que o discurso do professor é atravessado por suas experiências anteriores e presentes, bem como pelas vozes dos alunos e dos materiais didáticos que ele utiliza no processo de ensino. Esses elementos, juntos, condicionam a relação pedagógica e delimitam as possibilidades de interlocução entre os sujeitos alunos e professor.

Formas de organização do discurso e das interações em sala de aula

Padrões interacionais e discursivos da sala de aula

Os padrões interacionais e discursivos da sala de aula têm sido tratados e caracterizados de diferentes formas. Uma das primeiras descrições foi realizada por Mehan (1979), que identificou o chamado padrão IRA, que se constitui em **I**niciação do professor, **R**esposta do aluno e **A**valiação do professor. A pesquisa de Mehan influenciou outros estudos, como os de Edwards e Mercer (1988) e Cazden (1988), os quais, de certa maneira, confirmam o padrão IRA como predominante na sala de aula. Esse padrão é comumente associado à assimetria que constitui as relações de ensino na sala de aula, na medida em que ao professor caberia iniciar o diálogo e estabelecer a avaliação das respostas dos alunos. As perguntas do professor, na verdade, são perguntas para as quais ele já sabe a resposta e têm o objetivo de checar os significados construídos pelos alunos (Edwards e Mercer, 1988).

Mesmo sendo predominante na sala de aula e, segundo Mehan, realizado de forma triádica, o padrão IRA altera-se quando os alunos iniciam turnos de fala, quando não respondem às perguntas do professor e quando não respondem de acordo com as expectativas dele, produzindo o que Mehan (1979) chamou de "seqüência estendida de interação" (1979: 52), permitindo que o fluxo do diálogo continue até que a resposta esperada apareça e o professor possa fazer a avaliação. Nesse processo, a seqüência triádica é quebrada e altera-se o padrão IRA. A pesquisa de Mehan evidencia que, quando o aluno responde corretamente às perguntas do professor, ele recebe uma avaliação positiva e essa ação encerra uma seqüência. Quando os alunos não respondem, respondem incorretamente ou mesmo de forma incompleta, eles podem ou não receber respostas que promovem o prosseguimento de sua fala, ou ainda receber avaliação negativa ou nenhuma avaliação. Essas estratégias discursivas são ações de continuação e não de terminação das seqüências, e não aparecem ao final de cada seqüência, somente no interior delas.

Buscando responder à pergunta "Como os professores reagem às falas iniciadas pelos alunos?", Cajal (2001) contribui para uma compreensão mais aprofundada dos padrões interacionais em sala de aula. Os resultados de sua pesquisa indicam que as "falas" iniciadas pelos alunos podem ser organizadas em dois grupos. No primeiro, estão aquelas relacionadas às atividades desenvolvidas em sala de aula; no segundo, aquelas que trazem fatos da vida cotidiana das crianças, fora dos muros da escola. A comparação da reação de duas professoras às falas das crianças aponta para um comportamento único quando elas introduzem temas escolares: as professoras atendem prontamente às falas das crianças. Já nos contextos em que as crianças tratam de assuntos relacionados à vida delas fora da escola, as reações são diferentes. Para uma das professoras, não faz parte dos modos de interação praticados na sala de aula a conversa não-escolar. Para outra, a conversa não-escolar faz parte das interações. As crianças parecem perceber que podem falar, expressar sua opinião, contar casos, pois a professora não censura, ao contrário, as incentiva. A comparação estabelecida por Cajal (2001) evidencia que, em cada sala de aula, uma "cultura da classe" é construída pelos participantes (Collins e Green, 1992).

Pesquisas recentes têm indicado outras variações dos padrões de interação, como o trabalho de Mortimer e Scott (2003) na investigação dos processos de ensino-aprendizagem de ciências. Esses autores tentam articular, na análise, os padrões de interação com as diferentes intenções do professor em diferentes momentos de uma seqüência de ensino e com diferentes demandas de aprendizagem próprias do conteúdo que está sendo ensinado. Segundo os autores, os padrões de interação apresentam variações quando o professor tem propósitos outros que não avaliar a resposta dos alunos. Quando a intenção do professor é manter o fluxo do discurso na sala de aula, geralmente os seus *feedbacks* dão prosseguimento à interação, gerando cadeias interativas do tipo I-R-F-R-F... ou mesmo do tipo Iniciação do professor, Resposta aluno 1, Resposta aluno 2, Resposta aluno 3, *Feedback* do professor, Resposta aluno 2..., em que a1, a2 e a3 representam diferentes alunos. Segundo os autores, nas ocorrências de cadeias discursivas de interação, além do professor, os alunos também iniciam turnos de fala, fazendo perguntas que são respondidas por ele. As respostas do professor configuram-se como marcadores discursivos que visam dar prosseguimento às interações e/ou *feedbacks* elaborativos em que ele parafraseia as respostas ou elaborações dos alunos. Isso mostra que as respostas do professor nem sempre se configuram como avaliações estritas do discurso dos alunos, mas cumprem outras funções além da avaliativa.

De certa maneira, a pesquisa aqui apresentada confirma os resultados encontrados por Mortimer e Scott (2003), na medida em que, em diferentes ocasiões, os *feedbacks* da professora possibilitam a continuidade da interação com os alunos e em várias situações esses iniciam turnos de fala.

Utilizando o conceito de gêneros de Bakhtin (1997), Rockwell (2000) estabelece uma crítica às pesquisas que têm se centrado no padrão IRA. A autora afirma que esse modelo apresenta uma visão da sala de aula homogênea em termos de gêneros, sendo que algumas pesquisas etnográficas têm mostrado a heterogeneidade dos gêneros presentes na sala de aula. Um bom exemplo é o estudo de Hicks (1996), que evidencia o uso de gêneros narrativos no dia-a-dia da sala de aula, em diferentes países.

Rojo (2000) argumenta que apenas indicar quais os padrões discursivos presentes numa sala de aula esclarece pouco sobre o papel da linguagem e do discurso na construção do conhecimento. Torna-se necessário estabelecer "uma análise discursiva dos padrões interacionais já identificados", no sentido de esclarecer quais as intenções do professor e como os alunos apropriam-se do conhecimento. Baseando-se no conceito de gênero proposto por Bakhtin (1995), a pesquisadora analisa o padrão IRA como constitutivo de determinados gêneros típicos da sala de aula que possibilitam a construção do conhecimento. Suas análises de duas aulas de ciências indicam que a maior parte dos enunciados construídos no padrão IRA, em uma das turmas, é de definições ou explanações construídas dialogicamente com a participação dos estudantes.

Em pesquisas sobre interações e práticas de letramento de adultos não-alfabetizados, Kleiman (1998) analisa indícios presentes no discurso oral da sala de aula que evidenciam a relação entre discurso e poder na mediação de práticas de letramento. A análise de um episódio de sala de aula, por exemplo, evidencia que um aluno, no diálogo com o professor, rompe com a estrutura canônica do discurso da sala de aula (Sinclair e Coulthard, 1975, apud Kleiman, 1998). Antes de sua intervenção, o discurso da sala de aula "reproduzia a estrutura típica quanto à distribuição e extensão de turnos, à seleção e ao desenvolvimento dos tópicos e à designação, pelo professor, do aluno que deveria tomar o turno" (1998: 194). A pesquisadora conclui que as interações podem ser vistas não apenas como "o lugar em que as estruturas sociais são reproduzidas, mas também como o lugar em que as identidades sociais podem ser transformadas" (1998: 198).

Interações em rodinhas

As interações que ocorrem na rodinha têm sido tematizadas principalmente por pesquisas em sala de aula da pré-escola (Cook-Gumperz, 1991; Michaels, 1991; Cazden, 1988, por exemplo). Algumas análises de rodinhas em turmas do ensino fundamental podem ser encontradas em Cazden (op. cit.) e Ernest (1994).

A pesquisa de Ernest foi conduzida em aulas de língua estrangeira numa escola elementar e mostra como a "fala na rodinha" pode criar oportunidades para os estudantes ampliarem o seu repertório em língua estrangeira. Na turma analisada, a rodinha, realizada cotidianamente no início da aula, possibilitou que os alunos compartilhassem experiências de vida, contassem anedotas, casos, falassem de notícias e introduzissem o tema a ser estudado durante a semana.

A pesquisadora identificou cinco fases no desenvolvimento da conversa em rodinha e diferenças significativas entre elas, quais sejam: 1) organizando o espaço e 2) iniciando a conversa. Nessas fases há muitas conversas simultâneas e os tópicos mudam rapidamente. Na fase 3, os alunos falam um de cada vez sobre o tema focalizado. Na fase 4, os tópicos são controlados pelo professor e são relacionados à organização da aula. Na fase 5 ocorre o fechamento das discussões pelo professor. Os alunos estão atentos às orientações dele para o prosseguimento da aula. Conversas simultâneas também ocorrem na fase final.

Com o objetivo de compreender a estrutura de participação na rodinha e a natureza do discurso produzido nesse espaço interacional, Cazden (op. cit.) analisa características das interações na rodinha, denominada "hora de compartilhar". Um dos aspectos próprios dessa forma de interação relaciona-se às oportunidades que os alunos têm de compartilhar suas experiências pessoais fora da escola. As perguntas do professor referem-se a questões ordinárias, rotineiras, tais como: "Quem tem alguma coisa para nos falar esta manhã?" (1988: 7). Segundo Cazden (1988), a estrutura de participação na rodinha variou muito pouco entre as turmas analisadas e ocorre mais ou menos da seguinte forma: o professor, geralmente, é quem convida os alunos, sentados no chão, na parte da frente da sala de aula, a falarem. A cada narrativa, faz comentários ou mesmo interpela o aluno, colocando questões; algumas vezes, outras crianças são convidadas a comentar ou fazer perguntas ao aluno que está narrando. De acordo com Cazden, a rodinha é um evento de discurso com começo, meio e fim identificáveis, com regras claras de participação em cada sala de aula.

Analisando a narrativa dos alunos, Cazden identifica alguns de seus aspectos constituintes. Um deles refere-se à dimensão temporal. Os alunos sempre iniciam a narrativa com informações sobre o tempo em que as experiências ocorreram. Além disso, as narrativas apresentam diferenças em relação à estrutura dos tópicos. Há narrativas mais centradas em um tópico e outras denominadas narrativas episódicas. Narrativas centradas em um tópico têm apenas um marcador temporal, enquanto narrativas episódicas apresentam mais de um marcador temporal. Narrativas episódicas são mais longas e incluem mudanças de cenas. Apesar de não serem relacionadas ao currículo escolar, Cazden afirma que as narrativas não são aleatórias, mas controladas pelo professor. Em algumas turmas, tópicos relacionados a programas de TV, por exemplo, não poderiam ser discutidos. Mais do que compartilhar experiências, as expectativas em relação à narrativa dos alunos são de que seja "clara, precisa" e apresente informações e detalhes, com o objetivo, segundo Michaels (1981, apud Cazden, 1988), de que seja "uma preparação oral para o letramento" (p. 14), por meio de um "discurso letrado" implícito nas perguntas do professor.

Outra característica do discurso na rodinha é que ele também é marcado, predominantemente, pelo padrão IRA (Mehan, 1979). O professor inicia a seqüência convidando um aluno a compartilhar suas experiências. A criança responde, falando uma narrativa. O professor faz comentários sobre a narrativa antes de convidar o aluno seguinte. Algumas narrativas têm apenas a "estrutura básica" IR, porque o professor continua a fazer perguntas enquanto acontecem antes do comentário final (Cazden, op. cit.)

Em nossa pesquisa, a rodinha tem especial interesse porque constitui uma forma de organização das interações identificadas nas duas salas de aula que funciona com freqüência e com objetivos bastante diferenciados. Algumas semelhanças são encontradas entre as turmas analisadas.

As rodinhas funcionam como um espaço em que os participantes trocam experiências, podendo escolher tópicos e temas a serem relatados. Segundo Cazden (1988), é nesse momento que as experiências fora da escola são consideradas relevantes. Entretanto, isso depende do contexto em que as práticas ocorrem. As análises feitas no Capítulo 4 apresentam diferenças em relação aos resultados de Cazden, como conseqüência da articulação efetiva entre narrativas na rodinha e currículo escolar, no caso da turma B. O que os alunos dessa turma compartilham são experiências de investigação de um tema do currículo e não apenas experiências pessoais.

Interações nos primeiros dias de aula

É importante destacar, ainda, pesquisas que tratam das interações nos primeiros dias de aula como práticas que condicionam a relação de ensino-aprendizagem durante todo o ano escolar. Tais pesquisas evidenciam que as expectativas de como participar adequadamente nas interações em sala de aula são construídas desde os primeiros momentos de interação entre alunos e professor.

A importância de analisar os primeiros dias de aula tem sido evidenciada em diferentes pesquisas (Santos, 2001; Castanheira, 2000; Jennings, 1999; Lin, 1994; Floriani, 1993). A pesquisa de Floriani mostra que, por meio da análise dos primeiros dias de aula, pode-se perceber como as práticas da sala de aula são ancoradas em práticas realizadas em anos anteriores.

Em nossa pesquisa, consideramos que os primeiros dias de aula são momentos ricos para o entendimento das expectativas construídas pelo grupo para participar dos eventos e das atividades que ocorrerão na sala de aula durante o ano letivo. Considerando-se que as duas turmas que analisamos já estão juntas há mais de um ano, por meio da análise do primeiro ou dos primeiros dias de aula, podemos perceber as regras, papéis e relações construídos pelo grupo nos anos anteriores e reconstruídos nos primeiros dias de aula.

Lin (1994) analisou o primeiro dia de aula numa turma de sétima série, no ensino de língua materna, para compreender como os padrões da vida da sala de aula foram construídos pelo grupo ao longo do ano. As análises evidenciam o papel do professor de ajudar os alunos na construção de um "sistema referencial" que define os processos particulares, objetos e práticas naquela classe. Mais especificamente, no primeiro dia de aula, iniciou-se a definição do que significa ser professor e aluno naquele grupo e o que conta como ensino de inglês.

O estudo de Jennings (1999) mostra como a escrita foi utilizada pelos alunos na apresentação e descrição dos colegas, que já vinham estudando juntos desde a primeira série e, assim como Castanheira (2000), Jennings (1999) e Lin (1994), evidencia os papéis e as responsabilidades que deveriam ser assumidos por cada aluno no grupo.

As discussões até aqui focalizaram pesquisas sobre interações em sala de aula a partir de diferentes pontos de vista. Por meio das análises dessas pesquisas, apresentamos alguns dos princípios que norteiam as nossas análises das interações em sala de aula. No próximo bloco, apresentamos pesquisas sobre interações e práticas de letramento e, ao fazê-lo, introduzimos a concepção de letramento com a qual trabalhamos.

Interações nas práticas de letramento em sala de aula

Letramento como uma prática social

A concepção de letramento como uma prática social tem sido tratada por diferentes pesquisadores (Scribner e Cole, 1981; Heath, 1983; Street, 1984, 2001; Santa Barbara Classroom Discourse Group, 1992; Green e Dixon, 1994; Bloome, 1987, 1997; Gee, 1993; Barton, Hamilton e Ivanic, 2000). De acordo com Heath (1999), pesquisas sobre as práticas de leitura e de escrita como socialmente construídas iniciaram-se e tomaram corpo a partir da década de 70. Até então, letramento era geralmente compreendido como codificação e decodificação de símbolos organizados em qualquer sistema que representa, de forma permanente e precisa, a linguagem oral. Os trabalhos de Scribner e Cole (op. cit.), baseados na psicologia sociocultural, mudaram as perspectivas das pesquisas sobre letramento. Simultaneamente, estudos antropológicos sobre a leitura e a escrita surgem em outras partes do mundo, como os de Street (1984, 1995), que têm influenciado o trabalho de pesquisadores no Brasil, tais como Soares (1998), Kleiman (1995) e Rojo (2000).

Argumentando contra a dicotomia entre oralidade e escrita, letrado e iletrado, presente nos trabalhos de Goody (1963, 1968, 1977, apud Street, 1984), Street afirma que as práticas de letramento são um produto social e, portanto, não podem ser isoladas do contexto político e ideológico em que ocorrem. Nessa perspectiva, ele propõe a análise de duas visões de letramento, definidas como modelo autônomo e modelo ideológico.

O modelo autônomo apresenta uma visão da escrita como "tecnologia do intelecto", objeto abstrato e neutro, descontextualizado, menos conectado com as particularidades do tempo e do espaço que a linguagem oral. Como afirma Gnerre (1994: 45), a visão dicotômica oralidade/escrita presente nesse modelo parte do pressuposto de que "a capacidade de ler e escrever é considerada intrinsecamente boa e apresentando vantagens óbvias sobre a pobreza da oralidade".

O modelo ideológico de letramento busca compreender as práticas de leitura e de escrita como práticas contextualizadas, construídas em contextos específicos de uso da escrita.

> Eu usarei o termo letramento para nomear as práticas sociais e as concepções de leitura e escrita [...]. O que as práticas

particulares e os conceitos de leitura e escrita são para uma dada sociedade depende do contexto; elas são envolvidas em ideologia e não podem ser isoladas ou tratadas como "neutras" ou meramente "técnicas" (Street, 1984: 1).

Para esse modelo, os significados culturais, políticos e ideológicos são constitutivos das práticas de letramento, o que implica a análise das condições de produção dos letramentos, focalizando-se sobre *o que, como, quando* e *por que* ler e escrever.

Baseando-se no modelo ideológico, Soares define letramento como o "estado ou condição que adquire um grupo social ou um indivíduo como conseqüência de ter se apropriado da escrita e de suas práticas" (1998: 39). E continua: "letramento é o que as pessoas fazem com as habilidades de leitura e de escrita e como essas habilidades se relacionam com as necessidades, valores e práticas sociais" (p. 72).

Apoiando-se nas definições de Scribner e Cole (1981) e de Street (op. cit.), Kleiman define letramento como "um conjunto de práticas sociais que usam a escrita, como sistema simbólico e como tecnologia, em contextos específicos, para objetivos específicos" (1995: 19) e enfatiza a relação entre letramento e oralidade (1998). Para Kleiman

> o letramento está também presente na oralidade, uma vez que, em sociedades tecnológicas como a nossa, o impacto da escrita é de largo alcance: uma atividade que envolve apenas a modalidade oral como escutar notícias de rádio é um evento de letramento, pois o texto ouvido tem as marcas de planejamento e lexicalização típicas da modalidade escrita (1998: 182).

Barton, Hamilton e Ivanic (2000) definem práticas de letramento como formas culturais de utilizar a linguagem escrita construídas ao longo da vida: "Práticas de letramento são o que as pessoas fazem com o letramento" (p. 7). Nessa mesma perspectiva, Bloome (1987) afirma que o que conta como leitura e escrita pode variar, dependendo das situações em que essas práticas ocorrem. Letramento, portanto, deixa de ser visto como um processo do indivíduo, como marca individual, e passa a ser considerado "um fenômeno inter-relacionado com outros sistemas simbólicos – verbal, visual, gestual – e localizado dentro de contextos sociais marcados por diferenças na distribuição do poder" (Heath, 1999: 103).

Letramento e escolarização

Diferentes pesquisadores têm investigado a relação entre letramento e escolarização (Scribner e Cole, 1981; Bloome, 1987; Heath, 1983; Cook-Gumperz, 1991; Soares, 1998; Kleiman, 1995; Rojo, 2000). Compreendendo o letramento como uma prática social que muda de acordo com o contexto, o letramento escolar passa a ser considerado apenas uma das possíveis manifestações das práticas de letramento na sociedade. As práticas escolares de uso da leitura e da escrita, conforme aponta Kleiman (1995), são baseadas no modelo autônomo de letramento, que considera a escrita um produto descontextualizado e sua aprendizagem, um processo individual. Entretanto, ainda que desvinculado dos contextos sociais de uso, a leitura e a escrita na escola são um tipo de prática social. "A escola, como qualquer outro contexto, tem suas próprias crenças sociais e comportamentos nos quais essas práticas particulares de letramento estão inseridas" (Street, 1999: 37). A expressão "letramentos sociais", cunhada por Street (1999), refere-se, portanto, à natureza plural do letramento e aplica-se a qualquer tipo de prática social de leitura e de escrita, incluindo o letramento escolar.

A relação entre letramento e escolarização, considerados processos inseparáveis, tem sido investigada de diferentes maneiras (Bloome, 1987; Cook-Gumperz, 1991; Rojo, 2000). Apontando perspectivas para a pesquisa sobre letramento escolar, Rojo discute a relação intrínseca entre letramento e escola: "escola **é** letramento e dele decorre, quer suas práticas sejam orais ou escritas; quer haja ou não texto escrito sendo utilizado na sala de aula. Logo, só é admitida numa estrutura adjetiva: "*letramento **escolar***" (2000: 5; grifos nossos). Bloome (1987) levantou diferentes aspectos presentes na agenda de pesquisa sobre letramento escolar. Uma questão geral diz respeito à forma como os pesquisadores abordam o estudo do letramento na escola e como a instrução escolar o define. Segundo o autor, as abordagens para o estudo do letramento precisam considerar tanto a natureza da escolarização quanto a da aprendizagem na sala de aula. Bloome assume a perspectiva de que, quando professores e estudantes engajam-se em atividades de letramento, eles negociam sua definição, que é, em parte, baseada na natureza da interação entre alunos e professor, os textos que usam, como os utilizam e as condições curriculares presentes nessa relação. Desse modo, uma das formas de investigação do letramento escolar tem sido por meio da análise das interações em sala de aula e do discurso de alunos e professor produzido nessas interações, mediadas por diferentes tipos de textos.

Interações em sala de aula e práticas de letramento

Ao investigar processos de letramento escolar no contexto das interações em sala de aula, o Santa Barbara Classroom Discourse Group (Gree, Dixon, Lin, Floriani, Bradley, 1992) tem enfatizado o uso da palavra no plural, com o objetivo de destacar a dimensão multifacetada e plural das práticas sociais de leitura e escrita nesse contexto.

Análises de práticas de letramento na sala de aula têm apontado para novas compreensões do que seria letramento nesse espaço. Argumentando contra uma visão predominante que equaciona letramento com leitura, escrita e literatura, o Santa Barbara Classroom Discourse Group (op. cit.) afirma que, além dessas práticas, torna-se importante incluir as práticas de ouvir e falar como parte dos processos de letramento. Além disso, o grupo ressalta a importância de considerar as discussões orais que envolvem as interações com a leitura e a escrita, mesmo quando estas não estão fisicamente presentes. Afirmam que, para compreender os processos de letramento na escola, é fundamental analisar "os processos comunicativos através dos quais ele é construído" (1992: 121). Nesse sentido, letramento é visto como um processo situado construído discursivamente pelos participantes dentro e através dos eventos da vida cotidiana da sala de aula (Green e Meyer, 1991).

O discurso produzido em torno das práticas de letramento na sala de aula tem sido analisado por Rojo (2000), que busca responder às perguntas: "Como funciona discursivamente o letramento escolar? Além de alfabetizar e de ensinar a ler e escrever, que capacidades letradas o letramento escolar constrói?" (2000: 5). Suas análises indicam que o letramento esteve presente na maior parte das interações analisadas de três maneiras: retrospectivamente, quando textos lidos em aulas anteriores eram referência na aula; empiricamente, por meio da leitura e escrita de textos; e prospectivamente, quando a leitura de textos tinha como objetivo planejar a escrita de um texto. As exceções foram apenas "episódios normalizadores da interação", tais como combinados, regras, broncas etc.

Evidências de que os professores organizam a vida da sala de aula em torno de práticas de leitura e escrita têm sido descritas também pelo Santa Barbara Classroom Discourse Group (1992). Os autores categorizam essas práticas em dois grupos de atividades: interações com textos e interações por meio de textos.

As interações com textos são relacionadas e interdependentes. Referem-se às ações com os diferentes tipos de textos que circulam no espaço da sala de aula e que possibilitam aos estudantes oportunidades particulares de letramento. Os alunos interagem com os textos de diferentes formas: lendo, escrevendo respostas para cada texto, discutindo as respostas em grupos ou seminários, discutindo as respostas com outros grupos para chegar a uma resposta da classe, relacionando informações obtidas em outros textos etc. A leitura, nessa perspectiva, é vista como uma forma de interagir com textos definida socialmente, que inclui não só o texto físico, mas também os "padrões comunicativos" em torno dele. As interações por meio de textos envolvem interações mediadas por textos escritos pelos alunos e pelo professor.

Letramento, nesse sentido, pode ser visto como uma prática definida, redefinida, construída e reconstruída na vida social de um grupo. "O resultado desse processo não é uma simples definição de letramento, mas uma compreensão da multiplicidade de letramentos que os indivíduos confrontam-se quando se tornam membros de uma comunidade ou grupo" (Santa Barbara Classroom Discourse Group, 1992: 141).

Os processos interativos e discursivos entre alunos e professor e entre os próprios alunos na constituição do processo de alfabetização são analisados por Smolka (1988)[1]. A autora focaliza as interações discursivas para conhecer os processos de *leitura e escritura* no jogo das interações sociais a partir de uma visão da alfabetização como um processo discursivo.

A análise centrou-se nos aspectos relevantes dos movimentos de interação em duas práticas de ensino: uma considerada tradicional, centrada no uso de famílias silábicas e textos acartilhados, e a outra "alternativa", no sentido de trazer a escrita para dentro da sala de aula, trabalhando suas funções em seus diversos aspectos: propiciando espaços e encorajando as crianças a falarem no espaço de pequenos grupos; esclarecendo e informando as crianças sobre a escrita, respondendo às perguntas delas; lendo e escrevendo para as crianças.

As análises da prática considerada tradicional evidenciaram que as crianças não escreviam para registrar uma

---

1. Embora não trate especificamente de letramento, mesmo porque na época o conceito não era utilizado no Brasil, esse trabalho de Smolka trata de questões diretamente relacionadas às práticas de leitura e escrita na sala de aula.

idéia ou para documentar um fato, nem por necessidade ou prazer de se comunicar ou interagir com alguém. Smolka (1988) conclui, dentre outras coisas, que a leitura e a escrita produzidas pela/na escola pouco têm que ver com as experiências de vida e de linguagem da criança. Ao analisar o desenvolvimento da prática considerada alternativa, a pesquisadora conclui que as crianças confirmam o desejo de aprender, desde que o professor suponha que elas realmente são capazes de elaborar o conhecimento. E, prosseguindo em suas reflexões, pergunta: "o que significa supor que a criança é capaz e o que significa levar em conta a capacidade da criança" (1988: 42)? Para Smolka, supor que a criança é capaz implica considerar como parte fundamental do processo de ensino-aprendizagem o reconhecimento do outro, da interação, da relação com a criança. Implica também considerar a escrita não apenas como um objeto de conhecimento na escola. Como forma de linguagem, ela é constitutiva do conhecimento na interação. Não se trata apenas de transmitir a escrita, mas de usar, fazê-la funcionar como interação e interlocução na sala de aula, explorando suas várias possibilidades.

Letramento escolar e o uso do livro didático

Qual o papel do livro didático no desenvolvimento dos processos de letramento escolar? Discutir essa questão, tematizada neste livro, demanda uma reflexão sobre esse recurso material, que, como atesta Soares (1996: 54), foi "criado na Grécia antiga, [...] persistiu ao longo dos séculos, sempre presente nas instâncias formais de ensino, em todas as sociedades". Analisando o livro didático numa perspectiva sócio-histórica, Soares afirma que o ensino sempre esteve vinculado a um "livro escolar, fosse ele *utilizado* para ensinar e aprender, fosse livro *propositadamente* feito para ensinar e aprender" (1996: 54). Suas análises indicam as variações presentes na concepção e na formulação desse material didático ao longo da história do ensino no Brasil e evidenciam a complexidade de tentar estabelecer uma única definição de livro didático.

Pesquisando sobre livros didáticos, Batista (1999) estabelece uma caracterização dos diferentes tipos de materiais didáticos que circulam na escola. Sua caracterização, a nosso ver, é a que mais se aproxima de nossos interesses, devido à relação que o autor estabelece entre livro didático e cultura escolar:

> Trata-se de um livro efêmero, que se desatualiza com muita velocidade [...] Com pequena autonomia em relação ao contexto da sala de aula e à sucessão de graus, ciclos, bimestres e unidades escolares, sua utilização está indissociavelmente ligada aos intervalos de tempo escolar e à ocupação dos papéis de professor e aluno (1999: 21).

É esse material, criado muito antes que se estabelecessem programas e currículos mínimos como instrumento para assegurar a aquisição de saberes escolares, que está no centro do debate acadêmico atual. A implantação de novas políticas públicas de educação, a partir da segunda metade da década de 90, gerou, ao que parece, fortes repercussões na produção, na escolha e na utilização de livros didáticos. A reformulação do Programa Nacional do Livro Didático (PNLD), em 1996, que instituiu a avaliação dos livros a serem comprados para as escolas, alterou o campo de produção desse material. De acordo com Batista (2004), três critérios fundamentam a avaliação dos livros que chegam hoje às escolas. O primeiro é de natureza conceitual, isto é, os livros não podem conter erros conceituais nem induzir a erros. O segundo é de natureza política e pressupõe que as obras devem ser isentas de preconceito, discriminação, estereótipos e proselitismo político e religioso. O último critério, de ordem metodológica, estabelece que os livros devem apresentar coerência metodológica e implementar uma diversidade de procedimentos cognitivos.

No caso dos livros didáticos de alfabetização e de língua portuguesa, observam-se alterações não apenas nas concepções de ensino e aprendizagem, mas também na de leitura e escrita. Os livros didáticos de alfabetização que chegavam à escola antes da implementação do PNLD constituíam-se, predominantemente, de "cartilhas" organizadas em torno de métodos sintéticos e analíticos de alfabetização, considerados ultrapassados em termos teórico-metodológicos. Em que essas mudanças na formulação e na concepção do livro didático alteram as práticas de letramento na escola?

No caso dos livros de língua portuguesa para os ciclos iniciais do ensino fundamental, observamos alterações significativas. Uma primeira alteração refere-se à tentativa de materializar uma concepção de língua e linguagem como interação (Geraldi, 1985, 1995). As estratégias de ensino propostas também evidenciam uma concepção de que se aprende na interação com o outro. As diferentes formas de organização das interações em sala de aula, por exemplo, duplas, pequenos grupos, discussão da turma como um todo, já fazem parte das proposições dos novos livros. Em relação ao ensino da leitura e da escrita, observa-se uma tentativa de trabalhar com diferentes textos que são usados socialmente, contextualizados em unidades temáticas. As proposições relacionadas ao ensino da escrita pressupõem a escrita de textos em detrimento de frases soltas e sem sentido. Essas alterações, de certa maneira, estão presentes no livro utilizado pela professora Mara[2], na turma A, analisada no Capítulo 4.

Neste primeiro capítulo, o objetivo foi mapear algumas pesquisas que focalizam interações e práticas de letramento em sala de aula realizadas não apenas no Brasil, mas também fora do país. Vimos que, a partir de 1970, surgem diferentes abordagens de pesquisa que rompem com as análises das interações predominantemente marcadas pelo foco nos comportamentos dos sujeitos, tratando-os como desvinculados de seu contexto de produção. As novas tendências buscam analisar as interações produzidas pelos sujei-

---

2. Os nomes das duas professoras que participaram da pesquisa são fictícios.

tos, considerando-as no contexto em que são construídas e focalizando o discurso produzido em sala de aula. Teorias no campo da antropologia e da linguagem passam a ser utilizadas nas análises das interações. Dentre os focos das pesquisas, destacamos aquelas que buscaram identificar padrões de interação comuns à sala de aula, como o padrão IRA, identificado inicialmente por Mehan (1979). Sua pesquisa tem influenciado muitas outras nas últimas décadas, mas suas análises não focalizam a relação entre os padrões interacionais e as intenções da prática pedagógica, constituída discursivamente pelos sujeitos. A natureza do discurso do professor e dos alunos, como um discurso que se constrói na tensão entre discurso de autoridade e discurso internamente persuasivo (Bakhtin, 1981; Wertsch, 1991), está sendo tratada neste trabalho e pretende avançar para além da identificação dos padrões de interação em sala de aula, pois buscamos relacionar os padrões às intenções dos sujeitos, condicionadas pela cultura escolar, com suas marcas e especificidades, rituais, eventos e padrões de organização das interações com a leitura e a escrita, o que caracteriza as especificidades do letramento escolar.

Pesquisadores da etnografia interacional, focalizando a sala de aula como uma comunidade culturalmente constituída, analisam como os padrões e eventos de interação são constituídos pelos participantes por meio da análise do discurso produzido em sala de aula. Constituindo um suporte para nossas análises, consideramos que a perspectiva da etnografia interacional permite-nos compreender, com maior profundidade, como a cultura de duas salas de aulas no Brasil é constituída, como os eventos e padrões de interação são construídos pelos participantes no processo interacional. O mapeamento desses eventos, a partir do uso de instrumentos próprios da etnografia interacional, permite-nos construir uma análise mais ampla e contextualizada das interações e práticas de letramento, que consideramos produzidas discursivamente pelos sujeitos, alunos e professor, e mediadas por diferentes textos e impressos.

Pesquisas baseadas na visão de letramento como prática social e cultural, diversificada e ideologicamente marcada (Rojo, 2000; Smolka, 1988; Santa Barbara Classroom Discourse Group, 1992), apontam subsídios para nossas análises de um tipo de letramento socialmente construído: o letramento escolar. No entanto, se por um lado um conjunto de pesquisas tem sido realizado nessa direção, consideramos que ainda falta muito para compreendermos as interações e práticas escolares de uso da leitura e da escrita no contexto brasileiro. As muitas "facetas" constitutivas das práticas de letramento na escola evidenciam a complexidade de tais práticas e a necessidade de melhor compreendê-las. Apresentamos um foco diferenciado de análise, quando nos propusemos a entender as interações nas práticas de letramento em duas turmas diferentes, que usam textos e impressos diferentes. Na primeira, o livro didático de língua portuguesa ocupa papel central a partir do segundo mês de aula; na outra, a professora organiza as interações e práticas de letramento a partir do planejamento de projetos temáticos a serem elaborados pelo grupo, sem que o livro didático esteja presente. Consideramos que as análises de práticas de letramento mediadas pelo livro didático e por projetos temáticos ainda são muito incipientes no campo de pesquisas sobre letramento escolar no Brasil, principalmente se considerarmos o foco nas interações entre alunos e professor produzidas nesse contexto. O livro didático é um dos principais recursos utilizados pelos professores, conforme constatamos nos resultados das análises dos questionários aplicados aos professores sujeitos desta pesquisa e apresentados mais adiante, no Capítulo 3. No entanto, o que sabemos sobre seu uso e como as interações são construídas durante seu uso na sala de aula? Em texto recente, Costa Val et al. (2004) afirmam que a pesquisa sobre livro didático precisa avançar para além da compreensão dos processos de escolha dos livros pelos professores. É necessária a realização de pesquisas que investiguem como o uso desse recurso tem ocorrido na escola e na sala de aula.

Nossas análises têm sugerido que a leitura e a escrita estão presentes em quase todas as ações de alunos e professores e que a análise das interações discursivas contribui para uma compreensão mais aprofundada dos aspectos que envolvem o letramento escolar. Partimos do pressuposto de que os processos de letramento envolvem a produção de discursos por meio da interação entre sujeitos concretos, situados socialmente. Nesse processo, os interlocutores vão construindo sentidos e significados de acordo com as relações que cada um mantém com a língua, com o tema sobre o qual se fala ou se escreve, se ouve ou se lê. Esses sentidos e significados também levam em consideração os conhecimentos prévios dos alunos, as relações que os interlocutores mantêm entre si e o contexto social mais amplo (Smolka, 1988; Nunes-Macedo, 2002).

Capítulo 2 **Procedimentos metodológicos**

Neste capítulo é apresentada uma visão da perspectiva metodológica adotada na coleta e análise dos dados. Conforme visto no capítulo anterior, os princípios teórico-metodológicos inspiraram-se em duas tendências contemporâneas de análise das interações em sala de aula: etnografia interacional e abordagem sociocultural. As possibilidades de análise, portanto, conjugam uma perspectiva etnográfica com uma análise bakhtiniana do discurso produzido nas interações em sala de aula. As vantagens de combinar o uso de uma perspectiva etnográfica com a análise do discurso foram discutidas por Gee e Green (1998). Os autores afirmam que essa articulação forma uma base para a interpretação do "que os membros de um grupo social (por exemplo, a sala de aula e outros espaços educacionais) necessitam saber, produzir, predizer, interpretar e avaliar num dado espaço para participar apropriadamente em um grupo social" (p. 126). O capítulo está organizado em duas partes: 1) descrição do processo de coleta dos dados; 2) descrição das formas de organização dos dados e dos procedimentos analíticos.

A coleta dos dados

A pesquisa foi realizada na rede municipal de ensino de Belo Horizonte, no primeiro ciclo do ensino fundamental.

Buscamos conjugar o uso de dados quantitativos do contexto mais amplo com entrevistas e dados da sala de aula, *locus* privilegiado desta pesquisa. Portanto, foram aplicados questionários ao conjunto dos professores do primeiro ciclo e, posteriormente, selecionadas duas professoras para acompanhamento e filmagem de suas aulas.

A análise dos dados do questionário possibilitou o conhecimento de determinados aspectos do perfil sociocultural e da prática pedagógica dos professores do primeiro ciclo, um grupo bastante amplo em termos numéricos – aproximadamente dois mil e quatrocentos professores. As formas de organização da interação na sala de aula e os tipos de textos e impressos utilizados no ensino da leitura e da escrita são dois dos aspectos mais importantes relacionados ao objeto da pesquisa, mapeados pelos questionários.

As entrevistas foram importantes para clarear informações relacionadas à prática pedagógica das professoras que não poderiam ser coletadas apenas usando o vídeo. Foi realizada uma entrevista com cada professora, em que pudemos compreender melhor questões relacionadas ao papel das interações no processo de ensino e aprendizagem e às próprias concepções de ensino da leitura e da escrita.

O vídeo, como instrumento de pesquisa, mostrou-se fundamental no sentido de possibilitar uma perspectiva etnográfica na análise das interações nas práticas de letramento em sala de aula, dada a riqueza dos dados coletados, que incluem não apenas os dados verbais, mas também os não-verbais, como gestos, posturas, entonação etc. Além disso, os dados coletados em vídeo podem ser usados de várias formas, possibilitando novas análises por outros pesquisadores (Curtis e Cheng, 1998).

Apesar dos inúmeros benefícios, não podemos deixar de considerar que os dados coletados em vídeo são seletivos. Por trás do uso do vídeo, existem os interesses, as questões e os objetivos do pesquisador, que condicionam a coleta dos dados, definindo *o que* e *como* será filmado. Portanto, o processo de coleta de dados, seja em vídeo ou por meio de outros instrumentos, não é neutro, mas marcado pelo ponto de vista teórico-metodológico do pesquisador. Esclarecido esse ponto, passemos ao detalhamento do processo de coleta dos dados quantitativos.

Descrição e aplicação do questionário

O questionário aplicado constituiu-se de dezessete perguntas sobre a formação acadêmica dos professores e de seus pais, escolas em que trabalham, tempo de experiência com o magistério e, mais especificamente, tempo de atuação com crianças no primeiro ciclo, que caracteriza a experiência de cada professor com o ensino da leitura e da escrita nesse ciclo. As outras perguntas relacionam-se a aspectos do objeto de pesquisa, quais sejam: 1) formas da organização da interação em sala de aula, com destaque para o trabalho em grupo e dupla; 2) uso de livros didáticos e outros materiais para alfabetizar.

Definido o público da pesquisa – professores do primeiro ciclo –, o grande desafio foi mapear todos eles para a aplicação dos questionários. Havia várias possibilidades, mas foram utilizadas duas fontes principais de articulação: a Prodabel (Empresa de Processamento de Dados da Prefeitura) e o Cape (Centro de Aperfeiçoamento dos Profissionais da Educação). A Prodabel forneceu os dados numa forma de organização definida de acordo com os interesses deste trabalho: nome do professor, escola(s) de atuação, regional a que a escola pertence.

Para a aplicação do questionário, contamos com a disponibilidade dos professores que freqüentam o CAPP (Curso de Aperfeiçoamento da Prática Pedagógica), ministrado pelo Cape, além da colaboração de equipes internas da Secretaria de Educação. A resposta obtida foi muito significativa e acima das expectativas: um retorno de aproximadamente 23% do total de questionários enviados, correspondente a 529 professores, com uma representatividade de 70% das escolas de primeiro ciclo da rede municipal.

A pesquisa na sala de aula

Inicialmente, havíamos pensado, como critério para a escolha das duas professoras, que elas fossem representativas de alguns dados revelados nos questionários. Ao elaborar o projeto de doutorado, tínhamos algumas hipóteses sobre as formas de organização das interações e o uso de materiais didáticos em sala de aula no primeiro ciclo, que a pesquisa quantitativa veio confirmar. Isso foi importante no sentido de justificar a pesquisa sobre interações em sala de aula. Além da preocupação de que as professoras fossem representativas dos dados revelados pelos questionários, outra definição inicial foi investigar alunos que estivessem concluindo o primeiro ciclo do ensino fundamental, dentro da faixa etária regular (8-9 anos de idade), e que já dominassem o sistema alfabético de escrita.

Entretanto, ao mapear os primeiros dados dos questionários, percebemos que a questão da escolha apresentava-se mais complexa do que poderíamos imaginar. Uma das perguntas centrais do questionário, que estaria guiando essa escolha, referia-se à forma de organização das interações em sala de aula, com ênfase no trabalho em grupo e em duplas. O mapeamento indicou que todos os 529 professores utilizam e priorizam essas duas formas de organização das interações. Assim, esse critério seria insuficiente para estabelecer alguma diferenciação entre os professores no interior do grupo. Como proceder a essa escolha? Que outras fontes de informação poderiam ser utilizadas nesse processo? O que garantiria a participação dos professores escolhidos nesta pesquisa, a abertura de suas salas de aula para uma câmera e uma pesquisadora?

Recorremos a nossa experiência no trabalho com formação de professores na rede municipal. Buscamos fontes mais informais, como a indicação de colegas professores que trabalhavam ou já haviam trabalhado com formação de professores. Percebemos que o trânsito no interior da rede municipal poderia ajudar-nos nesse processo. Definimos que o principal critério era encontrar, entre os professores que responderam ao questionário, aqueles que estivessem no terceiro ano do primeiro ciclo e se dispusessem a participar. A disponibilidade tornou-se uma questão decisiva. A tarefa de encontrar dois professores dispostos a permitir filmagens sistemáticas de suas salas de aula não era tão simples nem usual.

A escolha da primeira professora ocorreu por indicação de uma colega que atuava com formação de professores do primeiro ciclo na rede municipal. A indicação estava baseada no fato de que essa professora já havia disponibilizado sua sala de aula para filmagens, por ocasião de um projeto de formação continuada na escola em que havia trabalhado antes. Era crucial para a pesquisa filmar o primeiro dia de aula.

A escolha da segunda professora foi condicionada pela escolha da primeira. As condições construídas com a escolha da primeira professora tornaram-se fundamentais, já que tínhamos como objetivo principal contrastar duas práticas de letramento diferenciadas. Tendo em vista que a primeira professora usava o livro didático com freqüência, optamos por escolher uma segunda professora que não fizesse uso desse material em suas aulas. Por outro lado, para facilitar a comparação, interessava-nos que alguns aspectos da segunda escola fossem semelhantes aos da primeira. Assim, estabelecemos que algumas condições, observadas em relação à primeira escolha, teriam de ser preservadas ao escolher a segunda professora, quais sejam: 1) acompanhamento da turma, pela professora, desde o primeiro ou segundo ano do ciclo; isso impunha condições em relação ao processo de interação com os alunos e entre eles próprios, diferentes daquelas de uma turma que estivesse em contato inicial com a professora; 2) escola localizada na periferia da cidade; avaliamos que seria complicado contrastar experiências entre sujeitos de diferentes realidades socioeconômicas e culturais; 3) os alunos deveriam estar cursando o terceiro ano do primeiro ciclo e dentro da idade prevista para esse ano de escolarização. A homogeneização da primeira turma em relação à faixa etária e o tempo de três anos de escolarização seriam fatores importantes no contraste das duas turmas.

A segunda professora trabalhava numa escola de periferia e sua turma estava cursando o último ano do ciclo; os alunos estavam dentro da faixa etária esperada. Além disso, ela já estava no segundo ano de convivência com a turma, um ano a menos do que a professora Mara, mas não era um contato inicial. Diferentemente de Mara, a professora Vera não usava livro didático. Apesar da timidez inicial, ela demonstrou-se acessível desde o primeiro momento.

Apesar das dificuldades de manter os critérios iniciais para a escolha das professoras, pois a questão predominante foi a disponibilidade para participar da pesquisa, é importante considerar que as duas são representativas do conjunto de dados do primeiro ciclo em relação a vários aspectos de seus perfis identificados nos dados dos questionários:

- Têm graduação em nível superior.
- Têm mais de dez anos de experiência com o magistério.
- Utilizam diferentes formas de organização das interações dos alunos.
- Utilizam materiais diversificados para alfabetizar, com a diferença de que uma delas não adota livro didático de língua portuguesa.

Instrumentos de coleta dos dados

Foram utilizados instrumentos específicos na coleta de dados da sala de aula, que possibilitassem uma compreensão mais aprofundada dos aspectos interacionais e das práticas de letramento construídas nas salas de aula analisadas. Adotamos como princípio trabalhar com diferentes fontes, com o objetivo de estabelecer uma triangulação no processo de análise. Assim, foram utilizadas 58 horas de gravações em vídeo como principal fonte, uma entrevista com cada professora, análise do livro didático utilizado pela primeira escola e de materiais lidos e produzidos pelos alunos nas aulas filmadas e leitura de relatórios de pesquisas anteriores realizadas nas duas escolas. Desse modo, foi possível obter dados não apenas da sala de aula, mas também do contexto mais amplo que envolve esse espaço interacional.

O vídeo foi o principal recurso utilizado na pesquisa. Das 58 horas gravadas no primeiro semestre de 2001, 38 são da escola A e 20 da escola B. Todas as aulas foram filmadas. As filmagens iniciaram-se na escola A no primeiro dia de aula, em 5 de fevereiro de 2001, e prosseguiram nesse mês em todos os dias letivos, de forma ininterrupta. A partir de março, as filmagens passaram a ser semanais, devido ao início da coleta de dados da escola B.

Apenas uma câmera foi utilizada, o que trouxe implicações para o processo de coleta de dados. Em função disso, era preciso tomar decisões em relação ao posicionamento da câmera, escolhendo os melhores ângulos de filmagem. Raramente a câmera ficou fixa em um único ponto da sala. O foco era alterado em função da dinâmica interativa, de quem detinha o turno de fala. Quando a professora falava para toda a classe, tentávamos manter o foco nela e na turma. Quando um aluno detinha o turno, o foco era transferido para ele, utilizando o recurso do *zoom* para garantir uma qualidade razoável da filmagem, já que não havia disponibilidade de microfones sem fio para uma gravação mais acurada da fala. Quando as atividades eram realizadas em grupos, o foco foi mantido na turma toda, porque as duas professoras, sempre que chamavam a atenção de algum aluno, ou se dirigiam a algum grupo, ou se reportavam a toda a turma. Somente quando elas trabalhavam com algum aluno em separado foi focalizado apenas ele, e não toda a turma. Quando as atividades eram realizadas em duplas, a dinâmica das interações não se diferenciava muito do descrito acima, mas foi possível escolher algumas duplas para filmar. Assim, foi preciso operar com a câmera todo o tempo, não sendo possível filmar nada por um processo mais automático. Não foi uma tarefa simples, dada a impossibilidade de se prever quem seriam os interlocutores da professora na aula, quem seria o próximo a falar, ou seja, dada a imprevisibilidade constitutiva das interações em sala de aula.

As interações na sala de aula são de natureza simultânea e não-lineares, como afirma Erickson (1996). No entanto, o foco de análise desta pesquisa não objetiva captar e descrever essa simultaneidade, nem pretende mapear e descrever a vida da sala de aula, no sentido de um relato etnográfico tradicional. Pretende-se, por meio do uso de ferramentas próprias da etnografia interacional, mapear dados do contexto interacional, descrever e interpretar as rotinas e as regularidades inerentes a cada uma das salas de aula investigadas e as práticas de letramento da turma.

Foi realizada uma entrevista semi-estruturada com cada professora. Com a professora da escola A a entrevista foi guiada por dois objetivos principais: primeiro, situar melhor a pesquisa, destacando os objetivos, o foco de análise inicialmente previsto e esclarecer dúvidas da professora; segundo, conhecer determinados aspectos da prática da professora não acessíveis apenas pelo uso do vídeo. Na primeira parte, falamos todo o tempo, tentando detalhar a pesquisa.

A segunda parte foi um diálogo sobre questões relacionadas à prática da professora e à escola, que fluiu dentro do esperado, pois a professora respondeu a todas as perguntas sem maiores constrangimentos. Entretanto, não se pode desconsiderar que toda entrevista é uma produção discursiva e, como tal, realiza-se num jogo de imagens, conforme definido por Pêcheux (1969). Estão em jogo a imagem que a professora faz da pesquisadora, a imagem que a professora faz da professora, a imagem que a professora tem de si mesma e do pesquisador, a imagem que o pesquisador tem de si mesmo e do professor. A relação pesquisa-escola é assimétrica e marcada por esses condicionantes.

A entrevista com a professora Vera (escola B) teve a participação de outra professora (denominada pela escola professora-apoio). Vera não se sentiu segura em conversar a sós com a pesquisadora e sugeriu que sua colega participasse. A conversa durou aproximadamente trinta minutos. Iniciamos expondo detalhes da pesquisa, os objetivos, o que estava sendo investigado. Também foram discutidas questões sobre a interação na sala de aula, materiais para alfabetizar, planejamento do trabalho pedagógico, entre outras. Tentamos direcionar as perguntas a Vera, mas algumas foram respondidas pela professora Márcia, e Vera confirmou as respostas. Foi mais um indício de que as duas professoras trabalham de forma articulada, como se pôde perceber em algumas das aulas gravadas.

Além dessas entrevistas, as conversas cotidianas durante as filmagens, no intervalo da merenda e em outras oportunidades, também foram consideradas fontes de informação significativas. Um dos dados mais significativos foi coletado num desses momentos: ao filmar uma aula de trabalho em pequenos grupos, a professora Mara comentou o critério de agrupamento dos alunos naquele dia: "Hoje eles estão juntos porque muitos não têm material escolar", disse a professora. Esse critério não poderia ter sido percebido apenas com a filmagem.

Desde o primeiro dia de filmagem, procuramos recolher uma cópia das atividades realizadas em cada aula. A coleta teve importância diferente em cada uma das turmas. Na primeira, a professora utilizou o livro didático em quase todas as aulas a partir do dia 21 de fevereiro. Nas aulas anteriores, os alunos tinham feito atividades em folhas copiadas/mimeografadas ou produzido textos. Todas foram coletadas. Com uma cópia do livro didático, fomos marcando as atividades realizadas na aula. A professora da segunda turma não utilizava livro didático. Todas as atividades eram produzidas por ela, copiadas e entregues aos alunos. Além disso, os alunos produziram vários textos relacionados à temática que estavam investigando. Esse material era utilizado para montagem de painéis coletivos. Além das folhas distribuídas, recolhemos um dos painéis.

Organização dos dados e procedimentos analíticos

Procuramos conjugar quatro níveis de análise: o primeiro, composto de dados quantitativos, é relativo a determinados aspectos do contexto mais amplo em que ocorre a pesquisa, no qual as salas de aula estão inseridas. Num segundo nível, são descritas as escolas pesquisadas, situando-as no contexto político pedagógico da rede municipal de ensino, e o perfil de cada professora e das turmas. Um terceiro nível de análise inclui a descrição dos materiais didáticos utilizados. O nível mais refinado refere-se à organização, transcrição e análise dos dados relativos às interações e práticas de letramento em sala de aula coletados em vídeo.

Para todas as aulas analisadas foram elaborados "mapas de eventos", que têm como função representar como a interação entre os alunos e entre estes e a professora foi organizada, quais os padrões interacionais recorrentes na sala de aula, como o tempo foi gasto na realização das atividades desenvolvidas (Green e Meyer, 1991; Bloome e Bailey, 1992). Além disso, os mapas constituem-se num instrumento de contextualização do discurso produzido na sala de aula. Mapas de eventos são construídos por meio da análise do discurso e das ações dos participantes no processo interacional. São um instrumento construído retrospectivamente, o que exige a análise do mesmo dado repetidas vezes (na página seguinte, o fragmento de um mapa de eventos, que será analisado no Capítulo 3).

Conforme discutido no Capítulo 1, a definição dos eventos varia conforme os objetivos definidos pelo pesquisador. No caso desta pesquisa, foram selecionados eventos que evidenciam como as interações nas práticas de letramento ocorreram na sala de aula. A definição das categorias presentes nos mapas varia de acordo com o nível e o objeto de análise, mas quatro categorias básicas estão presentes em todos os mapas analisados: tempo, evento, ações dos participantes e aspectos extraverbais/comentários do pesquisador. Em alguns mapas, detalhamos o espaço interacional quando foram apresentadas mudanças significativas. A primeira coluna registra os nomes dos eventos ocorridos em determinada aula; a segunda, como o tempo foi gasto em cada evento; a terceira indica as ações dos participantes na realização das atividades que constituem cada evento analisado. A quarta coluna sinaliza nossas observações acerca de diferentes aspectos constitutivos do discurso produzido em sala de aula, que julgamos importantes para a compreensão das ações descritas no mapa.

Quadro 1: Fragmento do mapa de eventos do dia 22/5/2001

Eventos	Linha de tempo	Ações dos participantes	Espaço interacional
Planejando coletivamente a aula	00:00:42	Professora convoca os alunos a dar início ao planejamento coletivo.	Alunos sentados individualmente. Professora em pé em frente à turma.
	00:01:58	Professora fala oralmente as atividades a serem realizadas.	
	00:02:49	Listando as atividades no quadro.	
	00:04:14	Professora antecipa o próximo tema a ser desenvolvido.	
	00:05:23	Professora antecipa o "Para casa".	
Lendo, discutindo e dramatizando uma fábula	00:08:28	Professora distribui um texto xerocado. Alunos lêem coletivamente o título.	
	00:08:32	Discutindo as ilustrações do texto.	
	00:09:09	Lendo silenciosamente o texto.	
	00:16:34	Discutindo o texto.	

Dos mapas de eventos foram extraídas seqüências discursivas consideradas exemplares de como as interações e práticas de letramento constituem-se nas turmas analisadas, em diferentes espaços interacionais, como ocorreu na negociação das regras pelos participantes.

As seqüências foram organizadas em tabelas com as seguintes colunas: tempo, turnos, sujeitos, discurso e aspectos extraverbais. Os critérios para a seleção de cada seqüência são explicitados nas análises dos capítulos 3, 4 e 5. Como critério geral, selecionamos seqüências discursivas de aulas consideradas representativas da prática das professoras e que ilustrassem aspectos característicos das interações nas práticas de letramento em sala de aula.

As análises da dinâmica discursiva da sala de aula buscaram articular a intenção pedagógica da professora, os padrões de interação e as características do discurso (se predominantemente de autoridade ou internamente persuasivo) com o objeto de sentido. Essa opção inspira-se na sistematização sugerida por Mortimer e Scott (2003), ao proporem cinco aspectos da sua estrutura analítica, quatro dos quais semelhantes aos que destacamos aqui.

As convenções utilizadas na transcrição do discurso oral foram adaptadas de Marcuschi (2000). Escolhemos o padrão ortográfico, tendo em vista que o objeto da pesquisa não demanda uma análise fonética do discurso da sala de aula. Foram mantidos apenas alguns traços próprios da oralidade. A legenda utilizada nas transcrições foi a seguinte (Marcuschi, 2000):

/ – interrupção
(+) – pausa
MAIÚSCULAS – ênfase
(incompreensível)

O contraste como uma estratégia de análise

A opção pelo trabalho com duas salas de aula teve o propósito de realizar uma análise contrastiva das interações em sala de aula e das práticas de letramento que aí ocorreram. Nesse sentido, foram elaboradas questões relacionadas às diferenças e semelhanças entre as duas práticas analisadas, tanto em termos das formas como as interações são organizadas/estruturadas quanto em relação às práticas de letramento aí constituídas. Como afirma Spradley (1980), "os significados de cada domínio cultural vêm das diferenças, assim como das similaridades [...]. Qualquer questão sobre diferenças é uma questão de contraste" (p. 125). Para Green et al. (2001), o "contraste é a base para triangulação de perspectivas, dados, método e teoria" (p. 208)[3]. Nesta pesquisa, buscamos realizar uma análise contrastiva das interações e práticas de letramento em quatro níveis, utilizando os diferentes tipos de dados coletados: 1) contraste entre os diferentes estudos já realizados sobre interações em sala de aula e esta pesquisa; 2) contraste entre o que os professores dizem nos questionários e nas entrevistas e o que se observou na sala de aula; 3) contraste nas práticas das duas professoras; 4) contraste entre os diferentes eventos em cada sala de aula.

Transcrição dos dados em vídeo

O trabalho de transcrição foi minucioso. Como se sabe, toda transcrição exige escolhas que refletem o ponto de vista do pesquisador e, portanto, ela não é um processo objetivo. Reflete as condições de produção da pesquisa, ou seja, seus objetivos, os referenciais teórico-metodológicos que a embasam e as crenças do pesquisador sobre os sujeitos participantes. Portanto, a transcrição de um texto sempre implica a transcrição de um contexto (Bucholtz, 1999).

A transcrição envolve dois aspectos constitutivos. Ela pode ser pensada como um processo interpretativo, em que se coloca como questão central para o pesquisador *o que* deve ser transcrito (isto é, o conteúdo). O outro aspecto é o nível

---

3. Um exemplo de análise contrastiva pode ser encontrado em Sosken (1992, apud Green et al., 2001), que em sua pesquisa sobre aprendizagem do letramento usou os quatro níveis de contraste citados.

representacional, ou seja, *como deve ser transcrito*. Esses níveis não devem ser vistos em separado, pois são constitutivos. Decisões sobre o conteúdo influenciam decisões sobre a forma de transcrição e vice-versa (Green e Bloome, 1997).

Nesta pesquisa, a transcrição dos dados em vídeo foi organizada em três níveis. O primeiro refere-se ao mapeamento de todas as aulas filmadas, com descrições rápidas dos eventos e atividades ocorridos em cada aula; o segundo, à seleção das aulas a serem analisadas e à elaboração de mapas de eventos; o terceiro, à identificação das seqüências discursivas a serem analisadas.

O processo de transcrição ocorreu em dois períodos. Primeiramente, foi utilizado um videocassete comum que possibilitou verificar os dados repetidas vezes e identificar as primeiras aulas a serem analisadas para o processo de qualificação. Entretanto, o uso do vídeo é limitado, tanto em relação à qualidade do áudio quanto à impossibilidade de marcar o tempo de uma forma automática e mais acurada. Foi então utilizado um programa próprio para a transcrição de dados em vídeo, no laboratório da UCSB (Universidade da Califórnia, Santa Barbara). Nesse laboratório, foram re-transcritos alguns dados da escola A e transcritos todos os dados da escola B, por meio do uso do *software C-video*.

Obtivemos ganhos significativos com o uso desse *software*. Como se trata de equipamento específico para esse fim, possibilita a captação do som com qualidade e uma transcrição mais acurada dos eventos e do discurso da sala de aula. Além disso, o registro do tempo em segundos e a possibilidade de marcar esse tempo de forma automática permitem uma transcrição mais acurada do tempo em que ocorreram os eventos e as atividades da sala de aula. Outro recurso importante do *software* é a possibilidade de voltar ao mesmo dado repetidas vezes, apenas clicando no tempo marcado. Esse recurso foi essencial na organização dos mapas de eventos, pois permitiu analisar o tempo gasto em cada evento analisado.

Ressalte-se a importância de refletir sobre a lógica que orientou a investigação aqui realizada, no sentido de uma explicitação da relação entre as questões e os objetivos da pesquisa, o processo de coleta e a análise de dados. Conforme apontam Green, Dixon e Zaharlick (2001), a pesquisa etnográfica não é um processo linear, no qual todas as decisões sobre o estudo são tomadas *a priori*. Trata-se de um processo recursivo, por meio do qual questões são geradas, refinadas, revisadas, e, nesse processo, a coleta de dados é orientada e reorientada, podendo surgir novas perguntas.

Capítulo 3 **Padrões e eventos de interação na constituição da cultura da sala de aula**

Caracterizando as escolas, as turmas e as professoras

Escola A

Essa escola localiza-se na zona oeste da cidade e atende essencialmente à clientela de baixa renda residente na comunidade Ventosa. Muitos alunos são integrantes do programa Bolsa Escola da Prefeitura Municipal, o que indica a precariedade da situação socioeconômica dessa população.

A escola atende em média 1.100 alunos, distribuídos em 44 turmas de primeiro e segundo ciclos, em três turnos. Das quinze escolas que fazem parte da Regional Oeste[4], essa escola é a quarta em relação ao número de turmas, conforme relatório de pesquisa do Grupo de Avaliação e Medidas Educacionais (Game), publicado em 2000.

O espaço físico é bastante amplo e possibilita a realização de atividades diversificadas fora da sala de aula. O pátio é relativamente amplo e fica ao lado da quadra de esportes. A escola dispõe de um ginásio coberto, utilizado também pela

---

4. A rede municipal de ensino é subdividida em nove regiões, onde estão localizadas as 180 escolas do município de Belo Horizonte. As escolas pesquisadas localizam-se na Região Oeste (Escola A) e Região Barreiro (Escola B).

comunidade. Possui vinte salas de aula situadas em dois níveis (todas com caixas de som para comunicação interna), sala de vídeo (também usada como sala de reunião dos professores), brinquedoteca, duas salas para biblioteca, sendo que uma delas é equipada com um grande tapete ao fundo, de frente para uma televisão, mesas redondas para leitura, mapoteca e estantes com livros de literatura e fontes para pesquisa escolar. A outra sala da biblioteca é equipada com mesas redondas e guarda um acervo de livros didáticos. A escola possui uma ampla sala de professores, equipada com computador, mesas redondas, mesa de café, pia, geladeira e um grande mural de avisos, além da secretaria, sala de coordenação, sala da direção, cantina, banheiros dos alunos e dos professores. No pátio ocorre a recreação. Nesse espaço, diariamente, a direção da escola liga o aparelho de som e coloca músicas populares conhecidas dos alunos (alguns trazem CDs). Os alunos dançam (principalmente as meninas), cantam, fazem coreografias por um período de vinte minutos, sempre observados por algum professor.

Os dados em vídeo foram coletados no turno da tarde, que inicia a uma hora e termina às cinco e meia. A média de alunos por turma, no primeiro ciclo, é de 26. A maior parte das turmas é organizada conforme os critérios da Escola Plural, que prioriza a idade cronológica como referência para a enturmação. Entretanto, a escola criou em seu planejamento estratégico o conceito de "heterogeneidade administrável" que, segundo relatório do Game (2000), combina a idade cronológica com a avaliação de habilidades e níveis de desenvolvimento dos alunos em relação à aquisição do sistema alfabético da escrita. Dessa forma, as habilidades de leitura e escrita constituem a referência para a organização da enturmação nesse ciclo de formação, em detrimento de outras habilidades previstas no currículo escolar.

A organização dos professores é diferenciada. Os do primeiro ciclo organizam-se em grupos de quatro e trabalham com três turmas. Um dos professores é referência para cada turma. O outro, considerado "professor-apoio", trabalha com as três turmas desenvolvendo atividades específicas. Enquanto o professor-apoio está na turma, o professor referência está em horário de "estudo", conforme organização do tempo proposta pela Escola Plural. Isso significa que, caso todos os professores estejam presentes na escola, cada um tem um horário "livre" para realizar atividades extraclasse. No entanto, a prioridade da atuação do professor-apoio é a substituição de professores ausentes.

Ainda com relação à organização dos professores, é importante destacar que a escola trabalha com uma lógica diferenciada, se comparada à grande maioria das escolas da rede municipal proposta na formulação do planejamento estratégico: os professores acompanham as turmas-referência por todo o ciclo, num total de três anos. No entanto, conforme pesquisa do Game, apenas o primeiro ciclo conseguiu implementar essa deliberação.

Conforme relatório do Game (2000), em 1996 a equipe pedagógica da escola elaborou o Planejamento Estratégico – Plano Anual de trabalho para 1996, com a participação de toda a escola. Desse planejamento surgiu o Projeto Alfabetização, que partiu de um diagnóstico dos problemas e dificuldades enfrentados pela escola. A alfabetização era uma questão central, vivenciada de forma diferente por cada professor. Segundo o relatório:

> Diferentes métodos de alfabetização eram aplicados pelas professoras [...] Cada uma alfabetizava conforme seus conhecimentos, experiências práticas, interesses e habilidades. Algumas já seguiam as orientações básicas da Emília Ferreiro, outras alfabetizavam pelo Método Fônico, outras utilizavam o Método Silábico (p. 31).

O projeto de alfabetização buscava atingir os seguintes objetivos:

> Orientar os profissionais da escola na realização do processo de alfabetização dos alunos; garantir um processo de alfabetização que atenda às necessidades dos alunos; possi-

bilitar a unificação da linha de alfabetização da escola; garantir o conhecimento da proposta de alfabetização da escola pelos profissionais (p. 32).

Sua estrutura foi organizada da seguinte forma:

Apresentação contendo os objetivos do trabalho; fundamentação – com a discussão do processo de decisão do caminho escolhido; princípios – heterogeneidade administrável das turmas, tipos de letras, continuidade do trabalho no ciclo seguinte, diagnóstico e avaliação contínua, registro para o professor e para o aluno... descrição dos níveis de evolução da escrita... alfabetização e projetos de trabalho; continuidade do processo de alfabetização nos ciclos, tendo como parâmetros mínimos: na escrita – 1º ciclo – nível alfabético/ 2º ciclo – nível ortográfico. Na leitura, reconhecimento do material escrito, buscando fluência, ritmo, entonação. Atribuição de sentido/significado ao texto, buscando as características do leitor maduro (p. 33).

É interessante notar que não há uma referência explícita ao livro didático como instrumento a ser usado no processo de alfabetização. No entanto, esse é um dos principais recursos utilizados na escola, em todos os ciclos do ensino fundamental. A ênfase na aquisição do sistema de escrita é visível nos itens que constituem a estrutura acima, não apenas pela referência à "evolução" dos níveis de escrita, mas pela preocupação com questões relacionadas ao tipo de letras. Com relação à leitura, não se observa, de acordo com o relatório do Game, a presença de uma descrição mais detalhada do que significa "leitor maduro" e "atribuição de sentidos/significados ao texto", nem a indicação das habilidades de leitura como referência para a organização das turmas e a continuidade do processo de alfabetização nos ciclos.

Esse projeto é citado em entrevista pela professora, ao responder a uma pergunta relacionada com seu planejamento curricular para o ciclo:

> [...] Nós estamos acabando de montar, começamos a montar ano passado... até com o planejamento estratégico que a escola tá fazendo, bem legal, e a gente já tem mais ou menos [refere-se aos conteúdos curriculares], aliás, a gente sempre teve, só que por questões de insegurança... vamos pôr no papel...

A partir dos dados do relatório do Game, podemos supor que a concepção de alfabetização da escola baseia-se, fundamentalmente, em alguns elementos da pesquisa de Ferreiro (1993) sobre a psicogênese da escrita. Vê-se que esse referencial busca orientar desde as práticas de enturmação dos alunos – pelos níveis de domínio do sistema de escrita – até as práticas dos professores na sala de aula. O depoimento da professora que participou da pesquisa evidencia o uso dessa orientação teórica, quando ela afirma usar os níveis de escrita dos alunos para a organização dos pequenos grupos:

> Vario muito, olha: *no início da alfabetização*, o primeiro ano que eu tava com os meninos, *eu fazia por níveis de escrita*, ou às vezes eu não fazia só por níveis não, eu misturava alunos que estão com nível mais avançado com alunos que estão logo abaixo (grifos nossos).

A professora é graduada em letras, curso concluído em 1994. É filha de pais com escolaridade superior. Trabalha como professora há mais de dez anos e com o primeiro ciclo há mais de seis anos. Atua apenas nessa escola, há três anos. No outro turno, atua profissionalmente como cantora lírica, sendo integrante de um coral em Belo Horizonte.

Ao responder ao questionário, a professora afirmou utilizar diferentes estratégias para organizar e trabalhar com os alunos, incluindo trabalho em grupos, duplas, atividades individuais, aulas expositivas e atividades propostas pelos alunos, o que reflete uma tendência da rede municipal evidenciada pelos dados quantitativos. Há uma predominância da organização diária em pequenos grupos e, em segundo lugar, organização em duplas, semanalmente. Esses dados foram confirmados pela pesquisa na sala de aula e constituem o *corpus* da segunda fase da pesquisa.

Ao responder sobre materiais pedagógicos para alfabetizar, ela afirmou usar livros didáticos todos os dias e acrescentar outros materiais, como letras móveis, livros de literatura, gibis, jornais, revistas etc.

A professora desenvolve seu trabalho com essa turma há dois anos, desde o início do primeiro ciclo. Na entrevista revela o que pensa desse acompanhamento, o que mudou na forma de organização dos alunos e na relação com eles e entre eles:

> Avançou demais, principalmente agora, né, que eles tão entendendo mais. No começo é mais difícil, a criança pequena não consegue repartir, não consegue compartilhar... Você custa a passar isso pra eles, do jogo, do ganhar e perder, do saber emprestar, do fazer junto com o outro... (Entrevista em 13/2/2001).

O discurso da professora revela o conhecimento que ela adquiriu sobre o processo de aprendizagem dos alunos de primeiro ciclo. Para ela, propor ações conjuntas nessa faixa etária não é tarefa fácil; é um processo construído coletivamente pelo grupo por meio da mediação do professor.

A turma é composta de 26 alunos. A maioria faz parte dessa turma desde o início do ciclo. Todos estão na mesma faixa etária prevista para o término do primeiro ciclo, que varia entre oito e nove anos. Segundo relato da professora, a maioria já sabe ler e escrever, está alfabetizada. Apenas alguns alunos (em torno de cinco – três meninos e duas meninas) participam do projeto de aceleração desenvolvido pela escola desde o início do ciclo. Os alunos considerados com dificuldades de aprendizagem na leitura e na escrita, ou "defasados", na visão da professora, são encaminhados para o "projeto de aceleração", que funciona dois dias por semana. À medida que avançam no processo de aprendizagem, são liberados. O projeto funciona simultaneamente às aulas regulares e, segundo a professora, é de fundamental importância para a alfabetização de alguns alunos. Ela diz que, sem o projeto, não conseguiria atender às especificidades dos alunos com mais dificuldades.

A sala de aula é bastante arejada e ampla. Fica no andar superior da escola. No mobiliário estão incluídos a lousa, dois murais e um armário para o professor. No armário há várias caixas da professora Mara, cada uma contendo diferentes materiais pedagógicos: a caixa dos livros de literatura, a das revistas em quadrinhos e a de jogos. Estão guardados no armário os livros didáticos dos alunos, recolhidos diariamente após o uso em sala de aula. Há também seis estojos de lápis, borracha, apontadores, tesoura, cola, canetinhas etc. para uso coletivo de cada pequeno grupo. Esses materiais são utilizados diariamente e controlados pelos próprios alunos.

As paredes e murais da sala são usados para afixar cartazes feitos pela professora e para a socialização das produções dos alunos. Há uma rotatividade de materiais afixados, o que indica uma apropriação significativa desse espaço pela turma. Os alunos esperam que seus textos sejam afixados. A definição do que será exposto é da própria professora.

Escola B

A escola B fica situada numa região industrial de Belo Horizonte e atende a alunos de famílias de baixa renda e também a filhos de trabalhadores das indústrias. Não identificamos alunos atendidos pelo Programa Bolsa Escola da Prefeitura. A escola atende a todos os ciclos do ensino fundamental e funciona nos três turnos. A média de alunos por turma, no primeiro ciclo, é de 25, assim como na escola A. Eles são enturmados pelo critério da idade cronológica, o que implica uma homogeneização da idade na maior parte das turmas.

A organização dos professores do primeiro ciclo é a mesma adotada na escola A. Eles são organizados em grupos de quatro e acompanham três turmas. Um desses professores é de apoio, os outros dois são responsáveis pelas turmas. A função do professor-apoio é a mesma da escola A e coincide com o que pode ser observado na maior parte das escolas da rede municipal: eles desenvolvem atividades específicas com as turmas, mas a prioridade é substituir professores ausentes. Entretanto, nessa escola, o professor-apoio tenta fazer um trabalho mais integrado com o planejamento curricular desenvolvido pela professora-referência. Algumas vezes, o professor-apoio entrou na sala de aula, dando continuidade à atividade que já estava sendo desenvolvida pela turma.

Assim como a escola A, a escola B tem uma lógica de organização que permite que os professores façam a opção de acompanhamento dos alunos ao longo do ciclo. A professora que participou desta pesquisa fez essa opção e estava no segundo ano de trabalho com os mesmos alunos.

A escola possui um espaço físico bastante amplo, maior que o da escola A. Além das salas de aula no andar superior e inferior, há também vários outros espaços, tais como biblioteca, sala de reunião dos professores, salas da coordenação e da direção, um grande pátio para recreação, cantina etc.

Diferentemente da professora Mara, a professora Vera trabalha em duas redes públicas, com alfabetização de crianças, há mais de dez anos. Na escola de Belo Horizonte trabalha há mais de sete anos. É graduada em pedagogia e fez curso de especialização em metodologia de ensino. É filha de pais com baixa escolaridade, primeiro grau incompleto. Quanto à organização da interação em sala de aula, a professora afirma usar todas as estratégias citadas no questionário e, como outras professoras, acrescenta a rodinha. O trabalho em dupla e em grupo predomina sobre a aula expositiva e as atividades individuais.

Os materiais pedagógicos utilizados para alfabetizar não foram listados, mas foi indicado o "trabalho com pedagogia de projetos" (temas significativos e fontes variadas). Em contraste com a professora Mara, Vera não faz uso do livro didático de língua portuguesa. Ela afirma pesquisar vários livros didáticos como fonte para a seleção de textos e atividades, mas durante as filmagens não presenciamos o trabalho com nenhum texto retirado de algum livro didático de língua portuguesa.

Vera acompanha a turma há dois anos e revela o que pensa desse processo:

> Isso é da escola. Eles colocam em aberto. Quem quiser, continua. Eu quis e foi superproveitoso porque a gente sabe onde que o aluno está, parte de onde ele está e continua. Então deve demorar um pouquinho para o professor que ainda não conhece a turma. É a primeira vez que eu sigo a turma. Achei superválido (Entrevista em 26/10/2001).

Diferentemente da escola A, a opção de trabalhar mais tempo com os alunos é do professor, e não da escola como um todo. Contrastando as justificativas das duas professoras para o acompanhamento das turmas, percebe-se que ambas apontam o conhecimento mais aprofundado da turma como uma condição importante para um processo de ensino mais proveitoso.

A turma da escola B tem 26 alunos, quase todos freqüentes. Os alunos concluíram o terceiro ano do primeiro ciclo dentro da faixa etária prevista, que é de oito/nove anos de idade.

A sala de aula é bastante ampla, comportando adequadamente o número de alunos. Como na escola A, além do mural ao lado do quadro-de-giz, as paredes são transformadas em murais usados para afixar as produções dos alunos. As únicas produções feitas pela professora são um painel decorativo, afixado no fundo da sala, e as letras do alfabeto, afixadas acima do quadro-de-giz, escritas de diferentes maneiras.

A sala de aula contém os armários dos professores, onde estão guardados materiais como latinhas para os alunos guardarem o lixo do apontador de lápis, revistas, lápis, cola, tesoura, papel, livros, tinta plástica, giz, apagador etc.

Eventos e padrões interacionais: como o cotidiano da sala de aula é constituído

A análise inicia-se com a descrição da rotina e dos padrões interacionais estabelecidos nas duas salas de aula. O objetivo é destacar e contrastar padrões interacionais recorrentes na dinâmica interativa e outras regularidades que constituem a rotina das duas turmas. Tal rotina só se tornou perceptível *a posteriori*, após os vídeos serem assistidos repetidas vezes. O que garantiu o registro dessas rotinas foi a imersão etnográfica (Green, Dixon e Zaharlack, 2001) nessa sala de aula – um semestre letivo, no caso da turma da escola A, e quatro meses na turma da escola B. Se esse ambiente tivesse sido investigado por um período muito curto, não seria possível perceber rotinas e padrões recorrentes.

Para caracterizar a rotina e os padrões interacionais, foram tomadas como referência as seguintes perguntas:

- Como a rotina das aulas é constituída nas duas turmas?
- Quais eventos de interação caracterizam a rotina inicial? Que semelhanças e diferenças podem ser percebidas entre as duas salas de aula no que se refere à rotina inicial?
- Quais práticas de letramento são construídas nesses eventos? Como essas práticas são constituídas?

A rotina da turma da escola A

O horário formal para o início das aulas na escola A é às treze horas, com tolerância de dez minutos, e término previsto para as dezessete horas e trinta minutos. Os alunos vão direto para a sala de aula, sozinhos, sem filas ou acompanhamento da professora. Eles chegam aos poucos, vão se acomodando às suas mesas, muitas vezes organizadas em grupos, outras vezes em duplas, nunca individualmente. De todas as aulas filmadas, apenas numa, ao final do semestre, os alunos estavam sentados em fileiras, em função de ser dia de avaliação formal.

O início da aula é marcado pela ocorrência de três eventos principais:

- Identificação e contagem dos alunos que faltaram
- Oração
- Hora do canto

Esses eventos, analisados a seguir, ocorrem geralmente nessa ordem e são mediados pela professora, com a participação de um dos ajudantes do dia.

Evento 1: identificação e contagem dos alunos que faltaram

A identificação dos alunos ausentes é registrada diariamente pelo aluno-ajudante num quadro-mural, no canto esquerdo da sala, por meio de cartões com o nome dos alunos previamente elaborados pela professora. Muitos alunos participam na identificação dos colegas ausentes. Nesse evento, pudemos observar uma prática de letramento sendo estabelecida pelos alunos por meio da mediação da professora. A leitura dos nomes dos alunos é silenciosa e feita pelo ajudante, que assume o papel da professora. O texto escrito – a lista com os nomes dos alunos – tem a função de estruturar as interações na sala de aula, com a função específica de possibilitar o controle da freqüência do grupo.

Essa é uma forma alternativa de fazer a "chamada" dos alunos. Durante as filmagens, não constatamos o uso do diário de classe para esse fim. Diferentemente do que em geral se conhece como "a hora da chamada", em que o professor senta-se a sua mesa e faz a chamada de cada aluno pelo nome, o processo nessa turma envolve a participação dos alunos e possibilita ao grupo acompanhar a freqüência de cada um às aulas.

Evento 2: oração

Esse evento é conduzido pela professora e por um dos ajudantes do dia e transcorre, geralmente, da seguinte forma: a professora e o ajudante ficam em pé, de frente para a turma, esperando silêncio para que a oração possa ser iniciada. Em seguida, o aluno lê ou fala um texto curto, de caráter religioso, geralmente escolhido pela professora. A principal fonte é um livro da própria professora. Mas, algumas vezes, presenciamos a leitura de textos sugeridos pelos próprios alunos. Os colegas repetem o texto em voz alta. A prática de leitura novamente está presente, estruturando o processo interacional na sala de aula. Os textos lidos nesse evento são geralmente selecionados pela professora. Quando a oração é oral, o aluno geralmente fala um texto que sabe de cor ou repete um texto ditado pela professora.

Os dados dos vídeos indicam que muitos alunos não participam dessa dinâmica conforme o esperado: muitos conversam com o colega do grupo ou da dupla, ou simplesmente ficam em silêncio, observando a situação. Mesmo assim, não presenciamos nenhuma intervenção ou discussão da professora em relação à forma de participação dos alunos, a não ser pela ação de esperar silêncio no início do evento. Trata-se de uma ação que ocorre diariamente, sem que haja uma reflexão do grupo sobre o que significa participar de tal evento.

Evento 3: hora do canto

Após a oração, ocorre outro momento de interação que, diferentemente do que ocorre no anterior, é marcado pela descontração. Não há um processo de escolha pela professora dos alunos que vão participar. Ao contrário, os alunos cantam, espontaneamente, para os colegas. A análise dos vídeos indica que quase todos os alunos participam desse evento. Eles cantam em grupos de três, às vezes em duplas ou sozinhos. A turma participa de diferentes formas: a maior parte dos alunos canta com os colegas, poucos conversam com o colega ao lado e muitos apenas escutam. As músicas cantadas são variadas. Algumas são cantigas de roda tradicionais. Ao final, incentivados pela professora, todos aplaudem. Trata-se de um momento de interação eminentemente oral. Não percebemos, em nenhuma das ocorrências desse evento, a presença da escrita. Todas as músicas cantadas são memorizadas pelos alunos.

Não observamos, em nenhuma aula, uma atitude de ansiedade da professora ou dos alunos em relação ao uso do tempo escolar para a realização desses eventos. Eles ocorrem sem pressa ou atropelos. A professora sempre espera silêncio para o início da oração. Devido à repetição e à ritualização desse evento nos anos anteriores, os alunos sabem o significado dessa postura, mas não fazem silêncio imediatamente. Vão se calando aos poucos, até que a professora enuncie a palavra "pronto!", sinalizando ao ajudante e à turma que o evento vai começar. Essa forma de esperar silêncio também foi descrita por Santos (2001) em aulas de química, indicada como uma estratégia do professor para controlar a disciplina dos alunos.

Os rituais dessa primeira parte da aula parecem ter como função aumentar a concentração dos alunos para as atividades posteriores que envolvem as disciplinas do currículo. Nesse momento, a professora permite que ocorram dispersões entre eles. Nos momentos posteriores, ela tenta controlar essas dispersões, buscando que todos participem efetivamente das práticas de letramento que envolvem o uso do livro didático e outros impressos.

Após essa primeira parte da aula, inicia-se um evento ligado a alguma área de conhecimento, realizado por meio de diferentes práticas de letramento, que envolvem a leitura e a produção de textos, analisados nos próximos capítulos. Durante as filmagens, a professora tentou priorizar a "aula de língua portuguesa" no início do turno, em função do interesse e da disponibilidade da pesquisadora. No entanto, quando não era possível, a aula de matemática ocupava esse lugar e, algumas vezes, a aula de ciências ou algum projeto que estivesse sendo desenvolvido na turma. Apenas em um dia na semana essa rotina é alterada: na terça-feira, a primeira aula é a de educação física, conduzida pela professora-apoio. Mesmo assim, ao chegar à sala de aula, a rotina inicial dos alunos permanece a mesma, com a ocorrência dos mesmos eventos.

Há dois intervalos durante o turno. O primeiro, para a merenda escolar, ocorre aproximadamente uma hora e quarenta minutos após o início da aula, com duração de quinze minutos. A professora desce com os alunos em fileiras, meninos e meninas separados, e sobe após quinze minutos, também em fileiras. Em geral, os alunos cumprem bem a determinação desse horário, pois esperam a professora no horário combinado, já em fileiras, para voltarem à sala de aula. Esses dados demonstram que os alunos já internalizaram essas rotinas, possibilitando um controle quase imperceptível da professora sobre a disciplina deles nesses eventos.

O outro intervalo é o recreio, com duração de vinte minutos, por volta das quinze horas e trinta minutos. O recreio é sempre animado com música (a escola dispõe de aparelho de som com caixas acústicas em todas as salas de aula e no pátio). Em geral, os alunos dançam, brincam, correm, divertem-se muito. A cada dia, uma professora da escola é encarregada de observar o recreio.

Semanalmente, a professora participa de uma reunião com seu quarteto e a coordenadora para discutirem questões ligadas ao planejamento curricular, à discussão de algum projeto que será realizado conjuntamente voltado a alunos com problemas etc. Não foi possível obter detalhes sobre o que ocorre nessas reuniões. Nesse dia, a aula termina às dezesseis horas e trinta minutos, e os alunos vão embora mais cedo. Esse tempo é parte daquele destinado ao planejamento coletivo dos professores, que é complementado com uma reunião quinzenal às sextas-feiras, nesse mesmo horário. Ao todo, são duas horas quinzenais de tempo coletivo, previsto no Programa Político-Pedagógico da Escola Plural.

Todos os dias, os alunos levam uma atividade para ser feita em casa, o tradicional "para casa", que, em geral, é proposto ao final da aula. Os cadernos de "para casa" são verificados pela professora diariamente, em horários variados, geralmente quando os alunos estão ocupados com alguma atividade.

A descrição dos eventos que ocorrem no dia-a-dia dessa sala de aula permitiu-nos perceber as regularidades na rotina desse grupo e a importância do tempo como um fator condicionante desses eventos. Nem todas as atividades regulares ocorrem diariamente. Algumas acontecem semanalmente, como a participação de alunos no projeto "aceleração" e a participação da professora em reuniões semanais, o que implica uma aula com duração menor.

O uso do tempo e do espaço durante o processo interacional em cada evento e por meio dos eventos foi variado. Os três primeiros eventos caracterizam o início das aulas e não variam muito no uso do tempo e do espaço. Já os eventos que ocorrem após o canto, ligados ao ensino de algum conteúdo disciplinar, têm um caráter de imprevisibilidade maior, tanto em termos da constituição das interações quanto das práticas de letramento aí envolvidas. Esses eventos serão analisados no Capítulo 4.

A rotina da turma da escola B

Evento 1: a oração coletiva

As aulas iniciam-se às treze horas, com tolerância de dez minutos para os alunos atrasados. Nesse horário o portão é fechado para que se inicie, no pátio da escola, a oração coletiva, primeiro evento de que os alunos participam. Eles sentam-se no chão e esperam o início da oração, da qual também participam o corpo docente da escola e os coordenadores. Em geral, a coordenadora pedagógica conduz a oração, que é repetida pelos alunos. Não percebemos a participação de alunos na condução da oração. Os que chegaram atrasados não participam desse evento e só entram na escola após o término da oração.

Após esse momento, todos sobem com sua professora, em fileiras, para a sala de aula, diferentemente do que ocorre na escola A, onde os alunos vão para a sala de aula sem o acompanhamento da professora e não participam de nenhum evento escolar antes de entrar nela.

A análise dos dados em vídeo aponta a ocorrência de dois eventos regulares que constituem o início das atividades na sala de aula. São eles:

- A organização do espaço físico
- O planejamento coletivo das atividades do dia

Evento 2: organizando o espaço físico da sala de aula

Diariamente, o espaço físico da sala de aula é organizado pelos funcionários da limpeza, que arranjam as carteiras em fileiras. Ao chegar à sala de aula, a tarefa inicial da turma é reorganizá-lo, colocando as carteiras em duplas ou em grupos, conforme orientação da professora. Raramente as carteiras são mantidas em fileiras. Apenas em duas das aulas filmadas os alunos estavam sentados individualmente. Esse evento evidencia a importância do espaço físico como um elemento condicionante das interações em sala de aula. Nesse sentido, o espaço da sala de aula é compreendido como um espaço físico-social, construído pelos participantes no processo interacional. A forma como as carteiras são organizadas condiciona os processos interacionais entre os alunos e entre eles e a professora. A análise do mapa de eventos, que será apresentado no Capítulo 5, indica, no entanto, que as atividades serão realizadas individualmente pelos alunos, apesar de eles estarem organizados em duplas ou grupos. Saber quais as formas de organização dos alunos – se em pequenos grupos, duplas, rodinha ou carteiras enfileiradas – não é condição suficiente para uma compreensão das interações em sala de aula. Os alunos podem estar agrupados, mas realizando atividades individualmente ou vice-versa.

Diferentemente da professora da turma da escola A, não percebemos, nas aulas filmadas, a presença de ações da professora para checar a freqüência dos alunos. Após a organização do espaço interacional, o grupo inicia o planejamento coletivo da aula.

Evento 3: planejando coletivamente a aula

O planejamento coletivo da aula é uma ação realizada diariamente pela turma. Após a acomodação de todos, a professora os cumprimenta formalmente com um "boa-tarde" e propõe: "Vamos nos organizar".

Os alunos contribuem nesse processo, opinando sobre o que gostariam de estudar ou as atividades que gostariam de realizar naquele dia. Todo o planejamento é registrado no quadro pela professora, e os alunos o copiam no "caderno de aula". A oração coletiva é registrada como uma atividade da turma antes de entrar na sala de aula. Desse modo, todas as atividades listadas no quadro são consideradas parte da aula e não apenas aquelas que envolvem o estudo de algum conhecimento disciplinar.

Na dinâmica de elaboração do planejamento, a professora e os alunos vão apontando tudo o que vai ocorrer na aula, e a lista produzida inclui tanto as disciplinas que serão estudadas como as atividades que poderão ser realizadas, como evidenciado neste exemplo: rodinha, português, matemática, geo-história[5], ciências, ensaio de alguma apresentação, apresentação de algum trabalho dos alunos para a escola, atividades de algum projeto que estão desenvolvendo, hora da aula da professora-apoio, recreio, para casa etc.

5. Denominação atribuída pela professora às aulas de história e geografia, que ocorrem juntas.

Se o planejamento estiver prevendo a conversa na rodinha, esse evento ocorre antes das atividades com alguma disciplina curricular.

A análise dos vídeos evidencia como as práticas de letramento constituem o planejamento coletivo. Geralmente esse processo é mediado pela escrita, por meio da listagem, pela professora, das atividades e ações a serem realizadas. Os alunos acompanham, copiando a lista no caderno de classe. Dessa forma, alunos e professora usam a escrita como constitutiva das ações do grupo na organização e definição das atividades a serem realizadas. A lista também serve como registro da história do grupo, pois em muitas situações percebemos a retomada, pela professora, de atividades e ações anteriores previstas e não realizadas e que, algumas vezes, são listadas novamente. Essas práticas de escrita são constitutivas do que conta como letramento nessa sala de aula, ou seja, o planejamento das atividades do dia é uma prática de letramento instituída cotidianamente e construída coletivamente pelos participantes. Letramento, portanto, é uma prática sociocultural (Green e Meyer, 1991; Santa Barbara Classroom Discourse Group, 1992), podendo ser analisada por meio dos padrões e eventos de interação construídos cotidianamente pelos participantes. Na seqüência discursiva abaixo, extraída da aula do dia 16 de maio de 2001, podemos perceber o processo de negociação de significados na elaboração do planejamento:

Quadro 2: Negociando o planejamento da aula

Turnos	Participantes	Discurso	Aspectos extraverbais/ comentários do pesquisador
01	Professora	Olha aqui, gente, vamos nos organizar? O que teremos hoje, olha: a oração, que já aconteceu, tem mais um último ensaio, né, da música que *vocês* vão apresentar, **nós**	Falando em pé de frente para o grupo.

Turnos	Participantes	Discurso	Aspectos extraverbais/ comentários do pesquisador
01	Professora	temos que fazer a pintura do trabalhinho do índio, pra exposição, a rodinha, onde a Loice ia contar a história, a Loice não veio. Então **a gente** deixa pra depois de amanhã porque amanhã é paralisação (incompreensível). Então, gente, **nós** vamos trabalhar o texto de português, psiu, vamos então nos organizar? O texto de português, que *vocês* acham que deve vir primeiro? Português, ensaio.	Vai para o quadro e começa a escrever o planejamento.
02	Alunos	Ensaio!	
03	Aluno	Português.	
04	Professora	Vamos português primeiro, né (incompreensível). Português, ensaio.	
05	Aluno	Matemática.	
06	Professora	A matemática será que vai dá tempo, gente?	
07	Alunos	Não!	
08	Professora	Até quatro horas! Olha lá: oração, português, ensaio, oh, o trabalhinho que vai pra exposição. Artes, né? **A gente** vai pintar o trabalho.	
09	Alunos e professora	Artes.	
10	Professora	Depois?	
11	Aluno	Recreio, recreio.	
12	Professora	Recreio.	
13	Aluno	Matemática.	
14	Professora	Depois do recreio, praticamente já é o horário da apresentação.	

Turnos	Participantes	Discurso	Aspectos extraverbais/ comentários do pesquisador
15	Alunos	(incompreensível)	
16	Professora	Apresentação.	
17	Aluna	Professora!	Aluna que havia saído para buscar algo pra professora.
18	Professora	Achou?	Referindo-se a essa aluna.
19	Aluna	Tava fora da pasta.	
20	Professora	Ah, falei? Depois da apresentação vai ser exposição do trabalho de *vocês*. E por último, **nós** vamos ter um para ...	Volta a falar para o grupo.
21	Alunos e professora	casa.	

Essa seqüência evidencia a perspectiva enunciativa do discurso da professora na mediação do planejamento das atividades. Logo no primeiro turno ela convoca os alunos para se "organizarem", isto é, para planejarem as atividades a serem realizadas naquele dia. Em seu discurso, ela usa o **nós** inclusivo e o **a gente** como uma estratégia discursiva na negociação das atividades. Embora as atividades devam ser realizadas pelos alunos e não por ela, podemos dizer que a professora tenta incluir-se no processo, diminuindo a assimetria característica da relação professor-aluno. Ainda nesse turno, ela dirige-se aos alunos usando **vocês**, assumindo um discurso de autoridade, que cumpre duas funções distintas: a primeira, para indicar a realização do ensaio de uma música a ser cantada pelos alunos num evento que envolve toda a escola; a segunda tem o objetivo de implicar os alunos na decisão de qual atividade deve ser realizada primeiro, se aula de língua portuguesa ou o ensaio da apresentação.

No turno 4, a professora retoma a fala de um aluno para legitimar sua opção pelas atividades de língua portuguesa antes do ensaio, evidenciando o lugar que a matéria ocupa nessa sala de aula. Dessa forma, ela envolve o grupo nas decisões sobre o planejamento, ao mesmo tempo que cumpre seu papel de mediar as atividades a serem desenvolvidas, apontando a perspectiva da aula. Ao assumir uma posição de escuta do grupo, ao mesmo tempo que direciona o processo de ensino e aprendizagem, a professora exclui as possibilidades de a aula ter um caráter "espontaneísta". Sua fala é caracterizada pela predominância de um discurso de autoridade (Bakhtin, 1981), embora, aparentemente, ela esteja negociando o planejamento das atividades do dia com a turma.

Nos turnos 6 e 8, a professora questiona a demanda de alguns alunos pela aula de matemática, usando o argumento da falta de tempo para a realização de todas as atividades. Com isso, ela explicita o tempo como um aspecto constitutivo dos processos de ensino-aprendizagem, que condiciona as opções e a realização das ações na aula. Os usos do tempo e do espaço físico são, portanto, aspectos constitutivos da cultura da sala de aula (Collins e Green, 1992).

Em relação ao padrão discursivo que constitui as interações, percebe-se a ocorrência de uma seqüência estendida de interação (Mehan, 1979), e as poucas avaliações da professora (turnos 4, 12 e 16) aparecem ao final das seqüências. O padrão IRA altera-se com a iniciação de uma aluna no turno 17, mas seu discurso não se relaciona ao que se discutia na aula, e sim a um pedido da professora para que ela fosse buscar algo na secretaria da escola.

Após o planejamento da aula, não se pode prever qual a seqüência dos eventos e das ações a serem realizadas posteriormente. Em geral, o trabalho com a temática que está sendo estudada é prioridade. Atividades de ensino da leitura e da escrita ocorrem, geralmente, antes de atividades de ensino de matemática, mas algumas vezes essa lógica se inverte. Por outro lado, se não há uma seqüência padronizada das atividades a serem feitas, o planejamento cumpre a função de indicar quais delas serão realizadas a partir de retomadas do que foi executado em dias anteriores.

Em dias em que ocorre a rodinha, a dinâmica é semelhante. Após esse evento, inicia-se alguma atividade de leitura, produção de textos ou debate de alguma questão que apareceu na rodinha. Em geral, esse processo ocorre até a hora do recreio, que começa às quinze horas e dez minutos. O recreio e a merenda, diferentemente da escola A, ocorrem no mesmo horário e têm duração de trinta minutos.

O "para casa" é proposto diariamente, com exceção da sexta-feira. O momento em que essa atividade é anunciada pode variar. Em geral, ela é vinculada à temática que está sendo desenvolvida pela turma. Por exemplo, a professora pode pedir aos alunos que coletem textos de jornais ou revistas sobre a temática desenvolvida no projeto para serem apresentados na rodinha e discutidos na aula, como observamos neste fragmento, que faz parte de um momento posterior da aula apresentada anteriormente:

> O meu "para casa", lembrando, gente, vocês vão trazer pra gente reportagem de jornais, revistas, viu, Rafael, que está falando sobre isso. Energia, né, economizar água, apagão, que que é isso. Oh, um dos itens do "para casa" eu tô lembrando, vocês acharem alguma coisa em jornais, revistas, nós vamos fazer um trabalho muito interessante sobre isso, viu? Como economizar a água que está acabando, né?

Padrões de organização das interações

Nesta seção, será apresentada uma caracterização dos padrões de organização das interações nas salas de aula, buscando responder às perguntas:

- Há diferentes padrões de organização da interação? Quais os padrões predominantes em cada sala de aula?

- Quais as semelhanças e diferenças entre os padrões de organização das interações nas duas turmas?
- Como é a participação dos alunos na escolha desses padrões de organização? Os critérios de agrupamentos são decididos *a priori* pela professora, ou os alunos também participam na decisão dos critérios?

Analisando os padrões da turma da escola A

Organização em pequenos grupos e em duplas

A análise dos dados em vídeo confirma que duplas e pequenos grupos são as formas predominantes de organização dos alunos, conforme as respostas ao questionário dadas pela professora. Do total de 37 aulas filmadas, em 19 os alunos estavam organizados em grupos, em 15, em duplas, em 2, em rodinha e em 1, individualmente.

Essa turma de alunos já está no terceiro ano consecutivo de trabalho conjunto com a mesma professora. Esse fato é um condicionante importante dos processos de interação nessa sala de aula, pois a história desse grupo não começa com o primeiro dia de aula do ano 2001, mas com o primeiro dia de aula dois anos atrás, em 1999. Isso significa que há dois anos os alunos dessa turma compartilham uma história na realização de atividades em grupos ou em duplas.

A turma é constituída de seis grupos de quatro participantes. Todos sabem a qual grupo pertencem, pois, em geral, os critérios são explicitados pela professora sempre que os alunos são reagrupados. A constituição dos grupos algumas vezes pode ser feita pelos próprios alunos, mas predominam as determinações da professora. As alterações nos agrupamentos ocorrem em espaços de tempo de duas ou mais semanas e não diariamente. Ou seja, os alunos trabalham juntos por um tempo não muito longo, mas, de qualquer modo, não estão sujeitos a variações ou reagrupamentos diários. A escolha das duplas não segue a mesma lógica, pois a professora define a constituição delas, o que não permite nenhuma escolha por parte dos alunos. Durante a investigação, não foi percebido nenhum estranhamento dos alunos em relação a essas formas de organização, ou mesmo em relação à forma de condução da organização dos alunos pela professora. Esses padrões de organização das interações são constitutivos da dinâmica interativa dessa sala de aula e foram sendo construídos ao longo de mais de dois anos de convivência. Entretanto, somente uma análise mais refinada dos eventos de interação evidenciará aspectos da relação dos alunos com essas formas de organização.

A professora apresenta duas justificativas importantes para adotar essas formas de organização. A primeira evidencia sua concepção de aprendizagem, e a segunda relaciona-se ao controle da disciplina dos alunos durante o processo de aprendizagem, como se pode perceber neste depoimento durante a entrevista:

> Olha, desde o início, do primeiro ano deles comigo, em 1999, eu sempre organizei em duplas e grupos porque eu acho que os meninos aprendem mais fácil quando tem interação. Aliás, eu já tive prova disso, dos vários anos que eu dou aula. Além disso, questão da disciplina também, eu acho mais fácil, quando... grupo maior, não, mas... depende da atividade também, né? Quando você dá um jogo, não tem jeito, a disciplina é mais difícil, mesmo porque eles ficam animados, né, aquela coisa toda. Agora, em dupla, é legal, porque eles trocam, um pergunta pro outro, tiram as dúvidas, tanto que quando eu quero dar uma avaliação, uma atividade pra avaliar, eu separo, é a única hora em que eles ficam em fila.

O discurso da professora indica a importância que ela dá à interação como um elemento constitutivo da aprendizagem. Suas justificativas são baseadas em mais de dez anos de trabalho com alunos do primeiro ciclo. Além disso, ela relaciona o trabalho em pequenos grupos e o controle da disciplina. Para ela é mais fácil controlar a disciplina dos alunos quando estão organizados em grupos do que individualmente, desde que não sejam grupos muito grandes. Essas justificativas surpreendem na medida em que o que se escuta dos professores que trabalham com o primeiro ciclo é a dificuldade de controle disciplinar no trabalho em pequenos grupos (Macedo, 1998).

A professora afirma que os critérios de organização não são fixos, pois dependem de suas observações do processo de aprendizagem dos alunos, como se constata na afirmação abaixo, coletada durante a entrevista:

> Vario muito, olha: no início da alfabetização, o primeiro ano que eu tava com os meninos, eu fazia por níveis, de escrita, ou às vezes eu não fazia só por níveis não, eu misturava alunos que estão com nível mais avançado com alunos que estão logo abaixo pra poder ajudar esses outros que estavam no nível inferior. Isso no início. Ano passado, à medida que eles foram desenvolvendo eu fui mudando, às vezes fazia sorteio, às vezes até por questão de disciplina, eu ter que separar tal menino de outro. E esse ano, que eles estão praticamente alfabetizados, [...] é mais por disciplina mesmo, separo, mas não sempre assim, às vezes eu vou fazer sorteio, às vezes eu vou deixar eles escolherem livremente qual colega, às vezes a gente faz brincadeira com aquele grupo...

As afirmações acima evidenciam uma relação constitutiva entre a organização das interações, o nível de aprendizagem dos alunos e a concepção de alfabetização da professora, baseada nos fundamentos da psicogênese da escrita, explicitados no planejamento estratégico da escola. É comum ouvir depoimentos de professoras alfabetizadoras em que é mencionada a dificuldade de lidar com a heterogeneidade na sala de aula em relação aos níveis de aprendizagem da leitura e da escrita. Pesquisas indicam que os professores têm-se baseado nas pesquisas de Ferreiro (1993) para organizar os alunos na sala de aula e até para enturmá-los no início do ano.

Os dados em vídeo evidenciam uma relação de coerência entre esse discurso da professora e sua concretização na prática. Constatamos que os alunos são organizados, preferencialmente, em grupos ou duplas. Os critérios utilizados para a organização dos grupos também variam bastante, embora não se tenha constatado nenhuma forma espontânea de agrupamento, o que é coerente com o que foi afirmado na entrevista. No entanto, cabe perguntar: como é a dinâmica do trabalho em grupo e em dupla? Em que essa dinâmica é diferente? Qual é a natureza das atividades propostas? São atividades que demandam uma realização coletiva ou não?

Observamos que a forma como as atividades são encaminhadas aos grupos e às duplas distancia-se um pouco do que relata a professora: as atividades são realizadas pelos alunos, na maior parte das vezes, individualmente. Invariavelmente, cada participante do grupo ou da dupla recebe uma cópia da atividade. O mesmo ocorre quando se trata de atividades do livro didático, em que cada aluno trabalha individualmente com seu livro. É inegável que ocorre um processo interativo entre os alunos, mas tal processo é criado espontaneamente pelo grupo e não de forma deliberada pela professora. Apesar de a professora destacar, em muitas ocasiões, que cada aluno pode ajudar o colega, observamos que nem sempre isso ocorre na prática. Muitas vezes percebemos alunos escondendo sua atividade do colega do lado, ou interagindo com apenas um dos colegas quando estavam reunidos em grupos.

Percebemos, ainda, que algumas duplas trocam informações durante a realização das atividades, mas não se pode afirmar que a interação ocorre sempre mediada pela atividade proposta. Muitas vezes, observamos conversas dos alunos desvinculadas da escola e da atividade que realizavam. Também observamos alunos interagindo com colegas de outras duplas, o que não ocorre quando estão organizados em pequenos grupos. Na visão da professora, esse comportamento não é adequado, é uma questão de indisciplina, o que motiva freqüentes alterações nas duplas. Essa postura da professora evidencia que há uma relação efetiva entre interação, disciplina e aprendizagem. A organização da interação, como um fator de controle dos alunos, tem papel fundamental no processo de aprendizagem do grupo. O trabalho em grupo, como foi dito antes, é utilizado como instrumento de controle da disciplina dos alunos.

Enquanto os alunos realizam as atividades propostas, a professora fica sentada a sua mesa analisando os cadernos de "para casa" e atendendo aos alunos que a procuram. Poucas vezes a vimos circulando entre os grupos ou duplas para verificar se precisam de alguma orientação. As orientações que são dadas no início das atividades e durante sua realização adquirem duas formas: individualmente, quando algum aluno vai até sua mesa; coletivamente, quando ela socializa para toda a turma alguma questão ou dúvida levantada por algum aluno individualmente. Essa segunda forma é a que predomina. Nesse momento, a professora fica em pé, de frente para a turma, e dirige-se a todos ao mesmo tempo, e não aos alunos individualmente, aos grupos ou às duplas. Essa postura de dirigir-se a toda a turma coloca-nos uma questão: qual a função dessa estratégia discursiva na prática pedagógica dessa professora? Seria uma forma mais eficaz de controle do processo de aprendizagem dos alunos? Uma estratégia de ensino que possibilite a construção coletiva do conhecimento? Podemos supor que a estratégia de compartilhar com o grupo as dúvidas e questões dos alunos cria oportunidades de aprendizagem entre os alunos e evidencia o papel da interação com o outro no processo de aprendizagem (Vigotski, 1991).

Questionada sobre os critérios para definir a forma de organização dos alunos em cada aula, a professora relaciona essas formas com a necessidade ou não do uso do quadro-de-giz. Ou seja, nos dias em que o quadro for utilizado, os alunos serão organizados em duplas, porque é mais fácil para eles visualizarem-no, o que não ocorre na organização em grupos:

> Dupla é quando vai usar mais quadro, porque o grupo não deixa que eles vejam, copiar do quadro, né, principal-

mente esse ano que eu acho que vai usar mais o quadro, que é algo que foi raro eu usar nos outros dois primeiros anos, eu acho que eles vão ficar mais em dupla por causa disso. Mas eu, assim quando vejo que eu não vou usar o quadro naquele dia, eu já peço pra eles ficarem em grupo.

Percebe-se, nessa justificativa, que os critérios para a escolha da forma de organização dos alunos não incluem a natureza da atividade que será realizada, como se poderia supor, mas outros aspectos, como o uso de recursos materiais, nesse caso, o quadro-de-giz. Esse recurso é utilizado com freqüência para a cópia de atividades propostas e para o registro das respostas das atividades realizadas pelos grupos e pelas duplas. Entretanto, na prática, o quadro é utilizado diariamente, mesmo quando os alunos estão organizados em pequenos grupos. A dificuldade dos alunos para a cópia das atividades é visível. Muitas vezes, eles mesmos alteram a posição das mesas para poderem realizar a cópia. Outras vezes, a própria professora sugere que eles se reorganizem. Ao mesmo tempo que a professora organiza o espaço, considerando a interação e o diálogo como elementos constitutivos dos processos de ensino e aprendizagem, ela propõe atividades que acabam sendo realizadas individualmente. Ou seja, ela organiza a sala para a construção de atividades coletivas, mas as atividades não pressupõem necessariamente a interação entre os alunos para serem realizadas. Abaixo, apresentamos um exemplo das atividades a que estamos nos referindo.

Como se observa no texto da página seguinte, os enunciados das atividades são direcionados ao aluno individualmente e não pressupõem a interação no processo de realização delas: "Leia e complete...", "Escreva o nome...", "Numere as frases...". Por outro lado, após a realização das atividades, a professora utiliza a estratégia de correção coletiva, que tem como pressuposto a interação com toda a turma. Isso mostra que grupos e duplas, apesar de serem formas de organização da interação instituídos nessa sala de aula, nem sempre funcionam como tal. Apesar de esta-

Figura 1

> **ESTUDO DO TEXTO**
>
> **Vocabulário**
>
> Leia e complete as frases com as palavras novas:
>
> Goteira: buraco do telhado por onde cai chuva.
> Despensa: lugar para guardar alimentos.
> Contratou: pagou uma pessoa para fazer um serviço.
>
> a) Por que mamãe não guarda os alimentos na _____?
> b) Eu vejo uma _____ no telhado do quarto.
> c) Papai _____ um pintor para pintar as paredes.
>
> **Compreensão do texto**
>
> 1. Escreva o nome da história:
> _____
>
> 2. Sublinhe apenas o que está de acordo com o texto:
>
> Na casa de dona Rata, moram — seu Ratão.
> — vinte ratinhas.
> — um gato.
>
> 3. Numere as frases de acordo com a seqüência do texto:
> ( ) Dona Rata contratou os serviços de seu Ratão.
> ( ) Quando chove, a goteira molha a casa.
> ( ) A casa não tem telha nem telhado.
> ( ) Dona Rata mora numa casa com goteira.
> ( ) A goteira molha a sala, a cozinha e o banheiro.

rem agrupados, a produção dos alunos nem sempre é o resultado de um processo coletivo. Dessa forma, muitas vezes, de uma realização individual das tarefas em grupos ou duplas a sala de aula se transforma num espaço interacional da professora com toda a turma.

Os critérios utilizados pela professora na proposição dessas formas de organização não se relacionam à especificidade das atividades que são realizadas, ou seja, as interações que ocorrem nesses espaços parecem não se vincular, de forma efetiva, às atividades propostas para o desenvolvimento do processo de aprendizagem dos alunos, mas à necessidade de controle da disciplina da turma.

Por outro lado, a professora afirma que nem todas as atividades podem ser realizadas em grupos, o que evidencia uma preocupação com a natureza e a adequação das atividades às formas de organização dos alunos:

> Eu acho que todas [atividades] que dão para ser em grupo dão para ser em dupla, agora, não vice-versa [...]. Por exemplo, aquela correção de um colega com o outro aí já tem que ser em dupla. Mas, em geral, jogos, por exemplo, tem jogos de dupla, em grupo, eu gosto muito de jogos, principalmente na fase inicial de alfabetização.

Apesar dessa fala, não observamos demandas explícitas da professora no sentido de que a correção das atividades fosse feita em dupla. Isso pode ocorrer espontaneamente, mas não faz parte de uma proposta pedagógica estabelecida explicitamente pela professora.

Corrigindo coletivamente as produções dos alunos

Após o término das atividades em grupos e em duplas, é feita a correção coletiva oralmente e/ou por escrito no quadro-de-giz. Há uma participação intensa dos alunos e aqueles que deverão fazer a correção são escolhidos pela professora. Quando a atividade é em grupo, há um rodízio dos grupos responsáveis pela correção das atividades. Um aluno do grupo é escolhido pelo próprio grupo para registrar no quadro as respostas corretas. A turma toda participa, apresentando as respostas, que são lidas oralmente e depois registradas. A professora faz a mediação, ajudando aqueles que têm mais dificuldades com as questões ortográficas. Observamos que os alunos que já dominam bem o sistema ortográfico têm mais autonomia na escrita das respostas.

A estratégia de corrigir coletivamente as atividades foi identificada por nós em pesquisa anterior (Macedo, 1998). Nesse processo, os alunos socializam suas dúvidas, questionam as afirmações dos colegas, argumentam defendendo seus pontos de vista e aprendem a ouvir o outro. O envolvimento dos alunos e da própria professora, no processo de correção das atividades, evidencia que essa estratégia de ensino é parte da rotina da turma, constituindo-se numa das expectativas de como participar nas interações nessa sala de aula. Ou seja, os alunos esperam que seus textos e atividades sejam cotidianamente compartilhados pelos colegas e pela professora.

Rodinha: um padrão de interação pouco freqüente na turma da escola A

Embora não constitua um padrão de interação comum nessa turma, devido à baixa freqüência de sua ocorrência (apenas duas aulas, dentre as 37 filmadas), consideramos importante analisar a rodinha, contrastando-a com as rodinhas ocorridas na turma B.

Das duas rodinhas filmadas na turma A, a primeira ocorreu no primeiro dia de aula e teve como objetivo possibilitar que os alunos falassem um pouco de suas férias. A segunda, caracterizada como um roda de leitura, ocorreu durante as discussões sobre a vida de Mozart. A seguir, analisamos a rodinha do primeiro dia de aula, focalizando os aspectos interacionais e as práticas de letramento construídas nesse espaço interacional.

Relatando sobre as férias na rodinha

Os primeiros dias de aula são decisivos na constituição das interações entre professora e alunos, condicionando o processo de ensino e aprendizagem que ocorrerá durante todo o ano letivo, conforme algumas pesquisas têm evidenciado (Castanheira, 2000; Lin, 1994). O primeiro dia de aula dessa turma tem características diferentes, já que não corresponde ao primeiro dia de atividades realizadas conjuntamente pelos alunos; a maior parte dessa turma está junta há dois anos. O que a análise da rodinha, o primeiro evento de interação ocorrido nesse dia, revela em termos dessa história de participação conjunta? Como se constituem as interações nesse espaço interacional?

A rodinha é realizada sempre na parte frontal da sala, onde os alunos sentam-se no chão e a professora numa cadeira, conforme observamos também na turma B. Observamos que as meninas tendem a sentar-se separadas dos meninos. Geralmente, os alunos falam seguindo o sentido horário, um após o outro.

Os significados compartilhados pelo grupo nos dois anos de atividade conjunta são visíveis na forma como a rodinha se inicia e é conduzida pela professora. Não houve, em nenhum momento, uma explicação da professora sobre os procedimentos para a organização da rodinha. Os alunos rapidamente sentaram-se no chão, em frente ao quadro-de-giz, e formaram o círculo sem atropelos, indicando procedimentos de organização das interações já compartilhados. O mapa de eventos a seguir indica como as interações na rodinha foram construídas pelos participantes.

Quadro 3: Mapa de eventos do primeiro dia de aula na turma da escola A

Eventos	Tempo gasto em minutos	Linha de tempo[6]	Ações dos participantes	Espaço interacional
Relatando oralmente experiências das férias na rodinha	00	13:23	Professora prepara a turma para começar a conversa na rodinha.	Rodinha
	01	13:24	Professora instrui os alunos sobre o que devem falar na rodinha. Eles começam a relatar, todos ao mesmo tempo.	
	02	13:25	Professora sinaliza o início do relato e pergunta quem quer começar. O primeiro aluno inicia.	

6. Nesse mapa, a indicação do tempo corresponde à hora-relógio indicada no vídeo.

Eventos	Tempo gasto em minutos	Linha de tempo	Ações dos participantes	Espaço interacional
Relatando oralmente experiências das férias na rodinha	03	13:26	Larissa inicia seu relato.	
	04	13:27	Uma professora interrompe para dar um recado sobre a mudança de sala.	
	09	13:32	Alunos e professora trocam de sala.	
	10	13:33	Alunos e professora reiniciam a rodinha na nova sala.	
	11	13:34	Professora chama a atenção de alunos que estão desatentos e pergunta quem quer falar após Larissa.	
	12	13:35	Um aluno conta sobre as férias.	
	13	13:36	Professora pergunta novamente quem mais quer falar.	
	13	13:36	Professora acrescenta mais orientações: os alunos devem falar sobre o que aconteceu de engraçado nas férias. Muitos continuam narrando suas experiências.	
	21	13:44	Professora pergunta quem viajou. Muitos alunos levantam a mão, querendo falar.	
	23	13:46	Professora anuncia a próxima atividade: desenho de uma coisa boa ou engraçada que aconteceu nas férias. Cria um suspense quanto à atividade que se seguirá ao desenho.	
Desenhando sobre as férias	24	13:47	Alunos organizam-se em pequenos grupos.	Pequenos grupos
	25	13:48	Aluno ajudante distribui o material a ser usado na atividade.	Professora circula entre os grupos.

Eventos	Tempo gasto em minutos	Linha de tempo	Ações dos participantes	Espaço interacional
Desenhando sobre as férias	36	13:50	Alunos iniciam o desenho individualmente. Professora lembra que cada aluno deve escrever o seu nome.	
	36	13:59	Professora senta-se em frente à turma e atende a alunos que querem mostrar seus desenhos.	
	39	14:02		Professora circula entre os grupos.
	41	14:04	Alguém interrompe para avisar o horário da merenda, que é às 14:10h.	
	43	14:06	Professora anuncia que está quase na hora da merenda.	
Merenda	44	14:07	Alunos organizam-se em filas de meninos e meninas para a merenda.	
Escrevendo sobre as férias	63	14:26	Professora inicia as explicações da atividade de produção de texto: colocar a folha na vertical, usar régua para fazer margens, nome completo na margem superior da folha.	Professora de frente para a turma.
	64	14:27	Professora demonstra no quadro como os alunos devem organizar a folha.	
	67	14:30	Professora anuncia o título do texto.	
	68	14:31	Professora fala sobre o tipo de letra. Se cursiva, a primeira letra deve ser maiúscula.	
	71	14:34	Professora pede silêncio e sinaliza o início da atividade de escrita do texto.	

Eventos	Tempo gasto em minutos	Linha de tempo	Ações dos participantes	Espaço interacional
Escrevendo sobre as férias	77	14:40	Marcos pede à pesquisadora informações sobre a data.	
	92	14:55	Recolhendo as últimas produções. Professora-apoio sinaliza o início da aula, cumprimentando os alunos.	

O mapa de eventos anterior evidencia que toda a aula girou em torno de uma única temática – as férias. O relato sobre as férias na rodinha não foi o único evento do dia. Os alunos interagiram por meio de diferentes espaços interacionais, como se pode observar na coluna "Espaço interacional" no mapa de eventos. A temática foi sistematizada em três eventos de interação, por meio de atividades como relato oral, desenho e produção escrita. A conversa na rodinha foi a base para as atividades realizadas posteriormente.

Conforme se observa no mapa de eventos, o relato na rodinha teve duração de 23 minutos e constituiu o segundo evento mais longo do dia. O primeiro foi o relato escrito sobre as férias, que se iniciou após a merenda e durou 29 minutos. As ações da professora no processo de mediação da rodinha foram diversificadas, como se pode observar no mapa. Ela usou seu discurso para orientar as formas de participação dos alunos e para manter o fluxo do relato, perguntando quem mais gostaria de falar. Além disso, chamou a atenção para questões disciplinares e anunciou a atividade seguinte a ser realizada: o desenho sobre as férias.

A análise do mapa evidencia, ainda, que os eventos de interação que caracterizam o início da maior parte das aulas, tais como contagem dos alunos, oração e canto, não ocorreram no primeiro dia de aula, mas a partir do segundo dia. Ou seja, os aspectos interacionais do primeiro dia de aula não apresentam elementos indicadores da rotina inicial identificada nesse grupo e que se constituiu em padrões de interação cotidianos nos meses de aula que investigamos. Toda a conversa na rodinha ocorreu oralmente, não se observando a presença de textos escritos durante a narrativa. Pode-se constatar, na seqüência discursiva abaixo, que alguns alunos fazem referência a estudos realizados nos anos anteriores, recuperando um contexto compartilhado pelo grupo em sua experiência de convivência há mais de dois anos, conforme também constatado por Jennings (1999). A seqüência discursiva a seguir ilustra aspectos relacionados à negociação de significados na rodinha.

Quadro 4: "Vocês estavam de férias, agora é hora da gente conversar"

Turnos	Participantes	Discurso	Aspectos extralingüísticos/comentários da pesquisadora
01	Aluno	(incompreensível)	
02	Professora	Sobre a volta às aulas? É uma coisa que já se passou.	
03	Aluno	Eu sei, animais, animais.	
04	Aluno	Ano passado.	
05	Professora	Ô gente, não, não é nada do ano passado não. Não é nada que a gente estudou não.	
06	Aluno	Brincando. Eu não tava em aula não.	
07	Professora	Brincando, viajando.	
08	Aluno	Eu não tava brincando não, eu tava nadando.	
09	Professora	Nadando.	
10	Aluno	Machucando.	
11	Professora	Machucando.	

Turnos	Participantes	Discurso	Aspectos extralingüísticos/comentários da pesquisadora
12	Aluno	**Eu** não nadei em piscina não, é no mar.	
13	Aluno	**Eu** sei, soltando papagaio.	
14	Professora	É... **vocês** estavam de?	
15	Alunos	Férias.	
16	Professora	Férias. **Vocês** estavam de férias. Agora que é hora de conversar.	
17	Aluno	Agora?	
18	Professora	É. Quem quer falar sobre as coisas boas...	
19	Aluno	Pode falar? Eu viajei pra casa da minha avó.	
20	Professora	(incompreensível)	
21	Aluno	**Eu** (incompreensível) e subi no pé de manga.	
22	Professora	Você caiu?	
23	Aluno	**Eu** caí dentro da lagoa, eu fui andar de (incompreensível) e caí na lagoa.	
24	Professora	Tá vendo?	
25	Aluno	(incompreensível)	
26	Aluno	**Eu** fui lá dentro do mar, eu e meu irmão.	
27	Professora	Agora você.	
28	Aluno	**Eu** fui nadar na praia e bebi água salgada.	
29	Professora	Bebeu? E você não sabia nadar, não?	
30	Aluno	Ô tia, eu não bebi água do mar não, eu comi areia.	
31	Aluno	Então estava nadando de boca aberta.	

Turnos	Participantes	Discurso	Aspectos extralingüísticos/comentários da pesquisadora
32	Professora	Deixa ele falar, vocês esqueceram do combinado. Quando quer falar, como é que é?	
33	Alunos	Levanta o dedo.	
34	Aluno	(incompreensível) Aí **eu** fui lá, abri, ele foi lá e entrou, aí **eu** fui e saí correndo.	
35	Professora	Você foi a primeira pessoa (incompreensível) Larissa.	Professora sugere que Larissa foi a primeira pessoa a levantar o dedo.
36	Larissa	Eu?	
37	Professora	É.	
38	Larissa	**Eu** fui (+) viajei pra Vitória. Depois de Vitória eu fui pra, pra Barra de São Francisco, de Barra de São Francisco, eu fui e vim embora. Só que lá em Vitória, toda hora que vinha a onda do mar, tinha dois carros da minha tia perto da praia, como se fosse na casa da tia Clarice, (incompreensível) porque a casa da tia Clarice é melhor e mais perto. A casa dela é aqui e logo aqui é a praia. Aí eu tentei correr da onda, né? Aí eu pisei numa pedra lá e caí assim.	Larissa indica gestualmente como caiu.
39	Professora	De costas.	
40	Larissa	A onda me tampou assim.	
41	Professora	Tomou um caldo.	
42	Larissa	**Eu** não fechei a boca, não.	
43	Professora	Você tomou um caldo. Sabia que você tomou um caldo?	
44	Larissa	Aí ontem, né?	
45	Professora	Ham.	

Turnos	Participantes	Discurso	Aspectos extralingüísticos/comentários da pesquisadora
46	Larissa	Ontem...	
47	Professora	Ontem?	
48	Larissa	É. Mas isso já tinha muito tempo.	

O discurso dos alunos nessa rodinha caracteriza-se por uma narrativa de experiências pessoais, aspecto discutido por diferentes pesquisas (Cazden, 1988; Michaels, 1981).

A seqüência discursiva anterior pode ser dividida em três partes. Na primeira, do turno 1 ao 15, os alunos falam mais espontaneamente sobre o que fizeram nas férias e a estrutura de seus enunciados é mais predicativa, no sentido atribuído por Vigotski (1995) ao tratar das características da fala interna. Ou seja, os alunos não elaboram enunciados completos, mas apenas a parte predicativa deles, por meio de palavras que expressam as ações que praticaram nas férias, tais como nadando, brincando, viajando, machucando. Pode-se supor que o contexto em que ocorreram essas ações permanece implícito nas falas. As intervenções da professora sustentam o discurso dos alunos, pois sua fala tem a função principal de dar prosseguimento à fala do aluno, repetindo seus enunciados, como se pode notar nos turnos 7, 9 e 11.

Na segunda parte, que vai do turno 16 até o turno 35, a estrutura dos enunciados modifica-se a partir da intervenção da professora no turno 16, sinalizando que "agora é a hora de conversar". O relato das experiências começa a apresentar uma estrutura narrativa, em que os alunos elaboram enunciados que acrescentam elementos ligados ao contexto das ações, como nos turnos 19, 21, 23, 26 e 28. As falas da professora têm a mesma função da primeira parte: sustentar a narrativa dos alunos.

A terceira parte caracteriza-se por narrativas mais detalhadas, como a que foi feita por Larissa. Todos os alunos têm a oportunidade de relatar suas experiências, mais ou menos como faz essa aluna. Durante a narrativa, a professora continua a sustentar as falas dos alunos, por meio de prosseguimentos, *feedbacks* ou mesmo perguntas.

Outro elemento que estrutura a narrativa é a dimensão temporal, materializada no discurso da professora e dos alunos, como se observa nos turnos 2, 4, 5, 44, 46, 47 e 48. Logo no turno 2, a professora sinaliza para o grupo a importância do tempo no relato a ser feito. A tarefa, portanto, é narrar uma experiência ocorrida no passado, mas não relacionada às atividades escolares do ano anterior, logo não compartilhada pelo grupo. No entanto, a experiência escolar é lembrada logo nas primeiras tentativas de relato, como se vê no turno 4. O aluno interpreta a palavra *passado,* relacionando-a às experiências escolares compartilhadas, e não a suas experiências pessoais. A professora imediatamente esclarece, recolocando a questão "Ô gente, não, não é nada do ano passado não. Não é nada que a gente estudou não". Portanto, a mediação da professora teve como objetivo estimular os alunos a compartilhar suas experiências pessoais sobre as férias, evidenciando que o tema predominante das interações em rodinhas é a experiência pessoal, o que também foi constatado em pesquisa realizada por Cazden (1988). A professora o fez por meio de várias ações discursivas, como, por exemplo, repetindo enunciados dos alunos e/ou acrescentando informações (turnos 7, 11 e 16), fazendo comentários (turnos 39 e 41), advertindo (turnos 24 e 43), esclarecendo (turnos 2 e 5), respondendo (turnos 18 e 47) e indicando ou permitindo que os alunos falassem (turnos 20 e 27). Mas todas essas ações discursivas podem ser interpretadas como prosseguimentos ou *feedbacks* com o objetivo de sustentar a narrativa dos alunos. Nesse sentido, elas geram cadeias de interação (Mortimer e Scott, 2003) e muito raramente são triádicas. Apenas adquirem essa forma quando a professora procura reafirmar a temática ou organizar a participação dos alunos, como se pode perceber nos turnos 14 a 16 e 35 a 37. Houve apenas uma intervenção da professora sobre a disciplina do grupo (turno 32), em que ela recupera uma regra estabelecida em anos anteriores: "Deixa ele falar. Vocês esqueceram do combinado. Quando quer falar, como é que é?".

Além do tempo, outra característica da estrutura que constitui a narrativa, também identificado por Cazden (op. cit.), é o fato de alguns estudantes centrarem-se no tema estabelecido pela professora, em vez de construírem narrativas episódicas com temas variados. No caso em questão, a professora apresenta o tópico da narrativa, e os alunos constroem seus relatos com base nessa proposta, como se observa na narrativa de Larissa.

Em relação às ações discursivas dos alunos, observamos que eles usam o discurso de diferentes maneiras, com diferentes funções: para narrar suas experiências por meio de diferentes ações discursivas: responder (turnos 3, 4, 6, 8, 30 etc.), perguntar (turno 17), comentar a narrativa de algum colega (turno 31), pedir a palavra (turno 19). A perspectiva enunciativa do discurso dos alunos, marcada pelo uso do pronome pessoal **eu**, evidencia que eles se colocam como participantes efetivos na construção da narrativa sobre as férias, atendendo às expectativas da professora.

A professora assumiu uma posição enunciativa de mediadora, colocando-se como interlocutora do grupo. Suas intervenções, ao convocar os alunos a narrarem suas experiências e ao sustentar suas narrativas, indicam que aquele espaço interacional deve ser construído conjuntamente. Ao que parece, predomina um discurso internamente persuasivo, no sentido atribuído por Bakhtin (1981), pois os alunos são convidados a falar a partir de seu ponto de vista, sobre sua experiência pessoal com as férias. No entanto, a temática é introduzida pela professora, e o discurso de autoridade aparece não somente nos momentos em que essa temática é estabelecida e reafirmada, mas também naqueles em que a professora organiza a participação dos alunos. Portanto, apesar de haver uma predominância aparente do discurso internamente persuasivo, toda a atividade é estabelecida e mantida pelo discurso de autoridade. Nesse sentido, o discurso de autoridade tenciona a produção discursiva como um todo, mesmo naqueles momentos em que predomina o discurso internamente persuasivo. Ao mesmo tempo que possibilita que os alunos tenham voz naquele espaço interacional, a professora exerce sua autoridade, conferida pelo lugar social que ocupa. Nesse processo, estabelece claramente o que deve ser narrado (turnos 16, 18) e como deve ser narrado. Ou seja, o tema a ser relatado são as férias, mas não qualquer aspecto das férias. Devem ser narradas as coisas boas que aconteceram na férias (turno 18).

Entre as regras que devem ser observadas pelo grupo, levantar o dedo para falar é imprescindível, como sinaliza a professora no turno 32, retomando um conhecimento compartilhado (Edwards e Mercer, 1988) pelo grupo em relação às normas e expectativas de participação nas interações. Nesse sentido, as normas e expectativas, os papéis e as relações são negociados cotidianamente no processo interacional, mesmo que tenham sido definidos num único momento pela professora (Collins e Green, 1992). A assimetria constitutiva da relação professor-aluno é visível na tensão entre discurso de autoridade e internamente persuasivo (Wertsch, 1991), quando a professora tenta controlar os processos interacionais aqui analisados.

Analisando os padrões da turma da escola B

Organização em grupos e em duplas

A análise dos vídeos e de alguns trechos da entrevista permite evidenciar diferenças significativas nos trabalhos em grupo, dupla ou rodinha. Diferentemente da turma da escola A, as duplas da turma da escola B são fixas, embora a professora afirme que há uma rotatividade. Assim, os alunos já sabem com quem vão sentar-se diariamente. Não percebemos alunos pedindo para trocar de lugar ou troca de alunos efetuada pela professora, como ocorre cotidianamente na turma A. O trabalho em duplas ocorre quase diariamente, pois essa é a forma de organização predominante nessa sala de aula. Tal como ocorre na turma da escola A, os alunos em dupla trocam informações sobre a atividade, que deverá ser realizada individualmente, já que cada um recebe uma cópia.

Embora a professora não tenha explicitado os critérios para o agrupamento dos alunos, percebe-se que, como ocorre com a professora da turma da escola A, a disciplina tem influência na escolha das formas de organização. No entanto, a justificativa é bastante diferente. No caso dessa turma, a professora afirma, na entrevista, que rompeu com a forma de organização coletiva por uns dias, usando a justificativa da indisciplina dos alunos, posição contrária à da professora da turma A, que afirma ser mais fácil controlar a disciplina da turma quando organizada coletivamente. Nas duas turmas, portanto, as professoras estabelecem relações entre disciplina, organização das interações e aprendizagem, embora essas relações sejam diferentes.

O trabalho em grupo é bastante diferente do que se constata na turma da escola A e nas escolas de primeiro ciclo em geral. Os alunos são distribuídos em dois grandes grupos, organizados em fileiras dispostas uma em frente à outra.

Desse modo, os membros do grupo não interagem com a mesma intensidade que se observa na turma da escola A. O que se percebe é a interação entre colegas que estão lado a lado e aqueles que estão sentados de frente. Os grupos são organizados a partir de dois critérios básicos: gênero – meninos separados das meninas e/ou agrupamentos das fileiras – as duas fileiras da direita formam o primeiro grupo, e as da esquerda o segundo. Como os lugares são mais ou menos fixos, o agrupamento por fileiras é previsível, pois os alunos sabem com quem vão interagir, assim como nas duplas. Isto é, a variação ocorre apenas quando a organização é por critério de gênero. Quanto à freqüência dessa forma de organização, diferentemente da turma da escola A, os dados em vídeo indicam que os grupos ocorrem semanalmente e às vezes quinzenalmente.

Tal como nas atividades em duplas, cada aluno recebe uma cópia da atividade. Ou seja, mesmo que a professora tenha a expectativa de que os alunos interajam, as atividades não são pensadas para serem realizadas em grupo, mas individualmente. Os próprios enunciados que orientam o trabalho do aluno indicam que a atividade é direcionada para o aluno e não para duplas ou grupos de alunos.

Após a realização das atividades em grupos ou em duplas, a professora checa oralmente, com toda a turma, as respostas, as dúvidas e o que não foi compreendido pelos alunos. Diferentemente da turma A, os dados em vídeo indicam que não foram propostas correções coletivas por escrito no quadro-de-giz. As correções foram feitas oralmente, com a mediação da professora e a participação dos alunos, que alteram as respostas nas próprias atividades, com base naquilo que foi compreendido da discussão oral.

A rodinha

Assim como o trabalho em duplas e em grupos, a rodinha é uma atividade que faz parte da rotina desse grupo, ocorrendo semanalmente. A freqüência com que essa atividade acontece é maior se comparada com a da turma da escola A, que utiliza a rodinha esporadicamente. Na turma da escola B, a opção dos alunos pela rodinha é visível, e eles esperam que essa atividade seja diária. No conjunto dos dezesseis dias filmados, em cinco ocorreram rodinhas, e em mais dois dias houve demanda dos alunos, mas a professora propôs o adiamento.

A rodinha é o momento de os alunos falarem do que quiserem, de socializarem suas experiências, as mais variadas, tais como: leitura de um texto (de jornal, revista, panfleto etc.), relato de algum caso acontecido com o aluno ou alguém conhecido, relato do que viu na televisão etc. Na visão da professora:

O papel da rodinha, no meu modo de pensar, é que eles falam um pouquinho da vida deles e sai de tudo. Então, assim, às vezes eu não tenho tempo de assistir jornal, eles me passam o que aconteceu, qualquer coisa que acontece na vila, eu fico sabendo através deles na rodinha. Também é uma forma de a gente tá trabalhando a afetividade, a questão social, né. Às vezes, ah! tem a questão da droga, perto da minha casa, e a gente vai acrescentando: oh! gente, vocês acham que isso é legal, ou não, né? E a gente vai sempre ajudando o aluno a crescer nesse sentido (Entrevista em 26/10/2001).

Além de ser um espaço para os alunos compartilharem suas experiências pessoais, na rodinha ocorre a sistematização de discussões sobre o tema que está sendo investigado pela turma. Portanto, diferentemente do que Cazden (1988) constatou em suas pesquisas, a rodinha, nessa sala de aula, é vinculada também às atividades de desenvolvimento do currículo escolar.

Nesse espaço interacional, todos os alunos são convidados a falar. Por isso, é uma atividade que dificilmente termina em menos de meia hora. Eles sentam-se no chão, ao pé do quadro-de-giz, junto com a professora, e vão falando, seguindo mais ou menos a ordem em que estão sentados, conforme escolha da professora. Observamos que é raro algum aluno não participar oralmente desse evento. A maioria quer falar, todos têm alguma coisa a contar. A maior parte escuta em silêncio enquanto um colega está falando (são raros os casos em que a professora pede silêncio). A professora ocupa o papel de mediadora, perguntando, indicando quem será o próximo, recolhendo algum material que os alunos levaram, apresentando sua opinião, principalmente quando o assunto é polêmico, como, por exemplo, alcoolismo, drogas, violência, desemprego, alguns dos temas presentes nas rodinhas filmadas. A seguir, analisamos o mapa de eventos da aula do dia 4 de maio em que ocorreu uma rodinha. Essa aula ilustra aspectos do processo interacional e das práticas de letramento que usualmente ocorrem na interação em rodinha nessa sala de aula.

Quadro 5: Mapa de eventos da aula de 4/5/2001

Eventos	Tempo gasto em minutos	Linha de tempo[7]	Ações dos participantes	Espaço interacional
Planejando coletivamente a aula		00:00:00	Professora argumenta por que gostaria que houvesse rodinha nesse dia.	Alunos sentados em grupos mistos. Professora em pé de frente para a turma.
	01	00:01:13	Professora anota no quadro as atividades que serão desenvolvidas nessa aula, com a participação oral dos alunos: geo-história, correção que ficou pendente, língua portuguesa, recreio.	
Rodinha		00:02:15	Alunos organizam-se para a rodinha. Professora avisa que tem de ser com o caderno de "para casa" na mão.	Alunos sentados no chão, ao pé do quadro, com o caderno na mão. Professora sentada numa cadeira.
		00:03:38	Professora inicia a conversa, retomando a última aula, sobre o dia do trabalho.	
		00:05:02	Professora propõe a leitura coletiva do texto do "para casa" do dia anterior. Alunos iniciam a leitura coletiva.	

7. Nesse mapa, a linha de tempo é registrada através do Programa C-vídeo e não corresponde a hora-relógio.

Eventos	Tempo gasto em minutos	Linha de tempo	Ações dos participantes	Espaço interacional
Rodinha		00:06:01	Alunos e professora discutem o texto.	
		00:07:41	Professora inicia a conversa sobre a entrevista feita pelos alunos no "para casa" anterior.	
		00:08:32	Alunos iniciam a apresentação das respostas para as duas primeiras perguntas: entrevistar alguém que trabalha para saber a profissão e responder quem mais trabalha em casa. Todos os alunos apresentam suas respostas.	
		00:12:19	Professora aproveita a resposta de um aluno para anunciar a próxima atividade, que é sobre as profissões.	
		00:17:10	Alunos apresentam a resposta da próxima pergunta: o que significa salário mínimo.	
		00:17:30	Gabriela lê sua resposta. Todos os alunos apresentam suas respostas.	
			Os alunos apresentam as respostas das duas últimas perguntas, que são sobre o valor do salário mínimo e se acham justo o valor.	
	26	00:28:28	Professora encerra a rodinha, parabenizando os alunos pela pesquisa. Avisa que quem não fez a pesquisa completa deve trazê-la na segunda-feira.	
Falando e escrevendo sobre "como eu ajudo em casa"		00:29:43	Professora distribui cópias da próxima atividade: responder por escrito "como eu ajudo em casa".	Alunos em grupos mistos. Professora em pé, de frente para a turma.

Eventos	Tempo gasto em minutos	Linha de tempo	Ações dos participantes	Espaço interacional
Falando e escrevendo sobre "como eu ajudo em casa"		00:30:20	Professora pede aos alunos que respondam oralmente antes de começarem a escrever.	
		01:07:26	Alunos terminam a atividade. Professora recolhe as folhas e entrega uma folha com um texto/cruzadinha, que deverá ser lido silenciosamente.	
		01:10:25	Alunos respondem oralmente a cruzadinha antes de registrar as palavras.	
		01:29:15	Alunos terminam a cruzadinha e a professora inicia a correção.	
	60	01:30:33	Fim da filmagem.	

O mapa de eventos anterior evidencia as características de uma rodinha típica nessa sala de aula, quando o objetivo é construir discussões em torno de uma temática que está sendo investigada pela turma. A rodinha teve duração de 26 minutos, e o objetivo principal era compartilhar as entrevistas realizadas pelos alunos sobre o tema "trabalho", objeto de discussão no mês de maio. A seqüência discursiva a seguir, extraída da aula representada no mapa, evidencia as interações construídas na rodinha e a forma como a professora direciona as conversas, explicitando o objetivo descrito anteriormente.

Quadro 6: Retomando um contexto compartilhado e construindo novos significados

Turnos	Participantes	Discurso	Aspectos extraverbais/comentários da pesquisadora
01	Professora	Oh gente, só recordando, então, **nós** iniciamos um trabalho, né, na última aula, sobre o dia 1º de maio. É o dia de quê?	Alunos escutam atentamente, em silêncio.

Turnos	Participantes	Discurso	Aspectos extraverbais/ comentários da pesquisadora
02	Alunos	Trabalhador.	
03	Professora	**Nós** falamos também da importância que tem o trabalho na vida da pessoa, né [...] e para a sociedade também. **Nós** colocamos que o trabalho, ele é como se fosse um elo, né, ligando uma pessoa a outra, né? Vocês dependendo do professor, a gente também depende de vocês. **Nós** dependemos do médico, do comerciante, do dentista. E **nós** refletimos também um pouquinho sobre as pessoas que estão desempregadas. **Nós** chegamos até a fazer uma oração pedindo emprego pra essas pessoas. A gente sabe que é muito difícil as pessoas, né, viverem sem um salário, sem condições de [...] enfim [...] de, né? Foi um texto no "para casa", vamos iniciar então com uma leitura desse texto. Então, vamos ler todo mundo junto, depois **nós** vamos ver a entrevista que vocês fizeram em casa. Podemos dar início?	

Como se observa no discurso da professora (turnos 1 e 3), antes de compartilhar as experiências da entrevista, outras ações serão construídas. Em seu discurso, a professora retoma elementos da aula anterior, com o objetivo de contextualizar as ações propostas e possibilitar a continuidade entre os significados já construídos e aqueles que serão construídos na atividade (Edwards e Mercer, 1988). Sua ação evidencia a importância da dimensão temporal e histórica do processo de ensino e aprendizagem na sala de aula, processo esse situado socialmente e construído por meio da participação de alunos e professora nos eventos de interação que constituem o fluxo da vida cotidiana da sala de aula. Os eventos, portanto, não ocorrem isoladamente, são interligados e situados no dia-a-dia da sala de aula e no contexto mais amplo em que as interações ocorrem (Green e Meyer, 1991).

O uso do pronome **nós** pela professora é feito numa perspectiva enunciativa que envolve os alunos na atividade a ser realizada e os situa como sujeitos que constroem a história daquele grupo. Como se observa no turno 3, a professora fala com o objetivo de orientar e direcionar o grupo para uma perspectiva de realização conjunta das atividades na rodinha. Esse discurso é recorrente nas interações em sala de aula e encerra uma tensão irredutível entre discurso de autoridade – a professora orienta e direciona – e internamente persuasivo – na medida em que convoca os alunos a participar na construção das ações naquele espaço interacional (Wertsch, 1991).

Diferentes práticas de letramento são construídas pelos alunos nesse espaço interacional, como se pode observar no mapa de eventos. A leitura oral do texto do "para casa" é a primeira prática proposta pela professora e possui as mesmas características de práticas de leitura em outros espaços interacionais na sala de aula: leitura oral e discussão coletiva do texto, que, nesse caso, ocorreu rapidamente, já que não se trata da principal atividade da rodinha. Trata-se de um texto em rimas e que pode ser caracterizado como um "texto escolarizado" que circula apenas no interior da escola. Como indica o mapa, na rodinha serão apresentados os resultados das entrevistas feitas pelos alunos. A seqüência do quadro 7 a seguir ilustra aspectos da prática de leitura do texto de "para casa".

Logo nos primeiros turnos após a leitura, a professora explicita sua posição enunciativa na interpretação do texto, discordando da posição do autor, que defendia: quem não

Quadro 7: (Re)construindo coletivamente a leitura do texto

Turnos	Participantes	Discurso	Aspectos extralingüísticos/comentários da pesquisadora
01	Professora	Quem que escreveu, gente?	
02	Alunos	Vicente Guimarães.	Em coro.
03	Professora	Vicente Guimarães. Oh, gente, olha essa frase aqui, olha. Quem não trabalha é vadio, e malandro e preguiçoso. Mas será que os desempregados, eles não trabalham porque eles são malandros, vadios e preguiçosos?	Aponta para o texto lido.
04	Aluno	Não.	
05	Alunos	Não.	Em coro.
06	Professora	Por que que eles não trabalham, geralmente?	
07	Alunos	Por que não há emprego pra todo mundo.	
08	Professora	E geralmente não conseguem, né, dentro da área, dentro até assim do nível de curso que eles têm. Mas assim qualquer trabalho, gente, seja o mais humilde, todos devem ser valorizados e respeitados. Não é ficar criticando, ah ele cata papel, ele cata latinha, não sei quem trabalha no caminhão de lixo, todo mundo é importante, não é, gente?	
09	Alunos	É.	Em coro.
10	Professora	Olha pra você vê, o pessoal da SLU que trabalha no caminhão de lixo. Se eles parassem de trabalhar, o que que ia acontecer?	
11	Aluno	A nossa cidade [...].	
12	Professora	Como que ia ficar a nossa cidade?	
13	Aluno	A nossa cidade ia ficar toda suja.	

Turnos	Participantes	Discurso	Aspectos extralingüísticos/comentários da pesquisadora
14	Professora	Com vários vetores de doenças, ratos, moscas. Então, assim, é de grande importância. E olha pra vocês verem. Quem cuida da limpeza da nossa escola? São os professores, a diretora, quem que é?	
15	Alunos	Não. A faxineira.	
16	Professora	O trabalho dela é importante pra nós?	
17	Alunos	É.	
18	Professora	Por que que é importante?	
19	Alunos	Senão a nossa escola fica suja.	

trabalha é vadio ou preguiçoso. Seu discurso de autoridade (Bakhtin, 1981) condiciona a interpretação que os alunos irão fazer do texto. Os turnos subseqüentes evidenciam a apropriação dos alunos da perspectiva enunciativa da professora: eles discordam do autor e, ao fazê-lo, atendem à expectativa dela. A discussão gira em torno da afirmação polêmica do texto, o que possibilita a construção de argumentos pelos alunos, aspecto também identificado por Barbosa (2001). O discurso da professora é predominantemente de autoridade, pois a maioria das perguntas demanda respostas bastante previsíveis. A única exceção é a pergunta do turno 6 que, mesmo assim, é respondida pelos alunos de acordo com a expectativa da professora. A pergunta no turno 3 e o uso do *por que* no turno 6 indicam as duas dimensões do discurso da professora: ao mesmo tempo que evidencia sua autoridade ao questionar o texto, ela persuade os alunos, instalando um processo de debate, criando uma oportunidade para que eles construam um posicionamento em relação à afirmação polêmica do autor.

Observamos a presença de apenas um turno em que a professora avalia explicitamente a fala dos alunos (3), indicando uma ruptura com a seqüência triádica encontrada na maior parte das pesquisas sobre padrões discursivos em sala de aula (Mehan, 1979; Cazden, 1988, por exemplo). No entanto, as avaliações estão implícitas e cada díade discursiva (iniciação da professora seguida de resposta dos alunos) fecha uma parte da temática e, nesse sentido, tem a mesma função das tríades IRA analisadas por Mehan (1979). Esse fluxo discursivo se mantém na medida em que os alunos atendem às expectativas da professora. Suas iniciações têm por objetivo instigar os alunos a falar, desde que essas falas correspondam às suas expectativas.

Após o debate, ocorre a apresentação dos resultados da entrevista feita pelos alunos, objetivo principal da rodinha. Observamos que essa prática de letramento predomina no espaço da rodinha nessa sala de aula: compartilhar experiências ligadas ao desenvolvimento de alguma atividade do currículo escolar, geralmente ao tema do projeto que está em andamento no grupo. Portanto, são experiências quase sempre mediadas pela escrita.

Os alunos socializam o "para casa" numa dinâmica discursiva bastante específica das interações em rodinha. Todos falam, seguindo a direção espacial sentido horário. A professora convida cada aluno a falar e, durante esse processo, ela faz interpelações no discurso dos alunos, conforme também analisado por Cazden (1988). Os alunos geralmente escutam em silêncio, esperando a sua vez de tomar o turno, e são raras as intervenções da professora, chamando a atenção para questões de disciplina. A seqüência discursiva a seguir, extraída dessa mesma aula, ilustra os aspectos da dinâmica das interações na construção do discurso dos alunos, evidenciando a posição enunciativa da professora ao convocá-los a expor os resultados da entrevista feita.

A estrutura das interações discursivas nessa seqüência evidencia que as iniciações da professora têm a função de pos-

Quadro 8: "Então vamos ver. Quem gostaria de falar?"

Turnos	Participantes	Discurso	Aspectos extralingüísticos/comentários da pesquisadora
01	Professora	Então eu pedi que fosse feita uma entrevista, né? Olha aí: entreviste uma pessoa que trabalha ou já trabalhou em sua casa. Quem é que já trabalhou em sua casa? Pode ser o pedreiro, uma faxineira, alguma empregada doméstica, ou alguém que mora com vocês, algum tipo de serviço. Então vamos ver. Quem gostaria de falar? Luana, quem você entrevistou?	Luana é a primeira sentada ao lado esquerdo da professora.
02	Luana	Minha irmã Paulinha.	
03	Professora	E onde que ela trabalha?	
04	Luana	Numa firma.	
05	Professora	E qual que é a profissão dela? O que ela faz?	
06	Luana	Secretária.	
07	Professora	E quem mais trabalha na sua casa?	
08	Luana		Luana responde, balançando a cabeça negativamente: ninguém mais trabalha.
09	Professora	Ninguém trabalha?	
10	Luana		Mesma resposta.
11	Professora	Você não entendeu a pergunta não, Luana. Quem mais trabalha em sua casa? Quem trabalha mais?	
12	Luana		Luana continua sem entender.
13	Professora	Ninguém faz nada em casa, não varre, não limpa, não lava vasilha?	
14	Luana	Ah, isso a gente faz.	

sibilitar que o diálogo com Luana flua, caracterizando-se como uma seqüência estendida de interação (Mehan, 1979) ou uma cadeia de interação (Mortimer e Scott, 2003) com perguntas que têm as mesmas características da seqüência apresentada no quadro 8, isto é, elicitações de processo. A intenção, portanto, não é a de avaliar as respostas de Luana, mas permitir que a aluna explicite as informações esperadas. A avaliação da professora no turno 11 evidencia que a aluna não atendeu às suas expectativas e, por isso, ela prossegue no turno 13, reelaborando a pergunta, simplificando-a. A resposta de Luana, no turno 14, demonstra que compreendeu a pergunta. No turno seguinte, a professora já indica outro aluno para apresentar a entrevista, o que demonstra uma satisfação com a resposta de Luana no turno 14. Nesse sentido, o discurso da professora, apesar de não se caracterizar como uma estrutura de participação do tipo IRA, triádica, conduz o diálogo para uma direção que não deixa brechas para entendimentos diferenciados daquele que espera. Não se constatou uma problematização da concepção de Luana acerca do que ela considerou inicialmente como trabalho e que aparentemente excluía o trabalho doméstico. No entanto, as perguntas podem ser caracterizadas com elicitativas, pois buscam uma informação real que a professora não conhece *a priori*.

Essa seqüência ilustra o fato de a professora usar a rodinha para incluir as experiências pessoais do aluno no desenvolvimento curricular. Nesse sentido, para essa professora, a rodinha cumpre uma função mais complexa do que aquela descrita por Cazden (1988).

Negociando as regras das interações na sala de aula

A negociação das regras da sala de aula é um processo construído cotidianamente pelos participantes da interação. O evento que ora analisamos constitui apenas um dos vários eventos em que ocorre a negociação de regras de participação nas interações. Focalizamos o terceiro dia de aula da turma da escola A com o objetivo de evidenciar aspectos das interações e das práticas de letramento que constituem o processo de negociação das regras. Esse evento representa as primeiras discussões dos alunos em direção à definição coletiva das regras. Nessa aula, os alunos produziram coletivamente uma lista de "combinados" da turma. A proposta de definição dos "combinados" foi feita pela professora no dia anterior: os alunos deveriam pensar sobre as regras em casa e anotá-las para serem discutidas em classe, evidenciando uma das práticas de letramento a ser construída pelos alunos na negociação das regras. Tal proposta também parece ter sido realizada nos dois anos anteriores, visto que, no primeiro dia de aula, a professora relembra um dos combinados mais importantes: levantar o dedo quando quiser falar, retomando um contexto compartilhado pelo grupo (Edwards e Mercer, 1988). Isso mostra a necessidade de a professora e os alunos recombinarem, redefinirem, relembrarem, renegociarem as regras interacionais sempre que se inicia um ano letivo, ainda que o grupo esteja junto há mais de dois anos, como é o caso dessa turma. A negociação de regras e combinados nessa época do ano parece ser uma marca da cultura escolar, especialmente nos ciclos iniciais do ensino fundamental.

O mapa de eventos da aula, apresentado a seguir, evidencia a dinâmica do grupo na constituição do terceiro dia de aula, em que o evento "negociando as regras da turma" tem lugar. O mapa constitui-se de cinco categorias que indicam os eventos ocorridos, o tempo gasto em cada evento, as ações dos participantes na construção dos eventos e as mudanças no espaço interacional.

Os limites entre os eventos são o resultado de um processo analítico. O foco de nossas análises são as interações em sala de aula e as práticas de letramento construídas nesse processo. Dessa forma, organizamos um mapa de eventos

Quadro 9: Mapa de eventos do terceiro dia de aula – 7/2/2001

Eventos	Tempo gasto em minutos	Linha de tempo[8]	Ações dos participantes	Espaço interacional
Definindo duplas e grupos	05	13:13	Alunos formam duplas mistas de meninos e meninas. "Se precisar nós vamos trocar." A professora define a composição dos grupos a partir das duplas. "No dia que for fazer grupo é só vocês dois virarem pra eles e formam o grupo 1." Professora numera os grupos pelo critério da proximidade física.	Alunos sentados no chão, esperando a composição das duplas e dos grupos.
Anunciando o ajudante do dia		13:18	Professora anuncia o ajudante do dia.	Alunos em duplas. Professora de frente para a turma.
		13:20	Ajudantes marcam o dia da semana e o mês no calendário afixado no mural.	
		13:22	Ajudantes entregam aos colegas uma folha com um calendário mimeografado.	
	06	13:24	Ajudantes checam os alunos que faltaram.	
Oração	01	13:25	Alunos iniciam a oração, que nessa aula é feita por dois meninos.	Meninos em frente à turma. Professora ao lado.
Canto	01	13:26	Hora do canto, nessa aula feita por três meninas.	Meninas em frente à turma. Professora no fundo da sala.

8. Nesse mapa, a indicação do tempo corresponde à hora-relógio.

Eventos	Tempo gasto em minutos	Linha de tempo	Ações dos participantes	Espaço interacional
Preenchendo o calendário	10	13:27	Inicia-se a atividade com o calendário mimeografado. Atividade inicialmente realizada, em conjunto, com a professora.	
		13:32	Professora anuncia a ausência da professora-apoio.	
		13:37	Professora lembra a lista de materiais que deverão ser comprados pelos alunos.	Professora apagando o quadro.
Lendo o texto escrito na aula anterior	01	13:38	Professora consulta quem quer ler.	Professora em frente à turma.
		13:39	Professora lembra o combinado: levantar o dedo pra falar. Indica a primeira aluna a fazer a leitura. Jéssica lê o texto, seguida por mais seis alunos escolhidos pela professora.	
Negociando os combinados		13:43	Professora anuncia a próxima atividade: fazer os combinados; consulta os alunos sobre o que pensaram em casa.	
		13:44	Professora faz margens no quadro-de-giz e explica sobre a cópia do texto.	
		13:45	Ajudantes distribuem folhas para os alunos que não têm caderno.	
		13:46	Professora escreve a data no quadro e pede ao ajudante para buscar uma caixa de giz colorido.	
		13:47	Alunos e professora discutem o título do texto: "Nossos combinados".	

Eventos	Tempo gasto em minutos	Linha de tempo	Ações dos participantes	Espaço interacional
Negociando os combinados		13:48	Um aluno fala o primeiro combinado. A maior parte dos alunos apresenta um combinado, resultando na definição de dezesseis combinados.	
		14:21	Professora e alunos concluem a escrita do texto. A professora avisa que vai fazer o cartaz e afixar na parede da sala. Os alunos continuam copiando do quadro.	Professora senta-se à sua mesa.
	57	14:36	Final do evento. Merenda.	

que evidencia diferentes situações de interação na sala de aula e dá visibilidade às diferentes práticas de letramento aí constituídas. O mapa anterior indica que essa aula transcorreu em torno de sete eventos de interação, num tempo de 81 minutos. O evento mais extenso foi a discussão dos combinados da turma, que ocupou 53 minutos da aula, e será analisado a seguir.

Várias atividades foram realizadas na constituição desse evento. Essas atividades constituem práticas de letramento diferenciadas, como discussão oral dos combinados como base para a produção coletiva do texto escrito, produção escrita da lista de combinados e leitura oral e coletiva do texto final. Conforme o Santa Barbara Classroom Discourse Group (1992), letramento não envolve apenas atividades de leitura e escrita, mas também as interações que ocorrem em sua realização. Nesse evento, percebe-se a escrita funcionando como mediadora do processo de negociação dos combinados. O exame do conjunto de dados evidencia que o produto final – o texto escrito – tornou-se uma referência para o grupo, na constituição das interações cotidianas, sempre que normas de participação nas interações eram quebradas.

A realização dessas práticas de letramento, conforme seqüência apresentada no mapa de eventos, indica um padrão recorrente nessa sala de aula sempre que se realiza a produção de um texto coletivo. Ou seja, a produção conjunta de um texto escrito é geralmente antecedida por discussões prévias do grupo, no sentido de negociar os significados e o conteúdo do texto escrito.

Transcrevemos todo o texto oral produzido no evento "Negociando os combinados", organizando-o em turnos de fala. O discurso foi subdividido em unidades menores, as seqüências discursivas. Identificamos um conjunto de quatro seqüências discursivas, sendo que a maior parte dos turnos de fala refere-se à seqüência em que os combinados são negociados, como se pode observar no quadro a seguir:

Quadro 10: Seqüências discursivas

Seqüência	Título	Turnos
A	Preparando a produção coletiva dos combinados	1-25
B	Negociando os combinados	26-312
C	Checando alunos que terminaram de copiar	313-335
D	Lendo oralmente os combinados	336-388

Analisaremos a seqüência A e fragmentos da seqüência B. A seqüência A refere-se às primeiras discussões sobre os combinados, que têm como objetivo preparar a turma para a produção do texto coletivo. Na seqüência B, os alunos iniciam as discussões dos combinados.

O quadro a seguir representa a transcrição da seqüência A, em que alunos e professora preparam-se para a definição dos combinados e a produção do texto escrito. Organizamos a tabela em quatro categorias, que indicam a numeração dos turnos de fala, os participantes, o discurso dos participantes e aspectos extralingüísticos do discurso. Incluímos ainda alguns comentários que objetivam clarear informações sobre o contexto da produção discursiva. Destacamos, em negrito, o uso de pronomes, bem como outros recursos lingüísticos que evidenciam a constituição da posição enunciativa dos sujeitos no processo de interação.

Quadro 11: Seqüência A – Preparando a produção coletiva dos combinados

Turnos	Participantes	Discurso	Aspectos extralingüísticos/comentários da pesquisadora
01	Professora	Agora, como **nós** conversamos ontem, **nós** vamos fazer os **nossos** combinados. Pensa bem no que **a gente** vai falar, vocês pensaram em casa igual eu falei?	Professora em pé, de frente para a turma.
02	Aluno	**Eu** pensei.	
03	Professora	A Larissa já chegou aqui com a listinha na mão, gostei de ver. Quem mais pensou?	
04	Aluno	**Eu.**	
05	Professora	Pensaram só, né? Não escreveram não.	
06	Aluno	**Eu** sei o que que é.	
07	Professora	Então **nós** vamos escrever agora.	
08	Aluna	(incompreensível)	
09	Aluna	Ô Mara, agora que nós vamos escrever o alfabeto, né?	
10	Professora	É agora, sim.	
11	Aluna	É pra escrever, Mara, no caderno?	
12	Professora	É.	
13	Aluno	É pra copiar no caderno?	

Turnos	Participantes	Discurso	Aspectos extralingüísticos/comentários da pesquisadora
14	Professora	Quem tá sem caderno, eu vou dar uma folha branca, vocês copiam, mas depois têm que escrever no caderno novo, tá?	
15	Aluno	(incompreensível)	
16	Professora	(incompreensível)	
17	Aluna	Professora!	Professora ignora o chamado da aluna.
18	Professora	Coloca a data. Esse mês é o quê?	
19	Aluno	Dois.	
20	Professora	Sete do dois de 2001.	
21	Aluna	Zero um, né?	
22	Professora	Pode ser. Cadê o ajudante? Pode ser (incompreensível), pede a (incompreensível) uma caixa de giz colorido.	
23	Aluna	Saltar linha, Mara?	
24	Professora	Claro. O que que tá escrito, gente?	Escreve o título no quadro-de-giz.
25	Alunos	**Nossos** combinados.	

Uma das características da dinâmica discursiva da sala de aula diz respeito às retomadas feitas pelo professor sempre que uma atividade nova é iniciada (Edwards e Mercer, 1988; Bortolotto, 2001; Macedo e Mortimer, 2000). É o que se observa logo no primeiro turno: "agora, como nós conversamos ontem, nós vamos fazer os nossos combinados". O discurso da professora exerce simultaneamente duas funções: retrospectiva e prospectiva. Ao mesmo tempo que ela recupera com os alunos significados supostamente construídos ou compartilhados, introduz novos significados, apontando qual a atividade a ser realizada naquela aula. Essa ação evidencia a importância da dimensão temporal presente nos processos interacionais na sala de aula, indicando que os eventos de que os alunos participam constituem a história do grupo. Portanto, não são isolados, fazem parte de uma "cadeia de interação verbal" que possibilita a construção de um discurso compartilhado pelos participantes. Considerando que os processos de aprendizagem são socialmente situados (Vigotski, 1991; Collins e Green, 1992), a participação coletiva dos alunos nesses eventos possibilita que eles construam sua aprendizagem.

O uso dos pronomes **nós** e **nossos**, nos turnos 1, 7 e 25, constitui uma importante estratégia discursiva da professora durante a negociação dos combinados e evidencia a tensão entre o discurso de autoridade e o discurso internamente persuasivo (Bakhtin, 1981), que constitui o discurso da professora. Ela tenta incluir-se no processo, diminuindo a assimetria característica da relação professor-aluno. Por outro lado, não se pode negar que as regras definidas devem ser seguidas pelos alunos e não pela professora. Os combinados não serão de todos, mas do grupo de alunos. O lugar social que a professora ocupa exige que seu discurso funcione como um mecanismo de controle do processo interacional, fazendo valer o que foi definido pelo grupo.

A professora define como os alunos devem proceder na produção e no registro do texto escrito e usa um discurso de autoridade em que as regras sobre como proceder não estão em negociação, mas devem ser incondicionalmente observadas por eles. É o que se observa no uso do pronome **eu** logo no turno 1 e na exigência que aparece no turno 14: "tem que escrever no caderno". De acordo com suas orientações, os alunos devem consultar as anotações feitas em casa, se for o caso, ou relembrar o que pensaram; devem também copiar no caderno ou numa folha em branco, começando pela data. Não devem se esquecer de saltar linha, conforme relembra uma aluna no turno 23, evidenciando um procedimento já compartilhado pelo grupo.

Essa seqüência discursiva é exemplar dos momentos de interação em que é significativa a quantidade de iniciações dos alunos: eles fazem perguntas e a professora responde. Identificamos iniciações dos alunos nos turnos 6, 9, 11, 13, 17 e 23, mesma quantidade de iniciações da professora. Mas é importante analisar qual a natureza dessas iniciações. Conforme já discutimos, os alunos iniciam turnos de fala para perguntar à professora sobre os procedimentos que devem ter na realização da atividade. Esse movimento da turma faz com que a professora explicite a agenda de trabalho, a partir de demanda dos próprios alunos, ao contrário de outras situações de interação em que a iniciativa de explicitar a agenda é dela. Dessa forma, o padrão de interação modifica-se, invertendo sua formulação original, em que ao professor caberia iniciar, o que significa perguntar, elicitar, e aos alunos, responder.

As perguntas dos alunos e as respostas da professora evidenciam aspectos constitutivos das práticas de letramento numa sala de aula de primeiro ciclo. No caso em questão, a professora antecipa a produção de uma lista coletiva, a partir de uma lista individual supostamente produzida pelos alunos. A função dessa lista, podemos supor, é servir de referência para o grupo no cumprimento das regras de participação da sala de aula. O contexto escolar determina alguns aspectos que caracterizam a produção desse texto, como o fato de ser escrito coletivamente e copiado pelos alunos individualmente; para fazer a cópia é preciso seguir alguns requisitos, como pular linhas, sempre indicar a data e fazer no caderno de aula.

A seqüência B evidencia, de forma mais efetiva, o processo de negociação das regras da turma. Considerando-se sua extensão (turnos 26 a 312), recortaremos, para análise, apenas a discussão do primeiro combinado da turma. Esse segmento é exemplar do processo de negociação que deu origem aos dezesseis combinados da turma.

Quadro 12: Seqüência B – Negociando os combinados

Turnos	Participantes	Discurso	Aspectos extralingüísticos/comentários da pesquisadora
26	Professora	Enquanto o giz colorido não vem, **pode falar**, Diego.	
27	Aluno	Mara...	
28	Professora	Obrigada. **Pode falar**, qual é.	Agradece ao aluno que buscou o giz.
29	Diego	Não escorregar na parede.	
30	Professora	Na parede não, não escorregar na rampa da escada. **Vocês concordam, gente?**	
31	Alunos	Concordamos.	Alunos respondem em coro.
32	Professora	**Por que** não pode escorregar na rampa da escada?	
33	Aluno	Porque senão cai e machuca.	
34	Professora	Machuca.	
35	Aluno	Quebra os dentes.	
36	Professora	Quebra os dentes e pode quebrar a perna também, tá?	
37	Aluno	(incompreensível)	
38	Marcos	O Josué escorregou ali e quebrou o braço.	
39	Professora	Foi no ano passado.	
40	Aluno	Eu vi ele com o braço quebrado.	
41	Professora	Vão pôr, primeiro. **Como é que é, Diego?**	
42	Diego	Não escorregar na rampa.	
43	Professora	Não... como é que escreve escorregar?	
44	Alunos	es, co	

Turnos	Participantes	Discurso	Aspectos extralingüísticos/comentários da pesquisadora
45	Professora	Hã hã.	
46	Aluno	c, o	
47	Aluno	R, r	
47	Professora	R, ah...	
49	Aluno	G, a	
50	Aluno	R, escorregar.	
51	Professora	Pensei que vocês iam esquecer aqui oh. Se tivesse um r só, como é que ia ficar?	
52	Aluno	Escoregar.	
53	Professora	Escoregar, escorrega mais ainda. E tem que pôr um r no fim, senão fica escorrega, né? Não escorregar...	
54	Diego	Na rampa.	
55	Professora	Na rampa. E rampa é com m ou com n?	
56	Aluno	M.	
57	Professora	**Por quê?**	
58	Aluno	Antes de p e b.	
59	Professora	Isso, antes de p e b, só m pode escrever.	
60	Marcos	Ô Mara, lá na minha casa tem uma rampa de escada, o meu irmão desceu nela assim e quebrou o braço.	Ignora o comentário de Marcos.
61	Professora	Segundo. Quem quer falar **é a Élen**, né?	Refere-se ao segundo combinado.

A discussão da seqüência B deu origem ao primeiro dos dezesseis combinados produzidos coletivamente pelo grupo e ilustra a dinâmica utilizada nessa produção. Praticamente todos os alunos participaram, definindo as regras interacionais e de comportamento a serem seguidas durante o ano. Pode-se inferir que isso foi possível pela forma como a professora situou-se em relação ao grupo, possibilitando falas mútuas e diferenciadas, fazendo circular as diferentes vozes, colocando-se como interlocutora do grupo.

O segmento acima apresenta indícios de que a posição enunciativa da professora constitui-se pela tensão entre discurso de autoridade e internamente persuasivo (Bakhtin, 1981). Sua posição pode ser vista como inclusiva não apenas pelo uso do pronome **nós/nossos** que caracteriza a seqüência A, mas também pela forma como ela faz referência aos alunos nos turnos 26, 28, 30, 41 e 61, na seqüência B. Nesses turnos, os alunos são convocados a participar, a se posicionar, a justificar a regra que está sendo negociada, que, dessa forma, pode ser vista como um produto da negociação do grupo e não imposta pela professora. Ou seja, não se trata apenas da mera definição das regras, mas da construção compartilhada de um entendimento comum e consensual delas, como se pode observar no turno 32: "Vocês concordam, gente?".

Podemos supor que a busca do posicionamento dos alunos (turnos 28, 30), o uso do **por que** ao fazer as perguntas (turnos 32, 57), a busca de um posicionamento de Diego (turno 41), aluno que sugeriu o primeiro combinado, funcionam como estratégias discursivas que visam amenizar a assimetria constitutiva das relações entre professor e aluno. Essa posição evidencia que a professora acredita na capacidade de expressão e elaboração conjunta das regras de funcionamento do grupo, optando, dessa forma, pela não-imposição delas.

Entretanto, ao mesmo tempo que a professora usa as estratégias descritas como forma de incluir o grupo no processo de construção das regras interacionais, seu discurso também funciona como um mecanismo de controle do discurso dos alunos, indicando que não há espaço para comentários de experiências pessoais naquele processo, sinalizando, dessa forma, a perspectiva referencial a ser adotada na produção desse discurso (Wertsch, 1991). É o que se pode constatar no turno 59, quando Marcos conta um caso de sua vida cotidiana. A professora ignora esse comentário e imediatamente solicita a definição do segundo combinado, no turno 61: "Segundo. Quem quer falar é a Élen, né?". Essa postura pode possibilitar que o aluno vá construindo um entendimento do lugar social que ocupa na escola, das expectativas de como participar nas interações e discussões na sala de aula, enfim, que os alunos se apropriem das regras de participação próprias do lugar social de aluno. Uma delas refere-se à necessidade de falar levando em conta a situação de interlocução.

Outro aspecto que merece ser destacado refere-se à quase ausência de enunciados em coro no conjunto da seqüência B. Isso mostra que as perguntas feitas pela professora possibilitaram aos alunos construir respostas reais e não simplesmente completar as perguntas da professora com respostas previsíveis. Dessa forma, os alunos posicionaram-se como locutores efetivos, definindo e compartilhando significados construídos num processo inter-subjetivo em que a participação de cada um foi decisiva.

As características do discurso apontadas acima revelam uma ruptura com o padrão IRA e com a seqüência triádica (Mehan, 1979), considerados predominantes na sala de aula. Observamos a ocorrência de cadeias discursivas de interação com a presença de iniciações dos alunos. Das três iniciações dos alunos, duas foram feitas por Marcos (turnos 38 e 60) e apenas uma teve efeito no discurso da professora, em que ela responde aos comentários de Marcos sobre um colega que quebrou o braço.

Ainda com relação ao discurso produzido na negociação das regras, a análise do produto final – o texto escrito – apresentado a seguir evidencia aspectos característicos do discurso da escola como instituição que condiciona os discursos que circulam na sala de aula.

Quadro 13: Lista dos combinados

NOSSOS COMBINADOS

Não escorregar na rampa da escada.
Não subir na escada sem a professora.
Não fofocar.
Não ficar andando na sala fora de hora.
Não sair correndo para ir ao pátio.
Não falar na mesma hora que o outro estiver falando.
Não fazer barulho que incomode os vizinhos.
Não responder às professoras.
Tomar cuidado com os materiais dos colegas e da sala.
Não fazer hora depois do recreio.
Levantar o dedo para falar.
Cuidado com a câmara.
Devolver o que pegou emprestado.
Ser educado com as professoras.
Não mentir.
Recrear com respeito.

Dos dezesseis combinados definidos pelo grupo, dez são definidos pelo uso da palavra **não**, característica do discurso escolar em relação às expectativas de comportamento dos alunos para participarem "adequadamente" das interações. Apesar de cada combinado ter sido discutido por meio de perguntas persuasivas da professora ao usar "por que", a maior parte deles evidencia as normas comumente encontradas em diferentes pesquisas sobre interações na sala de aula, como levantar a mão para falar e "não falar na mesma hora em que o outro estiver falando" (Mehan, 1979; Cazden, 1988; Bloome, Pure e Theodorou, 1989).

Os elementos presentes na dinâmica discursiva são constitutivos das práticas de letramento que envolveram a produção dos combinados. Baseando-nos no pressuposto, apresentado inicialmente, de que letramento não envolve apenas leitura e escrita (Santa Barbara Classroom Discourse Group, 1992), mas as interações que constituem esses processos na sala de aula, consideramos que uma análise mais aprofundada da produção da lista de combinados não pode prescindir da análise das práticas discursivas que mediaram a produção do texto, feita anteriormente. Nesse sentido, a lista de combinados deve ser interpretada à luz do discurso e do contexto que a produziu, e não isoladamente. Ao tentar desvelar o processo de negociação de cada combinado, identificamos vários aspectos que constituem o letramento escolar em turmas de primeiro ciclo, como a análise da ortografia. No caso em questão, a professora aproveita uma situação real de uso da língua para discutir e ensinar aspectos relacionados ao código, possibilitando que os alunos que ainda se encontram em processo de apropriação do sistema de escrita tenham a oportunidade de avançar nesse conhecimento, como se constata dos turnos 55 ao 59, e avancem na construção de significados diferenciados sobre esse conhecimento, tradicionalmente ensinado através de estratégias de memorização e cópia. É o que se observa na análise do uso do M antes de P e B. O processo de discussão da palavra "escorregar" evidencia um dos momentos em que surge uma seqüência claramente do tipo IRA.

Embora se possa inferir que o texto produzido iria ser fixado na parede ou no mural da turma, isso não foi explicitado pela professora. Fixar o texto pode ser visto como uma prática que caracteriza o letramento escolar, na medida em que os interlocutores dos textos produzidos na sala de aula são geralmente os alunos e o professor. Além disso, ao fixar o texto na parede, o grupo pode ter um controle mais efetivo do uso das regras, pois a consulta ao cartaz, realizada coletivamente, é mais rápida e eficaz que a consulta ao caderno dos alunos.

Por meio da análise do mapa de eventos e do discurso produzido na sala de aula, pudemos evidenciar diferentes aspectos que caracterizam as interações nessa sala de aula. Um primeiro aspecto diz respeito à natureza da interação em sala de aula, compreendida como um processo sociocultural constituído cotidianamente pelos participantes. Ao negociarem os significados no processo interacional, os participantes constroem e apropriam-se de uma cultura da sala de aula evidenciada na análise dos padrões e eventos de que participam (Collins e Green, 1992). Esses eventos e padrões não ocorrem isoladamente, mas são o resultado de um processo socialmente situado, constituindo-se numa "cadeia de interações verbais" que evidencia como os participantes – alunos e professora – constituem a história de suas práticas na sala de aula como grupo. Entendemos que é nesse contexto sociocultural que os processos de aprendizagem têm lugar. Ou seja, a aprendizagem não é o produto de práticas individualizadas, mas o resultado da negociação conjunta de significados no contexto de uma cultura específica – a cultura da sala de aula.

Nessa aula, o processo de negociação dos combinados ocorreu pela mediação de práticas de leitura e escrita constitutivas do letramento escolar. A produção coletiva de textos escritos na sala de aula é comum em turmas do primeiro ciclo do ensino fundamental (Macedo, 1998). Alguns aspectos constituem essas práticas, como a negociação do conteúdo, mas também da ortografia de certas palavras, a cópia do texto por cada aluno individualmente e a leitura ao término da produção do texto. Além disso, geralmente os textos produzidos são lidos apenas pelos alunos e professores, o que define o contexto de circulação e os interlocutores dos textos escritos produzidos na sala de aula. Esses elementos são claramente identificados na negociação do texto "lista dos combinados".

Em relação aos aspectos que caracterizam o discurso de alunos e professora, nossas análises evidenciam a tensão entre discurso de autoridade e discurso internamente persuasivo (Bakhtin, 1981), que constitui o discurso da sala de aula. O uso do pronome **nós**, de "por que", por exemplo, são indícios de que a perspectiva enunciativa da professora é de incluir-se no processo de negociação dos significados, como uma estratégia persuasiva que atenua a assimetria constitutiva da relação professor-aluno. Por outro lado, por meio do discurso de autoridade, ela exerceu o controle dos processos interacionais, indicando a perspectiva referencial do discurso da aula, evitando que os alunos a direcionassem para comentários de experiências pessoais. Além disso, a professora controlou a circulação dos significados relacionados à ortografia correta das palavras e parafraseou os combinados propostos pelos alunos na definição do texto escrito, avaliando as proposições deles. No caso do primeiro combinado, o aluno sugere "Não escorregar na parede", e ela imediatamente parafraseia o texto do aluno, avaliando-o: "Não escorregar na parede, não. Não escorregar na escada".

Os elementos analisados constituem a dimensão dialógica do discurso da sala de aula, considerado nesta pesquisa como um princípio para a análise das interações. Conforme aponta Bakhtin (1929-1995), todo discurso é dialógico porque espera uma atitude responsiva do outro. Os discursos da professora e dos alunos refletem-se mutuamente, na medida em que os participantes produzem *feedbacks* que constituem suas "contrapalavras", ainda que estas reflitam regras internalizadas de como se comportar na escola. A dialogicidade do discurso produzido na negociação dos significados constitui-se na tensão entre discurso de autoridade e discurso internamente persuasivo já apontado anteriormente. O fato de esse discurso ser produzido no interior da escola, como instituição sociocultural, faz com que carregue, necessariamente, aspectos inerentes a essa instituição. No caso em questão, uma das marcas dessa instituição revela-se na natureza dos combinados, que foram definidos pelo uso do "não", evidenciando a expectativa que a escola tem do que significa "comportar-se adequadamente" em sala de aula, interditando uma série de outros comportamentos considerados não-adequados no ambiente escolar. A outra marca é constituída pelo uso de regras de ortografia, que definem claramente o que é considerado correto ou incorreto na escrita das palavras. A cultura escolar, em muitas de suas práticas pedagógicas, baseia-se nessa dicotomia correto-incorreto.

As análises dessa aula evidenciam como as práticas de letramento estão entrelaçadas com outras rotinas da vida escolar, como a negociação de regras, a oração, a rodinha. O uso de estratégias de persuasão na "negociação" dessas regras, possibilitando que os alunos tenham voz no processo de negociação, mostra a sofisticação dos elementos de controle do processo interativo usados por professores inovadores. No caso da seqüência discursiva sobre os combinados, observa-se que a presença da negociação, portanto, não implica a perda de controle por parte da professora. Ao contrário, ao apelar a regras construídas coletivamente, ainda que de uma perspectiva da escola e de sua cultura, ela aumenta a possibilidade de exercer efetivamente esse controle, legitimado pelo lugar social que ocupa no processo de ensino-aprendizagem.

Capítulo 4 **Interações em sala de aula no uso do livro didático: uma análise de práticas de letramento da escola A**

No capítulo anterior, foi apresentada uma análise de padrões e eventos iniciais de interação nas duas salas de aula, destacando os diferentes padrões de organização dos alunos. Entre os padrões mais recorrentes, encontram-se a organização em pequenos grupos, em duplas e em rodinha.

Neste capítulo, o objetivo é focalizar as práticas de letramento construídas nas interações em sala de aula da turma A, em eventos posteriores ao início das aulas, nomeados pela professora como práticas de ensino da língua portuguesa. Nossas análises buscam responder às seguintes questões:

- Como as práticas de letramento são construídas pelos participantes?
- Como essas práticas são construídas nas interações em sala de aula?
- Como as práticas de letramento são construídas pela mediação do livro didático?

A análise está estruturada em três blocos. No primeiro, é apresentada uma visão geral das ações de letramento construídas pela turma por meio do mapeamento dessas práticas em todas as aulas filmadas. No segundo bloco, são destacadas as práticas que ocorreram anteriormente ao uso do livro didático de língua portuguesa, construídas entre os dias 5 e 20 de fevereiro. No último bloco, são analisadas as práticas desenvolvidas pelo grupo por meio do uso do livro didático. São analisadas de forma mais aprofundada duas aulas em que o LD foi utilizado, por considerarmos que esse recurso tem papel significativo na estruturação das práticas de letramento dessa turma.

Foram usadas como principais fontes os dados em vídeo e os materiais recolhidos nas aulas gravadas. A intenção é estabelecer uma análise contrastiva (Green, Dixon e Zaharlack, 2001) de eventos de letramento constituídos pelos participantes nas interações cotidianas da sala de aula. Nesse sentido, as aulas recortadas para análise serão situadas na rede e no fluxo de eventos que constituem a história das práticas de letramento da turma.

Práticas de letramento na turma da escola A: uma visão geral

Como se caracterizam as práticas de letramento nessa turma? Quais as ações mais freqüentes que envolveram a leitura e a escrita? A fim de estabelecer uma visão geral dessas práticas, foi elaborado um mapeamento das ações dos participantes que envolveram a leitura e escrita, construídas após os eventos iniciais. Para isso, analisamos os vídeos das aulas gravadas, perfazendo 38 horas de gravação. A tabela a seguir apresenta esse mapeamento.

Tabela 1: Mapeamento das práticas
de letramento da turma A

Mês	Data	Práticas de letramento	Ações dos participantes
Fev.	5	Produção de texto	Alunos usam a escrita para relatar as férias.

Mês	Data	Práticas de letramento	Ações dos participantes
Fev.	6	Produção de texto	Alunos escrevem individualmente uma mensagem de boas vindas para os colegas.
	7	Produção de texto	Alunos preenchem o calendário do mês.
			Alunos e professora escrevem coletivamente a lista dos combinados da turma.
	9	Caligrafia	Alunos copiam o alfabeto em letra cursiva.
		Leitura	Alunos lêem livros de literatura.
	12	Ortografia	Alunos completam uma cruzadinha.
			Alunos formam frases com palavras da cruzadinha.
	13	Ortografia	Alunos completam palavras com nh, lh, ch.
			Alunos fazem separação de sílabas.
	14	Ortografia	Alunos completam palavras com ga, go, gu.
	15	Ortografia	Alunos formam palavras com lh.
	16	Ortografia	Alunos completam frases com palavras.
	19	Ortografia	Alunos jogam o bingo de palavras.
		Leitura	Lêem a lista de lembretes sobre como fazer o "para casa".
	20	Ortografia	Alunos ordenam sílabas e formam palavras com ch.
	21	Leitura	Alunos lêem e discutem textos do LD: carta de apresentação da autora; sumário; texto informativo sobre carnaval.
		Produção de texto	Alunos escrevem individualmente uma música de carnaval.
	23	Leitura	Alunos lêem, copiam e cantam uma música de carnaval.
Mar.	2	Leitura	Alunos lêem e discutem um texto de propaganda no LD.
			Alunos lêem revistas em quadrinhos.
		Produção de texto	Alunos escrevem individualmente uma propaganda.

Mês	Data	Práticas de letramento	Ações dos participantes
Mar.	6	Produção de texto	Alunos escrevem coletivamente a lista de nomes das pessoas presentes nas fotos de família.
	8	Leitura	Alunos lêem revistas em quadrinhos.
	13	Leitura	Alunos escolhem e lêem livros na biblioteca.
		Produção de texto	Alunos e professora corrigem coletivamente o texto de uma aluna, proposto no LD.
	14	Produção de texto	Alunos e professora produzem coletivamente a receita da massinha de modelar.
	16	Leitura	Alunos lêem a biografia de Mozart no LD.
			Alunos ouvem a leitura da professora de um texto de literatura.
	22	Produção de texto	Alunos e professora escrevem coletivamente uma cantiga de roda.
	27	Produção de texto	Alunos e professora escrevem coletivamente um relato de experiência.
		Leitura	Alunos lêem e interpretam o texto "O diário de Serafina" do LD. Interpretação escrita do texto: responder individualmente às cinco perguntas do livro.
			Alunos e professora corrigem coletivamente as respostas.
	30	Ortografia	Alunos lêem e respondem individualmente a perguntas sobre o uso de r ou rr.
			Alunos e professora corrigem coletivamente as atividades.
			Alunos pesquisam palavras com r ou rr.
Abr.	3	Leitura	Alunos e professora lêem uma poesia.
			Alunos estudam o vocabulário do texto.
			Alunos respondem a perguntas sobre o texto.
		Ortografia	Alunos completam palavras com r ou rr.
	9	Leitura	Alunos lêem o texto que apresenta a atividade do LD.

Mês	Data	Práticas de letramento	Ações dos participantes
Abr.		Produção de texto	Alunos escrevem uma página do diário de Clarinha, com base em proposta do LD.
	16	Leitura	Alunos lêem e discutem um texto sobre a chuva.
	24	Ortografia	Alunos e professora reescrevem palavras de uma história em quadrinhos do Chico Bento.
	25	Ortografia	Continuação da reescrita da história do Chico Bento.
Maio	2	Gramática	Alunos respondem por escrito a questões sobre o conceito de plural proposto no LD.
	7	Leitura	Professora faz a leitura de um texto sobre a Lua.
	11	Leitura	Alunos lêem texto informativo sobre a Terra e fazem a interpretação por escrito.
	15	Ortografia	Alunos escrevem palavras com lh propostas no LD.
	18	Leitura	Alunos e professora lêem uma poesia.
		Gramática	Alunos e professora analisam os conceitos de verso e rima no LD.
	24	Produção de texto	Alunos escrevem um bilhete para um amigo.
	28	Leitura	Alunos lêem e interpretam um texto do LD.
Jun.	1	Leitura	Alunos lêem o texto do LD na seção Construindo a escrita, atividades de linguagem.
			Alunos e professora substituem palavras repetidas no texto.
	4	Produção de texto	Alunos e professora escrevem um bilhete coletivo para os pais.
	20	Leitura	Alunos lêem e interpretam um texto.
			Alunos fazem uma atividade de avaliação formal.

Esse mapeamento evidencia diferentes aspectos que constituíram as práticas de letramento na turma da escola A. Destacamos, na análise, os materiais impressos que circularam nas aulas, as atividades e as práticas de letramento predominantes em cada aula. Em relação aos materiais impressos, podemos organizá-los em três grupos, a partir de uma categorização proposta por Batista (1999): a) texto impresso no suporte livro destinado ao aluno, com o objetivo de servir de base para o ensino e a aprendizagem de um conteúdo de língua portuguesa, modelo de texto didático adotado pelo PNLD (Programa Nacional do Livro Didático); b) textos e impressos veiculados em outros suportes, como folhas mimeografadas, cartazes, jogos, textos produzidos pelos alunos etc.; c) textos "paradidáticos" que circulam na escola, mas não são destinados apenas a ela. É o caso dos livros de literatura infanto-juvenil, que apresentam um estatuto ambíguo: apesar de a instituição escolar ser o destino preferencial, esses livros também se destinam ao mercado não-escolar. A categoria "paraescolares" ou "paradidáticos" é a que mais se aproxima desse material. Essas categorias evidenciam, de certa maneira, a natureza dos impressos que constituíram as práticas de letramento da turma nas aulas filmadas.

Como se pode observar, predominam aulas em que a leitura é o objeto central, perfazendo um total de dezessete aulas. Em segundo lugar, vem a ênfase na produção de textos, num total de treze aulas. A análise da ortografia e de conceitos gramaticais vem em seguida, correspondendo respectivamente a doze e duas aulas. Apenas numa das aulas puderam-se observar atividades de caligrafia. Esse levantamento da quantidade de aulas que enfatizam cada uma das práticas de letramento acima possibilita uma visão geral do peso de cada uma delas na turma. Esses dados não são suficientes para uma caracterização mais aprofundada dessas práticas. Torna-se necessário estabelecer uma caracterização geral de cada uma delas – leitura, produção de textos, ortografia e gramática – para que se tenha uma noção mais abrangente de como são constituídas na sala de aula. É o que este estudo se propõe a fazer nas próximas seções deste primeiro bloco de análises.

Práticas de leitura: caracterização geral

Como se observa na tabela 1, as práticas de leitura são diversificadas não só em relação ao que se lê, mas também a como se lê e a para que se lê. Podemos caracterizá-las, subdividindo-as em dois grupos: leitura não-sistemática e leitura sistemática. As práticas de leitura não-sistemática, nomeadas por Albuquerque (2002) de "leitura livre" e identificadas também por Araújo (1999), ocorrem no momento em que os alunos podem escolher livros da caixa de livros de literatura e revistas em quadrinhos disponibilizados pela professora. Não é objetivo deste trabalho analisar a especificidade das práticas de leitura literária na sala de aula. Entretanto, considerando-se que tais práticas estão presentes na turma, uma breve descrição torna-se necessária.

Lendo livros de literatura e revistas em quadrinhos

Trata-se de práticas que ocorrem não apenas no espaço da sala de aula, mas também na biblioteca da escola. Dos dados filmados durante o mês de fevereiro, foi constatada a ocorrência dessa prática de leitura apenas uma vez, no dia 9. No mês de março, aconteceu a leitura de livros de literatura e revistas em quadrinhos em três aulas; em um dia, na biblioteca. Nos meses subseqüentes não se observou a ocorrência da leitura não-sistematizada, apenas atividades sistemáticas de leitura.

A) Lendo livros e revistas da caixa de livros

Quando a professora coloca a caixa de livros e revistas numa das mesas dos alunos, eles já sabem qual o significado dessa ação, ou seja, sabem que podem escolher um material para "leitura livre". Foi possível depreender, por meio de observações e análise dos vídeos, que essa atividade tem por objetivo a ocupação do tempo dos alunos, para que eles não perturbem os colegas que ainda estão fazendo alguma atividade. Isso significa que nem todos realizam essa prática, uma vez que o objetivo é que os alunos que não terminam as atividades no tempo previsto possam fazê-lo enquanto os colegas lêem os livros e as revistas. Ou seja, a leitura não-sistematizada é usada como uma estratégia da professora para regular a disciplina do grupo, e não para o ensino sistematizado da leitura.

Não há orientações sobre como os alunos devem ler esses textos. Pode-se afirmar, portanto, que se trata de uma atividade de caráter "espontâneo" ou informal. Esse caráter informal que cerca essa prática também é perceptível na forma como os alunos lêem. Geralmente, eles sentam-se no chão, em qualquer lugar da sala. Alguns lêem sozinhos, outros em duplas; alguns lêem silenciosamente, outros oralmente e outros, ainda, apenas folheiam os textos. Muitos trocam de textos várias vezes. Observando o movimento dos alunos em torno da caixa de livros e a forma como lidam com esse momento de leitura, percebe-se que essa prática faz parte da rotina do grupo, tornando-se um padrão incorporado por eles na dinâmica das interações em sala de aula.

B) Lendo livros de literatura escolhidos na biblioteca

As práticas de leitura da turma também ocorrem por meio do empréstimo de livros da biblioteca. Esse empréstimo é feito semanalmente e controlado pela professora e pela bibliotecária. O prazo estabelecido pela escola para devolução dos livros e escolha de outros é, em média, de uma semana. A escolha parece ser feita sempre por meio de uma visita da turma e/ou de grupos de alunos ao espaço da biblioteca. O espaço contém estantes com livros de literatura e outros materiais de leitura; os livros didáticos ficam guardados em outra sala. Também há mesas redondas e um tapete grande no fundo da sala para que os alunos possam sentar-se para ler. O fato de os livros didáticos serem guardados em outro espaço delimita as possibilidades do que será lido pelos alunos. Ou seja, os didáticos não constituem materiais disponíveis para o empréstimo da biblioteca, não são parte do acervo dela.

Os dados coletados na aula do dia 13 de março, indicados na tabela 1, revelam aspectos da dinâmica de escolha dos livros e evidenciam o significado dessa escolha para os alunos. A visita e a escolha dos livros ocorrem da seguinte forma: os alunos chegam à biblioteca e a bibliotecária já está a postos com as fichas dos alunos em mãos. A turma ocupa todo o espaço da biblioteca. Enquanto alguns estão escolhendo livros, outros estão sentados às mesas ou deitados no chão lendo os livros escolhidos ou trocando informações sobre eles com os colegas. A professora é solicitada, com freqüência, para ajudar na escolha. Ela dá sua opinião, mas percebemos que os alunos têm autonomia no processo de escolha. Após mais ou menos vinte minutos, a bibliotecária chama os alunos para fazer o controle dos empréstimos. Ao chegar à sala de aula, a professora dá orientações sobre a leitura do livro e lembra a data de devolução. Os alunos devem preencher uma ficha de leitura para cada livro lido, o que diferencia essa prática daquela de leitura dos livros de literatura e revistas em quadrinhos da caixa de livros.

Contrastando essas duas práticas, percebe-se que a leitura dos livros da biblioteca demanda certa sistematicidade. Mesmo que ocorra em casa ou fora do espaço da sala de aula, não se trata de uma leitura "livre", espontânea, não-sistematizada, pois o aluno deverá "prestar contas" de sua leitura por meio de uma ficha que deverá ser preenchida, embora não tenham sido constatadas, em nenhuma das aulas filmadas, discussões sobre as fichas preenchidas pelos alunos. É uma atividade deliberada pela professora e pela escola como um todo, pois todas as turmas a realizam.

Além disso, os alunos só escolhem livros de literatura. Não foi observada a escolha de revistas em quadrinhos ou outro tipo de impresso para serem lidos em casa.

Portanto, essas práticas diferenciam-se em relação ao que se lê, a como se lê e a para que se lê. São lidos textos literários e revistas em quadrinhos de formas diferentes. Na sala de aula, os alunos leram, de maneira informal, textos escolhidos por eles da caixa de livros da professora, após a realização das atividades propostas por ela, para ocupar o tempo daqueles que terminaram a atividade antes. Os alunos leram também livros escolhidos do acervo da biblioteca, leitura esta realizada em casa, que tinha por objetivo preencher uma ficha a ser entregue à professora. Discutindo sobre as práticas de leitura na escola, Geraldi (1984) aforma que a leitura do texto literário, denominada por ele de leitura-fruição, está praticamente ausente das aulas de língua portuguesa. Essa prática de leitura tem por objetivo o *ler por ler*, gratuitamente, o que não quer dizer que não produza resultados. O que definiria esse tipo de leitura é o "desinteresse" pela avaliação e controle dos resultados. No caso dessa professora, a leitura da caixa de livros acaba cumprindo essa função, embora o objetivo dessa prática pareça ser o de controlar não a leitura em si, mas a disciplina do grupo enquanto alguns colegas acabam de realizar as atividades. Isso evidencia que a leitura por prazer parece não fazer parte do planejamento da professora. A leitura de livros da biblioteca poderia cumprir essa função, mas o fato de os alunos terem de preencher a ficha de leitura revela o caráter avaliativo dessa prática, controlada pela professora.

Consideramos que somente uma pesquisa voltada para a análise de práticas de leitura de textos literários na escola poderá prover uma compreensão mais aprofundada dessas práticas de letramento escolar. A seguir, caracterizamos as práticas de leitura de outros textos, que estamos nomeando como práticas sistematizadas de leitura.

Lendo textos propostos pela professora
e textos do livro didático

Como dito anteriormente, além das práticas não-sistematizadas de leitura na sala de aula e das práticas de leitura dos livros escolhidos pelos alunos na biblioteca, eles constroem práticas de leitura que são mediadas pelo livro didático e por outros textos disponibilizados pela professora. O quadro apresentado no início desta seção mostra que duas "fontes" principais de textos estruturam as práticas de leitura da turma: textos do livro didático e textos mimeografados preparados pelo grupo de professoras do primeiro ciclo.

Os textos mimeografados trataram, prioritariamente, de conteúdos ligados às aulas de ciências e geografia, e foram usados em três aulas: 16 de abril, 7 e 11 de maio. Com exceção do texto sobre a Terra, esses textos são narrativas de cunho informativo, construídas com o propósito de transmitir informações sobre algum conceito. São comumente encontrados em livros didáticos, portanto, textos "escolarizados" (Soares, 1999), que circulam prioritariamente na escola, o que caracteriza uma das dimensões do letramento escolar.

A entrada do LD na sala de aula impulsiona uma diversificação nas práticas de leitura do grupo em relação ao *que* se lê. Tais práticas serão analisadas mais profundamente no terceiro bloco de análises. Nesta seção, será feita apenas uma breve caracterização dos textos do LD que efetivamente foram lidos nas aulas gravadas, a fim de indicar elementos que evidenciem essa diversificação.

Do total de aulas filmadas, a partir do dia 21 de fevereiro, quando o LD começou a ser usado, em 52% delas esse impresso foi utilizado, como mostra a tabela anterior. O que os alunos leram? Diferentes textos, o primeiro dirigido a eles, a Carta de Apresentação da autora. Além disso, leram o sumário e, na Unidade 1, um texto informativo, de caráter enciclopédico, sobre o carnaval (aula de 21 de fevereiro) e dois textos sobre a vida de Mozart (aula de 16 de março). Na Unidade 2, leram propagandas e placas de sinalização de trânsito (aulas de 2 e 6 de março) incluídos na seção Imagens. Leram também uma narrativa literária, na Unidade 3 (aula de 27 de março), e uma poesia, na aula de 3 de abril. Na Unidade 6, leram instruções de brincadeiras e uma narrativa literária (aulas de 1 e 4 de junho, respectivamente). O que esses dados indicam em relação ao papel do livro didático na estruturação das práticas de letramento e das interações nessa sala de aula? Considerando a diversidade de textos do livro didático lidos pelos alunos, em contraste com os textos propostos pela professora, há uma diversidade maior nas práticas de leitura propostas pelo LD e, supostamente, uma diversidade nas formas de interação construídas por meio desses textos. Entretanto, somente a análise de como essas práticas de uso do LD foram construídas, em contraste com a proposta do LD, poderá indicar como realmente esse recurso pedagógico foi utilizado pelos participantes na interação em sala de aula. Essas análises, como dito anteriormente, constituem o último bloco desta seção.

A forma como os textos foram lidos obedece a uma seqüência não proposta explicitamente pelo livro didático, mas comumente encontrada em muitas práticas de leitura do primeiro ciclo (Araújo, 1999; Albuquerque, 2002, por exemplo), quais sejam: leitura silenciosa, leitura oral, interpretação oral e escrita do texto e produção de texto. Observou-se que essas formas de leitura são recorrentes em quase todas as aulas e, em todas, a professora escolhe quem vai fazer a leitura oral que, no caso dessa turma, é sempre individual. Uma exceção é o dia 18 de maio, em que meninos separados das meninas lêem o poema proposto no livro. Nesse caso, o próprio texto talvez tenha motivado a alteração no padrão de leitura da turma. Apenas nesse dia a própria professora faz a leitura do texto para marcar o ritmo e a entonação. A leitura dos exercícios do livro é sempre oral e individual, com exceção do dia 27 de março, em que é feita silenciosamente e não é realizada a leitura oral.

Não se observou uma discussão com os alunos sobre a função da leitura silenciosa e leitura oral dos textos, nem mesmo uma orientação mais específica sobre como cada texto pode ser lido. Eles constroem a expectativa de que a leitura tem por objetivo respostas orais ou por escrito das perguntas previstas pelo LD ou propostas pela professora, o que poderia indicar uma concepção de leitura como decodificação, repetição, e não como compreensão, construção de sentidos pelo leitor na interação com o texto.

Produzindo textos na sala de aula

Quais textos os alunos produziram nas aulas analisadas? Como foram produzidos? De acordo com a tabela apresentada anteriormente, assim como os textos lidos, os textos produzidos pelos alunos podem ser organizados em duas categorias. No primeiro conjunto, identificamos: a) textos produzidos, não vinculados ao LD de língua portuguesa, num total de sete textos; b) textos produzidos como resultado de proposições do LD, perfazendo um total de seis textos. Em relação à freqüência com que ocorreram, as práticas de produções de textos concentraram-se, prioritariamente, nos meses de fevereiro e março. Quanto à freqüência, observa-se uma intensidade de produções nos primeiros três dias de aula (dias 5, 6 e 7 de fevereiro) e uma concentração significativa no mês de março. Das aulas gravadas em abril, maio e junho, encontramos apenas uma atividade de produção de textos em cada mês, duas delas vinculadas ao LD. No entanto, a quantidade de aulas gravadas nesses meses é menor que nos meses de fevereiro e março.

Os textos caracterizaram-se por produções individuais, com temáticas bem específicas. No caso dos primeiros dias de aula, os temas foram *As férias* e *Boas vindas*. Somente no primeiro dia de uso do LD (aula de 21 de fevereiro) os alunos voltaram a escrever textos; nesse caso, a escrita de uma música de carnaval a ser analisada no último bloco. A partir de então, a maior parte dos textos produzidos está vinculada ao LD, com exceção das aulas dos dias 14, 22 e 27 de março e a aula de 4 de junho. Ou seja, dos dez textos produzidos a partir da entrada do LD, seis são vinculados ao livro e quatro foram propostos pela professora em aulas de ciências e geografia. Os textos produzidos a partir do livro didático foram: uma música de carnaval que os alunos conheciam, uma propaganda, uma lista de nomes das pessoas da foto, uma narrativa a partir de uma gravura e uma página de diário. São textos diversificados, mas não foi explicitado, pela professora ou pelo livro didático, para quem os alunos estariam escrevendo e com qual objetivo. O LD, portanto, cumpriu o papel de estruturar as práticas de escrita de textos na maior parte das "aulas de português" e condicionar o que conta como letramento nessa sala de aula.

Um aspecto importante que caracteriza as práticas de produção de textos nessa sala de aula diz respeito à produção de textos coletivos, em detrimento de produções individuais. Das aulas gravadas, sete textos foram escritos coletivamente e seis foram escritos individualmente. Entre esses, um deles foi corrigido coletivamente pela turma (aula do dia 13 de março). Corrigir coletivamente os textos individuais é uma prática de letramento construída pelo grupo nesses dois anos de trabalho conjunto. Mesmo as produções escritas individualmente pelos alunos foram compartilhadas pelo grupo, por meio da exposição desses textos nos murais da sala de aula, como se observou com os textos de boas vindas (6 de fevereiro), a música de carnaval (21 de fevereiro) e a propaganda (2 de março). O grupo de alunos e a professora foram os interlocutores privilegiados dessas produções, com exceção do bilhete coletivo escrito para os pais (aula do dia 4 de junho), o que caracteriza um dos aspectos do letramento escolar: os interlocutores dos textos produzidos restringem-se, na maioria das vezes, aos próprios alunos e ao professor.

Práticas de análise da ortografia e da gramática

A análise do sistema ortográfico de escrita teve um papel fundamental nas práticas de letramento nessa turma durante o primeiro mês de aula. Tais análises concentraram-se no mês de fevereiro, antes do início do uso do LD. Do total de doze aulas de análise ortográfica, sete foram realizadas antes do início do uso do LD e três depois, sendo estas últimas propostas pelo LD. Na realidade, apenas numa das aulas filmadas do final do semestre presenciou-se a análise de conceitos gramaticais (aula do dia 18 de maio, conceito de plural). Essa constatação é significativa, porque a justificativa da professora para o uso do LD estava vinculada ao ensino de gramática, o que efetivamente não foi predominante em sua prática de ensino. O fato de a maior parte dos alunos dominar o sistema alfabético de escrita pode justificar a ênfase na análise ortográfica no primeiro mês de aula. Nos meses subseqüentes, embora continue a ser realizada, considerou-se que ela perde a centralidade, na medida em que, com a entrada do LD, aumenta a ênfase em práticas de leitura e de produção de textos. Essa constatação pode ser um indício de que, com o uso do LD, as práticas de letramento diversificaram-se consideravelmente. A leitura e a produção de textos ocupam um espaço maior nas aulas e a maior parte dessas práticas é vinculada ao uso do LD. Entretanto, como foi dito no início deste capítulo, apenas uma análise das interações entre os sujeitos participantes, durante eventos em que o LD está sendo usado, pode evidenciar, de forma mais profunda, como as práticas de letramento são construídas na sala de aula por meio desse recurso material.

A análise ortográfica não ocorre apenas como conseqüência de atividades específicas construídas para esse fim. Um exemplo pode ser encontrado na aula dos combinados, abordada no capítulo anterior, em que os alunos realizam a análise de algumas palavras durante a produção coletiva, como a palavra "escorregar" e a palavra "rampa". Essa prática pode ser encontrada na maior parte das aulas de produção de textos coletivos, em que a professora chama a atenção para a ortografia de certas palavras. Dessa forma, possibilita que os alunos contextualizem a aprendizagem da ortografia, tradicionalmente ensinada na escola apenas pela estratégia da cópia e memorização de grupos ortográficos.

Práticas de letramento anteriores ao uso do LD

As análises até aqui buscaram apresentar uma visão geral das práticas de letramento na sala de aula, por meio da análise do conjunto dos materiais impressos que circularam nas aulas e por meio da descrição das propostas de leitura, produção de textos e práticas de ensino da ortografia e da gramática. Apresentou-se também uma análise da freqüência com que as práticas ocorreram, no sentido de indicar em quais períodos de tempo concentrava-se cada uma delas. As análises indicam uma diversificação maior das práticas de letramento em relação ao que os alunos leram, após o início do uso do LD, em 21 de fevereiro. Por meio dessas análises, podemos perceber alguns aspectos que caracterizam o papel do LD na estruturação das práticas de letramento na sala de aula. Entretanto, torna-se importante discutir, de forma mais aprofundada, como essas práticas foram construídas antes da entrada do LD na sala de aula.

Para problematizar essa pergunta, dois tipos de análise serão importantes: identificação do que contou como letramento durante esse período e análise das interações e práticas de letramento construídas numa das aulas, considerada exemplar.

As análises anteriores indicam que as práticas de análise da ortografia foram predominantes entre 5 e 21 de fevereiro. Das doze aulas em que a ênfase foi a ortografia, sete ocorreram nesse período. Após o início do uso do LD, as práticas de leitura e produção de textos ocorrem com mais freqüência, a maior parte vinculada ao LD. Como se caracterizam as práticas de letramento em que a ortografia é o foco de análise? Como os alunos interagem com as atividades propostas? Qual a natureza das atividades propostas pela professora?

O exemplo a seguir pode ser considerado representativo do tipo de atividade realizada pelos alunos.

Figura 2

Um primeiro aspecto a ser observado é o fato de essas atividades serem mimeografadas, sem identificação alguma da turma e da professora, ou seja, sem um cabeçalho que indique quem as elaborou e qual a turma que realizará tais atividades. Possivelmente essa característica relaciona-se ao fato de que cada quarteto do ciclo (um grupo de quatro professoras que trabalham com três turmas) prepara atividades comuns para todas as turmas. Ou seja, as atividades de ortografia são destinadas a um grupo maior de alunos, o que evidencia a natureza compartilhada dessas práticas de letramento, no primeiro ciclo, para além do espaço de uma turma.

A proposta da atividade a ser analisada é que os alunos formem palavras com sílabas específicas (nesse caso, lha, lhe, lho), indicando a ênfase no código e não no significado das palavras, que, geralmente, não se vinculam a um texto lido ou a alguma temática que esteja sendo tratada pelo grupo. Não foi observada, durante a realização dessas atividades, uma reflexão sobre as regras para a construção do sistema de escrita. A aula, apresentada a seguir, exemplifica como as interações e as práticas dos alunos ocorrem durante a realização de uma dessas atividades.

Formando palavras com LH

Nessa aula, os alunos estavam organizados em pequenos grupos. A proposta era formar palavras com lh, como exemplificado na atividade apresentada. A professora propôs uma competição entre os grupos, na qual o ganhador seria aquele que formasse mais palavras. Nossas análises dos dados em vídeo indicam que cada aluno do grupo trabalhou individualmente, dentro de um tempo estabelecido pela professora. Observamos que eles participaram efetivamente da atividade proposta, com exceção de um dos grupos. Um grupo de três meninas e um menino, no qual focalizamos a maior parte da aula, estava disperso, conversando sobre outros assuntos. O menino tentou realizar a atividade individualmente. A representante do grupo apresentou apenas um conjunto de onze palavras, algumas com lh. Esse grupo era composto por alunos que ainda estavam se apropriando do sistema de escrita.

A apresentação de cada grupo evidencia o caráter lúdico predominante na atividade realizada em grupo. O representante indicado pelo grupo foi aquele que construiu mais palavras. A referência de cada representante era o caderno pessoal. A seguir, uma seqüência discursiva que evidencia a apresentação do primeiro grupo.

Quadro 14: Formando palavras com lh

Turnos	Participantes	Discurso	Aspectos extralingüísticos/comentários da pesquisadora
01	Professora	Duas horas, tempo esgotado. Ninguém pode escrever mais. Tempo esgotado, um de cada grupo aqui na frente.	
02	Alunos		Os alunos escolhem os representantes.
03	Professora	Pronto? Vamos ouvir agora as palavras de todos os grupos. Vale as repetidas pelo outro, tá? Robert, pode ir.	Alunos em pé, de frente para a turma, com o caderno na mão. Professora espera silêncio da turma. Robert é o representante do grupo 1.
04	Robert	Palhaço, palha, baralho, mulher, milho, palha, colher, bolha, toalha, molho, malha, malha ...	
05	Professora	Malha duas vezes? Você já, falou malha aí.	
06	Aluna	É.	
07	Robert	É malhado. Esqueci do do.	
08	Professora	Tá.	
09	Robert	Atrapalhado, bilhete, orelha, piolho, pilha, molharão.... .	A lista continua até a palavra n. 31.
10	Professora	Deixa eu ver. Foram quantas?	
11	Robert	31.	
12	Professora	30, essa aqui não, desmancha ela.	Professora conta as palavras; não justifica por que o aluno deve apagar a palavra.

Durante a apresentação de cada representante, a professora questionou a formação de palavras sem significado:

"que que é valhada?" (na apresentação do grupo 2) e a repetição de palavras (turno 6). Além disso, como forma de controlar a disciplina dos alunos, ela recorreu a certas regras que parece não terem sido negociadas pelo grupo. Por exemplo, o grupo que não fizesse silêncio perderia 1 ponto a cada vez que ela chamasse a atenção. "O grupo que atrapalhar vai perder ponto, tá?" (apresentação dos grupos 2 e 3). Outra regra utilizada foi: "Vale as repetidas pelo outro, tá?" (turno 3). Percebemos que os alunos não compartilhavam tais regras, mas não houve uma discordância explícita. Quando a professora aplicou a regra de tirar pontos dos grupos 4 e 5, não houve questionamento. Entretanto, ela não cumpriu a regra, já que o grupo 4 perdeu ponto duas vezes.

Nessa seqüência, predominou o padrão IRA (Mehan, 1979), em que a professora faz perguntas e avalia se o aluno formou as palavras com lh corretamente. No entanto, não foi encontrada apenas a estrutura triádica. Esta aparece nos turnos 3 a 5 e 10 a 12. Encontramos também uma seqüência estendida de interação em que a professora pergunta e dá *feedbacks* e que tem como função possibilitar que o fluxo do diálogo com os alunos ocorra até que eles atendam a suas expectativas. O padrão discursivo IRA configura-se como um padrão típico de situações em que são abordados conteúdos e conceitos que fazem parte do currículo do primeiro ciclo, tal como a ortografia, nesse caso. E ainda, como vimos nas análises do capítulo anterior, quando a professora busca organizar as interações, indicando, como nos eventos construídos nas rodinhas, por exemplo, quais alunos vão falar ou como devem falar.

Outras práticas de análise ortográfica também foram identificadas e ocorrem sempre que um texto é produzido coletivamente ou mesmo quando os alunos estão corrigindo, no quadro, as atividades desenvolvidas na aula. Nessas aulas, pode-se observar a análise de regras ortográficas e não apenas a ênfase na cópia e na memorização, ou na repetição de palavras com a mesma sílaba que caracteriza a atividade acima. É o que se constata, por exemplo, na aula dos combinados, analisada no capítulo anterior.

A análise desse conjunto de dados evidencia que as práticas de ensino da ortografia ocorrem de duas formas predominantes. Além da formação de palavras com determinadas sílabas e análise da ortografia das palavras na construção de textos coletivos, há também análise de ortografia de textos individuais, em situações de correção coletiva.

Práticas de letramento mediadas pelo LD

O objetivo desta seção é analisar as práticas de letramento construídas a partir do LD, buscando compreender como as interações são estruturadas pelo uso desse recurso material. Para tanto, serão contrastados dois níveis de análise: num primeiro nível, é apresentado um mapeamento das seções e atividades do livro utilizadas nas aulas gravadas, comparando-as com a forma como a professora e o grupo reconstruíram essas atividades na sala de aula. No segundo nível são analisadas duas aulas consideradas exemplares em relação à forma como a professora e os alunos reconstruíram as propostas do LD, focalizando as interações discursivas produzidas nessas aulas. Mapas de eventos e seqüências discursivas são os principais instrumentos de análise dessas práticas. Antes, porém, será feita uma breve caracterização do LD, destacando a natureza das atividades e práticas de letramento propostas.

Caracterização do LD

O livro didático utilizado pela turma da escola A é o volume 2 de uma coleção de língua portuguesa destinada às quatro primeiras séries do ensino fundamental. A coleção foi publicada, até o momento, em duas edições: a primeira, em 1998, e a segunda, em 2000. Foi avaliada pelo PNLD

2004 (Programa Nacional do Livro Didático) e classificada como recomendada com restrições.

A autora define a língua escrita como "um instrumento de comunicação, por ser utilizada nas mais variadas circunstâncias da vida, desde as mais simples (bilhete, carta, transmissão de ordens etc.) às mais complexas (textos oficiais, documentos, certidões, textos informativos etc.)". Buscando concretizar esse princípio, a autora propõe a leitura de diferentes textos com o objetivo de "levar o aluno a manejar os diversos usos sociais dos textos". No manual do professor, são sugeridas diferentes estratégias de leitura, como leitura silenciosa, leitura oral do professor, leitura oral dos alunos.

O objetivo da produção de textos, segundo a autora, é "ajudar o aluno a construir sua competência textual, trabalhando as regras de estruturação e o funcionamento situacional de diferentes tipos de textos".

O livro do aluno é organizado em dezessete unidades temáticas e tem por objetivo contextualizar o ensino dos conteúdos de língua portuguesa. Muitos dos temas são de interesse do universo infantil, outros são ligados aos conteúdos de ensino da língua portuguesa: Unidade 1 – Música: um jeito de comunicar; Unidade 2 – As imagens; Unidade 3 – A escrita; Unidade 4 – Histórias de família; Unidade 5 – Nomes de gente; Unidade 6 – Minha turma de amigos; Unidade 7 – Animais de estimação; Unidade 8 – O circo e a televisão; Unidade 9 – A imaginação; Unidade 10 – O medo; Unidade 11 – Vamos cuidar da natureza; Unidade 12 – O folclore; Unidade 13 – Histórias que duram para sempre; Unidade 14 – As histórias em quadrinhos; Unidade 15 – Fadas e bruxas; Unidade 16 – A poluição; Unidade 17 – Futebol também é cultura.

Cada unidade é dividida em cinco seções: Leitura; Interpretação do texto; Construindo a escrita; Descobrindo a gramática; Produção de textos. A seção Interpretação do texto apresenta a subdivisão Leitura complementar. A seção

Construindo a escrita é subdividida em Linguagem, ortografia e textualização. O livro apresenta, ao final, uma Atividade complementar, um Glossário e Sugestões para leitura, com indicações de obras literárias de autores representativos da literatura infantil brasileira contemporânea, tais como Ana Maria Machado, Lino de Albergaria, Rubem Alves, Silvia Orthof, Ziraldo etc.

É importante destacar que os textos para leitura não se encontram presentes apenas na seção Leitura, mas em todas as outras seções. O objetivo é que o texto seja o ponto de partida para o ensino da gramática, da ortografia, da leitura e da produção de textos orais e escritos. Um levantamento da quantidade de textos do livro indica a presença de 77 textos, em diferentes seções. Embora a seleção textual seja diversificada quanto aos tipos de textos e às temáticas, há uma quantidade considerável de textos adaptados (cerca de 9%) e de textos escritos pela própria autora (cerca de 18%). Além disso, há muitos textos fragmentados, não passíveis de identificação, porque não há sinalização do lugar em que sofreram cortes e nem mesmo se sofreram ou não. Apesar de a autora não sinalizar explicitamente, pode-se identificar facilmente alguns textos fragmentados, porque os fragmentos são retirados de textos bastante conhecidos.

As práticas de leitura propostas organizam-se da seguinte forma: na abertura de cada unidade é apresentado um texto sobre o qual devem ser discutidas, oralmente, algumas perguntas. O objetivo é motivar o aluno e a turma para a temática da unidade, resgatando seus conhecimentos prévios acerca dela. Depois, apresenta-se a seção Leitura, em que um novo texto é lido, sem que haja, no livro do aluno, uma indicação de como a leitura deve ser feita. Os enunciados mais comuns são: "Leia este texto"; "Agora, leia este outro texto". Os enunciados são sempre dirigidos ao aluno, individualmente. Não se constatam atividades que indiquem diferentes formas de interação entre os alunos. Na seqüência, vem a seção Interpretação do texto, composta de duas subseções: a) Vamos conversar, em que são apresentadas perguntas de extrapolação do texto, ou seja, que não se relacionam ao texto propriamente dito, mas à temática que ele aborda, por exemplo: "Quantas pessoas tem na sua família? Quem são elas?"; b) Agora escreva, composta por perguntas relacionadas ao texto lido, que devem ser respondidas individualmente e por escrito, por exemplo: "Quem está contando a história do texto 'As brincadeiras de Amelinha'?"; "Por que os colegas da rua achavam que Amelinha era uma menina especial?" Nessas subseções, um ou mais de um texto novo é apresentado, segundo a autora, "para que o aluno perceba a intertextualidade e o diálogo de idéias que liga os diferentes textos de uma sociedade". No entanto, as atividades não explicitam esse diálogo. A maior parte delas refere-se apenas a um dos textos, sem que se apontem possibilidades de relações entre os textos.

Na seção intitulada Produção de texto, os alunos têm a oportunidade de escrever diferentes textos. Para cada unidade do livro didático há uma proposta de produção, formando um total de dezessete textos a serem escritos, com predominância da escrita de histórias ou contos. Essa quantidade de atividades é bastante inferior ao volume de textos que devem ser lidos em todo o livro (77).

Constata-se a predominância de atividades que não explicitam as condições de produção do texto escrito, especialmente a definição de objetivos e de interlocutores para os textos, por exemplo: "Use sua imaginação e escreva uma das histórias que Túlio encontrou nos livros"; "Crie uma história com o animal que você escolheu. Escreva a história no seu caderno". Como se observa, não são definidos os interlocutores nem os objetivos para a escrita. Situações de interação entre os alunos a partir dos textos por eles produzidos são raras, visto que a maior parte dos textos deve ser escrita individualmente, no próprio caderno do aluno. Exceções podem ser observadas nas atividades das unidades 5, 6, 7 e 16, em que os alunos devem escrever, por exemplo, para socializar resultados de pesquisas com a classe ou socializar uma opinião pessoal sobre o futebol.

A sistematização de conhecimentos lingüísticos é proposta em duas seções: Construindo a escrita e Descobrindo a gramática. A seção Construindo a escrita é subdividida em três partes: a) Atividades de linguagem, que tratam, segundo a autora, dos usos e funções sociais da escrita, com ênfase no estudo do vocabulário e no manuseio de dicionários. O que se constata, nessa seção, é a exploração do vocabulário e também da ortografia ou de outros conceitos da língua, como: "Circule a primeira sílaba dessas palavras"; "Observe a primeira sílaba das palavras do exercício anterior. Escreva as palavras na ordem alfabética". Não são encontradas atividades de análise dos usos e funções sociais da escrita; b) Atividades de ortografia, que permitem a análise das regras do sistema ortográfico. Embora contenham algumas atividades mecânicas, tais como: "Ligue as palavras que começam com a mesma sílaba", a maioria das atividades permite a reflexão das regularidades e das convenções do sistema ortográfico por meio de exercícios variados. Há, ainda, atividades que não se relacionam à análise da ortografia. Nessa subseção encontram-se algumas atividades a serem realizadas em pequenos grupos; c) Atividades de textualização, em que são propostas definições conceituais sobre a estrutura dos textos, e atividades de análise de aspectos ligados à estrutura e à linguagem de cada texto, por exemplo: "Os textos que contam histórias têm sempre personagens. As personagens participam da ação da história". As perguntas devem ser respondidas por escrito.

A seção Descobrindo a gramática sistematiza conceitos da gramática normativa, tais como artigo, adjetivo, plural, singular, a partir de determinado texto. Entretanto, alguns desses conceitos também são tratados na subseção Atividades de linguagem, conforme foi dito antes.

Quanto às sugestões sobre as formas de organização das interações em sala de aula, predominam propostas de atividades a serem realizadas individualmente. São observadas também algumas propostas de conversas do aluno com toda a turma; atividades em pequenos grupos e atividades em duplas ocorrem com menor freqüência. Embora o livro ressalte uma concepção de escrita como prática social, o que se constata é a predominância de propostas de práticas individualizadas, que não pressupõem interações entre os alunos para serem construídas.

Buscando compreender como se constituem as interações e práticas de letramento mediadas pelo LD, a seguir é analisado como esse recurso material foi utilizado na sala de aula, contrastando as ações propostas pelo LD com as ações desenvolvidas pelos participantes.

O LD na sala de aula

Como se constituem as interações e práticas de letramento nas aulas em que o LD foi utilizado? Como esse material estruturou as interações e práticas de letramento da turma? Como os participantes reconstruíram as atividades propostas pelo LD? Buscamos responder a essas perguntas por meio de diferentes níveis de análise. Num nível mais amplo, será feito um levantamento de todas as seções e atividades propostas pelo LD que foram referência para as interações e práticas de letramento nas aulas gravadas, contrastando as ações propostas com as ações desenvolvidas pelo grupo. Esses dados encontram-se mapeados nos dois primeiros quadros. Num nível mais refinado, focalizamos duas aulas em que o LD foi utilizado porque as julgamos representativas da forma como a professora e o grupo de alunos apropriaram-se das propostas do livro.

Seções e atividades do LD que foram referência nas aulas

As seções e atividades do livro que foram utilizadas nas aulas gravadas foram organizadas no quadro a seguir, que indica a cronologia de uso do LD nessa turma.

Quadro 15: Seções e atividades do LD usadas na turma da escola A

Mês	Data	Dia da semana	LD	Partes do livro utilizadas nas aulas
Fev.	5	Segunda	–	
	6	Terça	–	
	7	Quarta	–	
	8	Quinta	–	
	9	Sexta	–	
	12	Segunda	–	
	13	Terça	–	
	14	Quarta	–	
	15	Quinta	–	
	16	Sexta	–	
	19	Segunda	–	
	20	Terça	–	
	21	Quarta	X	**Carta de apresentação; Sumário; Unidade 1** – Música – Seção Produção de texto
	23	Sexta	–	
Mar.	2	Sexta	X	**Unidade 2** – As imagens – Abertura da unidade
	6	Terça	X	**Unidade 2** – As imagens – Seção Leitura, subseção Interpretação do texto
	8	Quinta	–	
	13	Terça	–	
	14	Quarta	–	
	16	Sexta	X	**Unidade 1** – Música – Seções Leitura e Interpretação do texto
	22	Quinta	–	
	27	Terça	X	**Unidade 3** – A escrita – Seções Leitura e Interpretação do texto
	30	Sexta	X	**Unidade 3** – A escrita – Seção Construindo a escrita, subseção Atividades de ortografia

Mês	Data	Dia da semana	LD	Partes do livro utilizadas nas aulas
Abr.	3	Terça	–	
	9	Segunda	X	**Unidade 3** – A escrita – Seção Produção de texto
	16	Segunda	–	
	24	Terça	–	
	25	Quarta	–	
Maio	2	Quarta	X	**Unidade 4** – Histórias de família – Seção Descobrindo a gramática. Quatro perguntas sobre o conceito de plural Produção de texto. Descobrir quais eram os brinquedos dos pais e avós
	7	Segunda	–	
	11	Sexta	–	
	15	Terça	X	**Unidade 5** – Nomes de gente – Seção Construindo a escrita, subseção Atividades de ortografia
	18	Sexta	X	**Unidade 5** – Nomes de gente – Seção Construindo a escrita, subseção Atividades de textualização
	24	Quinta	–	
	28	Segunda	X	**Unidade 6** – Minha turma de amigos – Seção de abertura da unidade, seção Leitura
Jun.	1	Sexta	X	**Unidade 6** – Minha turma de amigos – Seção Construindo a escrita
	4	Segunda	X	**Unidade 6** – Minha turma de amigos – Seção Construindo a escrita, subseção Atividades de ortografia
	20	Quarta	–	

A análise do quadro indica que, no primeiro semestre, das dezessete unidades do LD, seis delas foram referência efetiva para as práticas de letramento da turma. As aulas não foram filmadas diariamente, portanto há algumas partes de cada unidade que foram utilizadas, mas às quais não tivemos acesso. Os dados em vídeo indicam que, além das seis unidades, outras partes do livro serviram de referência para as práticas de letramento, como a Carta de apresentação da autora e o Sumário. Sobre essas partes não há nenhuma indicação no livro do aluno ou no manual do professor de que devem ser lidas e discutidas pelos alunos, o que indica que sua utilização foi uma decisão da própria professora, sem qualquer interferência do LD.

O quadro também apresenta indícios de que o uso do LD nessa turma não ocorreu de forma linear, considerando-se que a turma iniciou pela Carta de apresentação, o Sumário e o final da Unidade 1. A Unidade 2 foi utilizada de forma diferente, começando pela seção Abertura. Após o término dessa unidade, a turma voltou ao início da Unidade 1 para trabalhar as seções Leitura e Interpretação do texto. As unidades 3, 4, 5 e 6 foram usadas de acordo com a seqüência proposta pelo LD. Entretanto, isso não significa que foram trabalhadas linearmente. Os dados das três aulas em que a Unidade 6 foi utilizada indicam que a subseção Atividades de textualização e a seção Descobrindo a gramática não foram trabalhadas pelo grupo. Ou seja, a professora apropriou-se da seqüência proposta de forma seletiva, optando por usar algumas seções e outras não. Além disso, se considerarmos que o livro tem dezessete unidades e ao final do primeiro semestre apenas seis delas foram parcialmente utilizadas, pode-se pressupor que esse livro didático dificilmente será trabalhado integralmente nesse ano letivo, o que rompe com a proposta dos autores de livros didáticos, que os organizam para que sejam utilizados durante todo o ano letivo.

As seções mais trabalhadas nas aulas filmadas foram Construindo a escrita, que trata de questões de gramática e ortografia (cinco aulas, com predominância de aulas de ortografia) e a seção Leitura e Interpretação do texto (quatro aulas). O argumento da professora, numa conversa informal com a pesquisadora, era que, durante aquele ano letivo, iria utilizar o LD para a sistematização de conteúdos gramaticais, pois os alunos estavam concluindo o primeiro ciclo e ela julgava importante sistematizar esses aspectos da língua. Segundo ela, não poderia realizar tal sistematização sem o suporte do LD. No entanto, conforme se observa no quadro 17, o trabalho com as propostas de leitura e interpretação de textos foi predominante (quatro aulas), seguido pela ortografia (três aulas) e pela gramática (duas aulas).

Uma análise contrastiva entre as atividades propostas pelo LD e as ações da turma indica que, em todas as aulas, alunos e professora reconstruíram, de diferentes maneiras, as atividades do LD. Esse processo de reconstrução pode ser analisado a partir do agrupamento das atividades realizadas em três categorias: a) atividades propostas pelo LD, mas não realizadas pela turma; b) atividades realizadas pela turma e não previstas/propostas pelo LD; c) atividades realizadas pela turma conforme o previsto pelo LD.

Em todas as aulas, observamos a ocorrência desses três tipos de atividades pelos alunos, mas com ênfases diferenciadas. Uma análise geral dos dados em vídeo evidencia que, do conjunto de aulas em que o LD foi utilizado, na maioria a professora desconsiderou/ignorou várias atividades propostas. Das treze aulas, em apenas quatro – 9/04, 2/05, 18/05, 28/05 e 4/06 – todas as atividades converteram-se em ações realizadas pela turma. No entanto, em todas as aulas encontram-se atividades realizadas de acordo com a proposta do LD. Por último, destaca-se como mais significativo o conjunto de atividades realizadas pela turma, em todas as aulas filmadas, que não foram indicadas/previstas pelo LD, embora relacionadas a ele. Esses dados confirmam a hipótese de que o livro didático, nessa sala de aula, é usado como um recurso mediador das práticas de letramento construídas pelo grupo, práticas essas que reconstroem as propostas do livro, evidenciando aspectos da dialogia constitutiva da relação da professora e da turma com o material didático. Desse ponto de vista, o livro didático pode ser considerado um enunciado no sentido bakhtiniano, um "elo na cadeia de interação verbal" (Bakhtin, 1929, 1995) construída pelos sujeitos participantes do processo de interação e de construção das práticas de letramento. As análises do discurso produzido nas interações em aulas em que o LD foi utilizado, apresentadas na próxima seção, explicitarão aspectos da dialogia mencionada.

Na seqüência, será feita uma análise mais aprofundada dos dados do quadro, referentes às aulas dos dias 21 de fevereiro e 16 de março. A escolha dessas aulas deve-se ao fato de representarem a lógica de apropriação do LD pela professora e pela turma, pois contêm exemplos das três categorias apresentadas anteriormente. Ou seja, essas aulas mostram atividades propostas pelo livro que foram realizadas pela turma, atividades que não se converteram em ações realizadas pela turma, além de incluírem ações realizadas pela turma e não propostas pelo livro, evidenciando elementos da perspectiva de uso do livro didático nessa sala de aula. Essas aulas também serão analisadas no último bloco deste capítulo, relativo às interações discursivas na constituição das práticas de letramento por meio do LD.

Quadro 16: Primeiro dia de uso do LD – 21 de fevereiro

Atividades propostas pelo LD	Ações realizadas pela turma
Manual do professor:	
Mural para expor os textos dos alunos.	Lendo e discutindo a Carta de apresentação da autora e o sumário.
Cantar algumas músicas escritas pelos alunos.	Lendo oral e silenciosamente o texto sobre o carnaval.
Pedir aos alunos fitas ou CDs para ouvirem na sala.	Discutindo as fotos que ilustram o texto.
Fazer um concurso da música de que mais gostam.	Cantando várias músicas de carnaval.
Escrever no quadro a música preferida da turma.	Escutando músicas levadas pela professora.
Livro do aluno: Escrever uma música de carnaval.	Escrevendo uma música de carnaval.
Fazer um desenho sobre o carnaval da cidade de cada aluno.	

Contrastando os dados anteriores, percebemos que há um conjunto de atividades propostas pelo LD que não foram realizadas pela turma e outras que foram realizadas de maneira bastante diferente. A proposta principal do livro do aluno era a leitura do texto sobre o carnaval (embora não haja um enunciado que indique a leitura) e a escrita de uma música de carnaval. No manual do professor, essa proposta é ampliada, na medida em que são sugeridos a música e o canto como atividades complementares, tomando como referência as experiências dos próprios alunos. Por isso, é sugerido que os alunos levem CDs de músicas e que cantem as que escreveram. Entretanto, a forma como essas propostas são construídas na sala de aula altera-se significativamente. Dois textos são lidos e discutidos antes de a turma iniciar o trabalho com as atividades indicadas no livro, ao final da Unidade 1: a Carta de apresentação e o Sumário. Após a realização dessas práticas, a turma realiza a leitura silenciosa e oral do texto sobre o carnaval, sugerida pela professora. A discussão das ilustrações do texto ocorre em seguida e ocupa boa parte da aula, como veremos na análise das interações na próxima seção. Nessa discussão não há qualquer alusão direta ao texto lido. Outra alteração importante refere-se à participação dos alunos em diferentes músicas e marchinhas de carnaval, antes mesmo de escreverem as músicas de acordo com a proposta do livro. O livro sugeria que a professora pedisse aos alunos para levarem fitas ou CDs de músicas de carnaval para a sala de aula. Mas a professora altera essa proposta, e ela própria leva os CDs. A escrita das músicas de carnaval ocorre somente ao final da aula, evidenciando o lugar que a proposta do livro ocupou nessa aula. Não se constatou a exposição dos textos dos alunos no mural da sala de aula, mas não podemos afirmar que isso não tenha acontecido, em função dos limites de dados. Também não ocorreu o concurso com as músicas de que os alunos mais gostavam, assim como não foi escrita no quadro a música preferida deles.

Quadro 17: Analisando a vida e obra de Mozart – 16/3/2001

Atividades propostas pelo LD	Ações realizadas pela turma
Manual do professor: Levar músicas de Mozart para a classe ouvir ou pedir que os alunos tragam músicas de Mozart. **Livro do aluno:** Ler um texto sobre a vida de Mozart. Responder às perguntas: De que tipo de música você gosta? Diga o nome de uma música que você gosta de cantar. Você costuma ouvir música na sua casa? Que tipo de música você e sua família ouvem ou cantam?	Leitura silenciosa do texto sobre a vida de Mozart. Professora escolhe uma aluna para fazer leitura oral. Professora começa a discussão do texto, analisando o mapa que ilustra o texto. Professora anuncia o livro de literatura que será lido em seguida e mostra o livro aos alunos. Professora convoca os alunos para fazerem a rodinha, em que ocorrerá a leitura do livro. Após a leitura na rodinha, professora atende a pedido dos alunos e canta uma música de Mozart. Alunos escutam músicas do compositor levadas pela professora. Alguns dançam ao som da música.

Observa-se, pelo contraste das atividades propostas e das ações da turma, que a proposta foi reconstruída pelos participantes e alterada significativamente. Os alunos leram o texto sobre a vida de Mozart, mas as perguntas de interpretação foram completamente desconsideradas pela professora, que propõe a análise das ilustrações do texto, no caso o mapa-múndi. Além disso, a professora faz a leitura de um texto de literatura infantil sobre Mozart, não prevista nas orientações do manual nem no livro do aluno. As orientações do manual de levar para a sala de aula músicas do compositor foram seguidas, mas, evidentemente, a experiência da professora como cantora lírica permitiu

capítulo 4 • **167**

que o trabalho com a música fosse alterado. Ela cantou, a pedido dos alunos, uma composição de Mozart e levou seus próprios CDs para serem ouvidos em sala. Os alunos dançaram e divertiram-se bastante com essa experiência.

Dessa forma, podemos afirmar que as práticas de letramento analisadas reconstruíram as propostas do livro didático, ampliando e alterando a seqüência prevista no livro. As análises dos dados descritos indicam apenas o que foi realizado em termos dos tipos de práticas de letramento da turma, mas não evidenciam elementos suficientes para compreender com mais profundidade como esse processo ocorreu. Tal processo será evidenciado mais claramente por meio das análises do discurso produzido nas interações apresentadas na seção seguinte.

Interações e práticas de letramento mediadas pelo LD

Neste tópico, analisamos como as práticas de letramento da turma foram mediadas pelo LD. Do conjunto de treze aulas em que o LD foi utilizado, foram selecionadas duas que consideramos representativas, no sentido de evidenciarem os processos de reconstrução (e não simples reprodução) do LD pela professora e pela turma. A primeira aula corresponde ao primeiro dia de uso do LD, em que se puderam perceber elementos que indicam a visão de LD construída pelo grupo sob a mediação da professora, bem como as atividades propostas que se converteram em práticas de letramento diferentes daquelas indicadas no LD. Isto é, a professora propõe uma análise de outros textos do LD não previstos ou sugeridos para serem lidos e discutidos em sala de aula, como a Carta de apresentação da autora e o Sumário. A segunda aula também é um exemplo de como a professora amplia as práticas de letramento propostas pelo LD, reconstruindo com a turma as atividades propostas.

A) *"Abram na primeira página do nosso livro"*: primeiro dia de uso do LD

No dia 21 de fevereiro, a professora começou o trabalho com o livro didático. Os alunos sentaram-se em duplas, a professora coordenou os eventos iniciais. Após esses eventos, os alunos receberam os livros que estavam guardados no armário da professora. Percebeu-se, na análise, que a aula se constituiu de quatro eventos que ocorreram a partir da realização de várias atividades. A maior parte referiu-se às atividades de leitura e discussão coletiva das informações presentes nos textos propostos no livro, como se observa no mapa a seguir.

Quadro 18: Mapa de eventos do primeiro dia de uso do LD

Eventos	Linha de tempo[9]	Ações dos participantes
Rezando	00:00:04	Professora pede silêncio.
	00:00:22	Patrícia pede para ler a oração que Karina fez.
	00:00:26	Patrícia inicia a leitura.
	00:00:31	Professora pede silêncio novamente.
	00:00:39	Patrícia reinicia a leitura.
	00:01:38	A leitura da oração é concluída pela aluna.
Cantando	00:01:55	Dois estudantes preparam-se para cantar.
	00:02:18	Mais um estudante integra-se ao grupo; eles escolhem uma música.
	00:02:30	Os estudantes cantam uma música tradicional de carnaval.
	00:03:21	Final do evento.
Usando o LD	00:03:33	Professora pede ao ajudante do dia para entregar os livros didáticos aos colegas.

9. Nesse mapa, a linha de tempo não corresponde à hora-relógio, pois foi marcada pelo programa C-vídeo.

Eventos	Linha de tempo	Ações dos participantes
Usando o LD	00:06:01	Estudantes folheiam o livro, enquanto a professora guarda os cadernos de "para casa" no armário.
	00:07:51	Professora inicia a atividade e checa quem está sem o livro.
	00:09:07	Professora pede que os alunos abram na primeira página do livro.
	00:09:35	Professora e alunos identificam o título do livro.
	00:09:39	Professora e alunos identificam o autor.
	00:10:22	Professora indica leitura silenciosa da Carta de apresentação.
	00:13:11	Professora checa quem quer fazer a leitura em voz alta.
	00:13:19	Professora escolhe Larissa. Mais três alunos participam dessa atividade.
	00:15:23	Professora e alunos discutem a Carta de apresentação.
	00:16:35	Professora pede a identificação do sumário.
	00:17:11	Alunos checam quantas unidades tem o livro.
	00:18:31	Alunos lêem em voz alta o título da primeira unidade.
	00:18:54	Alunos fazem a leitura silenciosa do texto sobre o carnaval.
	00:20:49	Professora pede uma segunda leitura.
	00:23:58	Professora e alunos iniciam a discussão das ilustrações do texto: duas fotos sobre o carnaval.
	00:27:21	Professora lê o texto em voz alta.
	00:29:08	Professora pede que Mariana leia o texto em voz alta. Mais quatro alunos participam dessa atividade.
	00:32:09	Professora lê a atividade proposta pelo LD: escrever uma música de carnaval e compartilhar com os colegas.
	00:33:41	Professora pede aos alunos que cantem uma música de carnaval. Eles cantam um samba-enredo do carnaval de 2001.

Eventos	Linha de tempo	Ações dos participantes
Usando o LD	00:35:52	Mariana canta uma marchinha de carnaval.
	00:36:46	Professora e alunos cantam outra marchinha de carnaval e alguns deles fazem coreografias.
Escrevendo uma música de carnaval	00:42:40	Professora pede que os alunos escrevam uma música de carnaval.
	00:45:24	Os alunos iniciam a escrita. Eles cantam, alguns dançam e ouvem músicas que a professora levou para a classe.
	01:07:55	Alguns alunos sinalizam que concluíram a atividade.
Merenda	01:12:02	Alunos em fila indo para a cantina.

A análise do mapa de eventos antecipa elementos importantes relacionados ao processo de interação com o livro didático. Vê-se que a maior parte das interações nessa aula é mediada pela leitura de textos do livro. A principal atividade proposta pelo livro é a escrita de uma música de carnaval que os alunos conhecem. Embora se apresente um texto informativo sobre o carnaval (que encerra a primeira unidade), não há indicações de que deva ser lido nem como deve ser lido. No entanto, antes de propor a atividade de escrita da música, várias ações da professora indicam a reconstrução da proposta do livro, ampliando-a e diversificando-a. A professora sugere a leitura de outros textos e a realização de outras atividades, consideradas significativas para o primeiro contato dos alunos com o livro didático, que incluem a identificação do título, da autora, a Carta de apresentação da autora dirigida aos alunos e a leitura do Sumário. Com isso, ela possibilita aos alunos uma oportunidade para que eles construam um conceito mais abrangente de LD.

As atividades de leitura não diferem das atividades convencionais que ocorrem em qualquer turma de alunos do primeiro ciclo: leitura oral dos alunos; leitura oral da professora; leitura silenciosa dos alunos, conforme também foi constatado por Albuquerque (2002) e Araújo (1999). A professora combina dois procedimentos de leitura – oral e silenciosa – para os textos da Carta de apresentação e o texto sobre o carnaval. A análise do conjunto dos dados evidencia que essa estratégia constitui uma regularidade na estruturação da aula, como foi dito anteriormente.

O evento analisado foi dividido em seis seqüências discursivas, conforme mapeamento a seguir:

Quadro 19: Seqüências discursivas extraídas do evento "Usando o LD"

Seqüência	Título	Turnos
1	Lendo a primeira página do livro.	1 a 4
2	Lendo a Carta de apresentação.	5 a 43
3	Lendo e discutindo o Sumário.	44 a 60
4	Lendo o texto e analisando as ilustrações.	61 a 132
5	Cantando músicas de carnaval.	133 a 158
6	Escrevendo músicas de carnaval.	159 a 162

A transcrição é constituída de 162 turnos de fala, correspondentes a 43 minutos da aula. Do total de turnos, 64 correspondem a intervenções da professora e 98 a intervenções dos alunos. Aproximadamente 65% da turma (17) fazem intervenções, sendo que alguns alunos intervêm mais de uma vez.

As análises foram focalizadas nas seqüências 4 e 6, em que a professora desenvolve a atividade proposta pelo LD. As seqüências anteriores serão brevemente descritas, apenas como um recurso de contextualização.

Na primeira seqüência, a professora evidencia o contato inicial dos alunos com o livro. Eles folheiam o material enquanto conversam simultaneamente, demonstrando curiosidade e envolvimento com a novidade. A professora faz as primeiras demandas aos alunos, indicando que o trabalho vai começar pela primeira página: "Abram na primeira página do nosso livro. Assim, ó. (+) Como é que chama o nosso livro?" (turno 1). Suas perguntas buscam orientar os alunos na localização de certas informações no livro. Ela demanda a identificação do título do livro e do autor. Eles respondem prontamente, localizando as informações sem maiores dificuldades.

Na seqüência 2 (turnos 5 a 43), o foco discursivo é a Carta de apresentação da autora. No turno 5, a professora nomeia o tipo de texto – Carta de apresentação –, situa os alunos como interlocutores/destinatários do texto e solicita uma leitura silenciosa. "Essa aí, gente, é a apresentação do livro. É uma cartinha da autora pra vocês. Então leiam a cartinha dela silenciosamente" (turno 5).

Ainda nesse turno, ela chama a atenção da disciplina da turma, usando dois marcadores discursivos: psiu e pronto: "Pssiiu! Pronto! Não é hora de discutir isso não, Naiara!". Este último é utilizado de forma intensa em todos os eventos que ocorrem na sala de aula. É a principal estratégia discursiva utilizada pela professora para controlar a disciplina do grupo. No turno 11, ela solicita a leitura oral: "Quem quer ler pra nós?".

A participação dos alunos ocorre, preferencialmente, por meio da leitura oral do texto, em que cada aluno indicado lê um parágrafo. As intervenções da professora são para coordenar a leitura oral, indicando os alunos que deverão ler e avaliando o desempenho de alguns deles: "Continua, Lidiane. É, Dóris, olha o acento no O".

Ainda nessa seqüência, a professora refere-se aos "combinados" da turma ao chamar a atenção dos alunos que pedem para ler, mas não levantam a mão: "Sem falar. Tem que levantar a mão, como nós combinamos!" (turno 13). Ela condiciona a participação dos alunos ao cumprimento dessa regra, discutida nos anos anteriores e retomada várias vezes nas aulas gravadas. Em seu discurso, usa o dêitico de pessoa *nós*, que é ao mesmo tempo *não-inclusivo*, no sentido atribuído por Ducrot (1987, apud Rojo, 2001), e *inclusivo*. É inclusivo no sentido de que os combinados foram discutidos entre a professora e os alunos, e não-inclusivo na medida em que a professora não é incluída na ação, porque ocupa um lugar enunciativo assimétrico em relação ao lugar ocupado pelos alunos, isto é, a prática de levantar a mão para falar é exercida apenas por eles.

Na discussão da Carta de apresentação, percebe-se que a dinâmica discursiva é sensivelmente alterada em sua estrutura. Diferentemente do que ocorre na leitura do texto, em que os alunos se limitam a cumprir uma demanda da professora, nesse trecho os alunos participam, respondendo às perguntas dela, avaliando a competência de colegas, introduzindo questões não previstas por ela. As perguntas da professora caracterizam-se, prioritariamente, como perguntas que buscam verificar os significados que os alunos atribuem a certos termos usados no texto. A estrutura do diálogo não é triádica, do tipo IRA (Mehan, 1979), pois geralmente os *feedbacks* da professora dão prosseguimento à interação, gerando cadeias interativas (Mortimer e Scott, 2002).

No turno 27, um aluno pergunta o que significa ser autora, e a professora não ouve ou ignora sua pergunta: "Mara, que que é autora?" Trata-se de uma pergunta importante porque se refere a um dos aspectos do gênero do discurso carta: a assinatura do autor do texto e o endereçamento a um interlocutor. A estratégia da professora parece privilegiar mais a fluência da leitura da carta do que o esclarecimento das condições de produção do gênero carta (quem é o destinatário, nesse caso), que daria um sentido discursivo ao texto dirigido aos alunos.

A seqüência 3 (turnos 44 a 60) é dedicada à exploração do conceito de sumário. Inicia-se pelas perguntas objetivas da professora: "O que que é sumário mesmo?" e "Quem lembra o que é sumário?", ao demandar sua localização no livro. A discussão é coordenada pela professora e a resposta à questão é elaborada no diálogo com Mariana, voz legitimada pela professora para iniciar a discussão do conceito:

"Deixa a Mariana falar". Mariana inicia a discussão: "Sumário é o mesmo que as coisas que vão ter dentro do livro, os capítulos". Não satisfeita com a resposta da aluna, a professora continua: "E como é que chama isso? Quem lembra o nome?" Os alunos respondem com a palavra índice e atendem às expectativas de resposta da professora.

O desenvolvimento da atividade proposta pelo LD inicia-se somente na seqüência 4 (turnos 61 a 132), que se refere à leitura e discussão do texto sobre o carnaval, apresentado a seguir:

Figura 3

Os alunos lêem o título do texto, "Carnaval: a maior festa popular do Brasil". A professora introduz a discussão, situando-os sobre o estudo do tema carnaval: "Nós vamos estudar isso agora. Então, por que a gente tá estudando carnaval no Brasil?" Analisando esse enunciado, nota-se que o verbo *estudar* aparece somente nesse momento, em que se inicia a atividade proposta pelo livro. O que a professora considera atividade de estudo? É possível que relacione atividade de estudo com algum tema ou conteúdo que pertença à tradição escolar. O estudo das festas populares, entre elas o carnaval, sempre aparece, de forma explícita, nos programas curriculares do primeiro ciclo do ensino fundamental. O livro didático é um dos recursos utilizados que materializam essa tradição. Além disso, quando a professora enuncia "nós vamos estudar isso agora", podemos inferir que o significado do pronome "nós", nesse caso, é semelhante ao significado atribuído quando a professora relembrou os combinados na seqüência 1 (turno 13). Pensamos que, nesse caso, a professora usa uma estratégia de simetrização da relação com os alunos, colocando-se como alguém que vai participar da construção da ação, embora de um lugar social distinto, inerente à sua posição na instituição escolar.

Aos poucos, os alunos vão informando que terminaram de ler, mas a professora demanda uma segunda leitura, argumentando que: "Esse é pra ler duas vezes porque tem que prestar bastante atenção." Esse comentário não ocorreu na atividade de leitura da Carta de apresentação, o que leva a supor que a solicitação de duas leituras e a advertência de que é para prestar bastante atenção indicam que a leitura desse texto tem função diferente: é uma leitura com o objetivo de estudo.

No turno 82, a professora anuncia que fará uma leitura do texto, mas, antes, demanda uma discussão sobre as ilustrações. Analisando as ilustrações, o grupo antecipa aspectos do conteúdo do texto. O fragmento a seguir, extraído da seqüência 4, evidencia aspectos da dinâmica discursiva da aula.

Quadro 20: Discutindo as ilustrações do texto

Turnos	Participantes	Discurso	Aspectos extralingüísticos/comentários da pesquisadora
82	Professora	Pronto? Oh, eu vou ler uma vez. Iago! Eu vou ler uma vez, vocês vão acompanhar. Já, Patrícia? (+). Eu quero saber, antes de eu ler: que roupa que é essa aí, a primeira que tá em cima toda colorida? É roupa de quê?	
83	Alunos	Carnaval.	
84	Professora	Mas de onde é essa roupa?	
85	Robert	Rio de Janeiro.	
86	Professora	Como é que você sabe?	
87	Robert	Eu li aqui.	
88	Professora	Ah! Mais o que que tem no carnaval do Rio de Janeiro?	
89	Aluno	Cavalo.	
90	Professora	Hã? Cavalo? Não (+).	
91	Aluno	Muita gente...	
92	Alunos	(incompreensível)	
93	Professora	O que que é isso aqui, esses cavalos? Que que é isso?	
94	Alunos	(incompreensível)	
95	Professora	Levanta o dedo! (+) Isso aqui é uma escola de (+).	
96	Alunos	Samba.	
97	Professora	Uma escola de samba que tá desfilando lá no sambódromo.	
98	Robert	Arquibancada (incompreensível).	
99	Professora	E aqui tem arquibancada, as pessoas assistindo, esse tanto de gente assistindo e dançando.	

Turnos	Participantes	Discurso	Aspectos extralingüísticos/comentários da pesquisadora
100	Marcos	Mara, no carnaval de 2001, eu fiquei dançando lá na minha cama.	A professora ignora o comentário de Marcos.
101	Professora	E essa roupa preto e branco de baixo, hein? O que que é?	
102	Mariana	Carnaval antigo.	
103	Professora	Carnaval à moda antiga. Antigamente, como era o carnaval? Tinha gente fantasiada?	
104	Alunos	Não!!!	
105	Professora	NÃO?	
106	Alunos	Tem.	
107	Professora	É o carnaval (incompreensível).	
108	Robert	Num carro.	Muito alunos falam ao mesmo tempo; o barulho da sala é muito alto.
109	Professora	Num carro, né? Um carro antigo.	
110	Robert	Mara, dá pra ver o ano!	
111	Professora	Ah, é! Dá pra ver o ano. Que ano é essa foto? Aline achou.	
112	Mariana	1917.	
113	Professora	17, 17.	
114	Marcos	Credo, Mara, era feio!	
115	Professora	É porque a foto é preto e branco, né? Na época não existia foto colorida, né?	
116	Marcos	Eu sei, mas só que é feia!	
117	Professora	Ah, não é não, Marcos. Tinha muita gente, carruagem (+). O que é carruagem?	
118	Mariana	É o carro à moda antiga.	

A participação dos alunos ocorre de diferentes formas: respondendo a perguntas da professora, introduzindo comentários de sua experiência pessoal com o carnaval (turno 100), acrescentando informações (turno 110), avaliando as fotos (turnos 116 e 118). A professora, por outro lado, pergunta para verificar as interpretações que os alunos fizeram da leitura das imagens (quase todos os turnos), chama a atenção para regras disciplinares (turno 95).

A maior parte dos turnos de fala dos alunos tem a função de responder às perguntas colocadas pela professora, a qual, por sua vez, na maioria dos casos, não avalia simplesmente as falas dos alunos, mas acrescenta aspectos que propiciam a continuidade da conversa. A situação discursiva é diferente da rodinha analisada no Capítulo 4, pois o objeto de discussão não são as experiências dos alunos, mas as ilustrações de um texto do LD. Apesar disso, aqui também podem ser observadas algumas características identificadas lá. Há, por exemplo, muitas situações em que a professora não avalia explicitamente a resposta do aluno ou em que intervém não para fechar uma tríade, mas para dar prosseguimento à conversa. Nesse sentido, aqui também o padrão triádico não predomina, pois ocorrem cadeias discursivas (Mortimer e Scott, 2003) ou seqüências estendidas de interação (Mehan, 1979), como já se constatou nas seqüências analisadas anteriormente.

Há também situações em que os alunos iniciam. Nos turnos 100, 114 e 116, Marcos inicia comentando sua experiência pessoal com o carnaval no turno 100 e explicitando sua avaliação das fotos de carnaval do início do século XX. A professora ignora o primeiro comentário, possivelmente avaliando que naquele momento não cabe introduzir comentários sobre experiência pessoal. Os dois últimos comentários de Marcos são discutidos pela professora, que discorda da avaliação do aluno (turno 117). No turno 115, ela tenta justificar por que a foto tem aquela aparência: "na época não existia foto colorida", mas parece não convencer o aluno.

A professora estabelece o diálogo com os alunos em torno das ilustrações do texto, permitindo que eles se posicionem e explicitem suas interpretações. A perspectiva enunciativa novamente demonstra a tensão entre discurso de autoridade e internamente persuasivo. Embora a professora contemple a iniciação de Marcos, esse fato não tem maiores conseqüências para o desenvolvimento da aula, que permanece centrada na discussão das ilustrações do texto. No entanto, os alunos têm espaço para se posicionar e manifestar suas interpretações.

A seqüência continua com a leitura da professora, que a faz num clima de dispersão de boa parte dos alunos. Isso é evidente na forma como ela chama a atenção de dois deles: "Jamile, Iago, eu vou ter que interromper a leitura?" (turno 121). Por último, acontece a leitura oral dos alunos, usando a mesma estratégia empregada na leitura da carta de apresentação: cada aluno lê um parágrafo, conforme indicação da professora. Ao final, ela faz uma avaliação positiva do desempenho dos alunos na leitura e conversa com alunos inconformados por não terem sido escolhidos para fazer a leitura oral (turno 131) "Gente, quem pediu pra ler, parabéns! Tá lendo muito bem. Da outra vez também, viu? Da próxima vez você lê, tá? Tem gente que eu queria que lesse pra eu ver".

Aline, inconformada por não ter lido, tenta questionar a postura da professora, apoiando-se numa regra à qual ela sempre recorre quando quer organizar as interações: levantar a mão para falar ou participar. "Eu levantei o dedo". Na visão da aluna, essa regra foi descumprida porque ela levantou a mão e não foi escolhida. Isso evidencia uma participação real dos alunos nessa sala de aula, na medida em que eles conseguem se posicionar diante do que foi estabelecido, tentando questionar posturas da professora.

A seqüência 5 (turnos 133 a 158) é iniciada com a pergunta do livro didático: "Você conhece músicas de carnaval?" A professora retoma a voz do livro didático como referência para dar continuidade ao desenvolvimento da atividade, mas a dinâmica instituída revela a distância entre o que o livro propõe e o que realmente ocorre no desenvolvimento da atividade.

A professora, por possuir uma formação musical apurada, incentiva o canto de marchinhas antigas, numa preocupação clara com o resgate de uma cultura já esquecida nos currículos escolares. Mais do que escrever ou reproduzir uma música de carnaval, tal como o LD propõe, ela aproveita para que os alunos possam exercitar o canto de forma descontraída. Em nenhum momento chama a atenção para a disciplina deles enquanto cantam, pois não ocorrem situações que demandem intervenções disciplinares, o que evidencia o envolvimento do grupo com a atividade. Percebe-se que, se dependesse dos alunos, a aula seria encerrada naquela atividade. Mas a professora interrompe e, finalmente, apresenta a proposta do livro: escrever uma música de carnaval e fazer um desenho ilustrando o carnaval da cidade. "Peguem uma folha de papel, escrevam uma música de carnaval. Façam um desenho para mostrar como é o carnaval na sua cidade. Então, vocês vão deixar um espaço na folha para o desenho. Eu vou pregar tudo na parede." É interessante notar que a discussão do texto informativo foi feita por meio das ilustrações, e os alunos recorreram a algumas informações do texto para estabelecer as análises.

Foram feitas duas leituras silenciosas, uma leitura oral da professora e uma leitura oral dos alunos. Por que a professora não propôs a discussão do texto por meio do próprio texto? Nossa hipótese é a de que o texto não acrescenta novas informações se for lido após a discussão e a análise das ilustrações. Ao fazer um levantamento das observações dos alunos sobre as ilustrações, percebe-se que todas as informações veiculadas no texto foram tratadas. Isso nos coloca uma questão em relação à qualidade das informações veiculadas no texto e à própria textualidade. O texto apenas descreve as ilustrações. Foi elaborado pela própria autora, o que evidencia o caráter escolar desse material. Ou seja, é um texto que circula apenas no espaço escolar, confirmando, assim, um dos aspectos do letramento escolar: contato, discussão e análise de materiais produzidos nesse contexto ou para esse contexto. No próximo tópico, será analisada a última seqüência (6) que concretiza a proposta do livro didático: escrever uma música de carnaval.

- **(Re)escrevendo músicas de carnaval: uma análise dos condicionantes da produção**

Esta última seqüência trata da realização da atividade proposta no livro. Os alunos deveriam "escrever" uma música de carnaval e fazer um desenho. Esse momento também é marcado pela música. A professora levou para a aula diversas músicas de carnaval, que foram reproduzidas em volume baixo enquanto os alunos escreviam. Eles estavam sentados em duplas, mas cada um escreveu seu texto. Houve duplas que interagiram muito, outras não.

Analisando a fala da professora no turno 158, podemos ver a distância entre o que ela fala e o enunciado do livro. Ela contextualiza a atividade, remetendo às experiências de cada aluno com músicas de carnaval: "Gente, existem muitas músicas de carnaval, todo mundo sabe uma..." Por outro lado, no turno 160, ela aponta a própria turma como interlocutora dos textos que serão escritos, seguindo a orientação do livro. Essa preocupação com o leitor ou destinatário dos textos produzidos pelos alunos é recente nas práticas escolares de letramento e evidencia tentativas de se concretizar uma concepção de língua que pressupõe a interação entre sujeitos situados num tempo e num espaço determinados. No entanto, observa-se que os textos são expostos, mas não são efetivamente lidos e discutidos pela turma, exceto em alguns momentos de correção coletiva no quadro-de-giz.

O último enunciado dessa seqüência revela um dos aspectos constitutivos da cultura escolar: a expectativa de correção e avaliação das produções dos alunos. A pergunta da aluna – "Mara, depois você vai corrigir?" – indica que os alunos apropriam-se não somente dos conceitos relativos à língua, mas também de aspectos inerentes à cultura escolar, geralmente implícitos, pouco perceptíveis para o próprio professor, nesse caso, a avaliação. A professora responde afirmando que vai corrigir, explicitando um dos objetivos dessa produção de textos.

Foram analisadas algumas das produções dos alunos ao (re)escreverem as músicas de carnaval. Foram selecionados dois textos que representam as músicas preferidas dos alunos e indicam os aspectos mais recorrentes na produção deles, que caracterizam o letramento escolar. Todas as músicas (re)escritas são marchinhas de carnaval bastante conhecidas da turma, cantadas na aula, e certamente aprendidas pela mediação da professora. Buscaremos analisar alguns dos aspectos discursivos dessa produção escrita, no sentido de identificar marcas das condições de produção dos textos, sob a mesma orientação. Também procuraremos identificar alguns aspectos que evidenciam como se constitui a dialogia (Bakhtin, 1992) no processo de produção de textos na escola. Partimos do princípio de que os textos produzidos pelos alunos são o produto de um sujeito que espera um diálogo com seu interlocutor – o professor, na maioria das vezes – e que usará de diferentes estratégias para envolver esse interlocutor. Dessa forma, cabe perguntar: qual o objetivo de produzir textos na escola?

Discutindo as práticas de produção de textos, Evangelista et al. (1998) apontam que o professor, ao avaliar os textos dos alunos, procura constituir-se como um leitor desses textos, dialogando com eles, buscando uma atitude de compreensão ou uma atitude responsiva, como diria Bakhtin (1979, 1992). Para compreender um texto, é necessário entender os aspectos relacionados à sua discursividade, ou seja, considerar que o texto é "um conjunto de relações significativas, produzidas por um sujeito, marcado pela sua condição de existência histórica e social, pela sua inserção em determinado mundo cultural e simbólico" (Leal, 2003). Ao discutir o processo de produção de textos, Geraldi (1995) aponta um conjunto de condições que são consideradas nessa produção. É preciso que o autor: 1) tenha o que dizer; 2) tenha uma razão para dizer o que tem a dizer; 3) tenha para quem dizer o que tem a dizer; 4) o locutor se constitua como tal, como sujeito que diz o que diz; 5) escolha as estratégias para realizar as condições anteriores.

As condições de produção da (re)escrita da música de carnaval, observadas nos dados em vídeo e evidenciadas nas análises anteriores, foram as seguintes:

- As orientações foram baseadas na proposta do livro didático.
- A orientação da professora foi: "Peguem uma folha de papel, escrevam uma música de carnaval. Façam um desenho para mostrar como é o carnaval na sua cidade. Então, vocês vão deixar um espaço na folha para o desenho. Eu vou pregar tudo na parede."

Texto 1

[PIRATA] ROBERT.
U SOU UM PIRATA DÁ PERNA DE PAU
OO OLHO DE DEVIDRO DA CARA DE
MAU.

Lindo demais!

- Os alunos escreveram para afixar seus textos na parede, indicando que seriam lidos pela turma e pela professora.
- A professora explicita que os textos serão corrigidos.

Nesse texto estão explicitadas algumas das marcas do letramento escolar características da produção de textos na escola: o título sublinhado, a identificação do aluno e o texto separado do desenho por um traço. O aluno reescreveu uma das músicas cantadas na aula e ouvidas nos CDs da professora durante a escrita dos textos. A proposta incluía um desenho do carnaval da cidade dos alunos, mas a maior parte deles desenhou aspectos da própria música, como é costume em produções escritas na escola: ilustrar os textos trabalhados. Os alunos parecem usar o desenho para explicar o texto, ampliar as informações do texto, tendo em vista seus leitores, nesse caso, a professora e os colegas.

Além desses aspectos, percebem-se as marcas da avaliação do professor no texto do aluno. A avaliação por meio do elogio "Lindo demais!" caracteriza um dos aspectos da produção de textos na escola. Ao que parece, essa avaliação é apenas do desenho, não incluindo a produção escrita do aluno. Trata-se de uma apreciação que não incide sobre os aspectos lingüísticos e discursivos do texto, o que compromete um diálogo efetivo com o texto do aluno, tendo em vista a sua refacção. O texto é tratado como um produto pronto, acabado. O aluno espera uma atitude responsiva (Bakhtin, 1992) do outro – o professor –, mas essa avaliação do professor acaba afastando as possibilidades de diálogo com o texto do aluno. Diferentes alunos reescreveram essa mesma música de diferentes maneiras, definiram diferentes títulos (como, por exemplo, Pirata, Pirata da perna de pau) e ilustraram de diferentes formas. Essa poderia ser uma oportunidade de discutir essa diversidade constitutiva das produções e compará-las com a versão original da música. Mas a interlocução da professora com o texto de Robert foi apenas por meio do elogio do desenho. Em outros textos, ela dá um retorno quanto aos aspectos ortográficos, como se pode ver a seguir.

Texto 2

Lidiane apropriou-se da proposta da professora de forma bastante singular. Primeiro, ela escreveu duas músicas e não apenas uma, como havia sido proposto. A primeira, também escrita por Robert, apresenta diferenças não apenas em relação ao título – Pirata da perna de pau –, como também em relação à letra da música, em que ela substitui *nariz de pau* por *nariz de pica-pau*. Outros textos também apresentam essa alteração. As músicas são separadas pelo título, que é sublinhado. A segunda música também foi cantada na aula. Lidiane (re)escreve a música, faltando a parte final, e repete várias vezes a mesma parte da letra. O nome da aluna aparece em destaque no final dos textos, separados dos desenhos por um traço. O desenho de Lidiane relacionado à segunda música apresenta características específicas, pois a aluna constrói um diálogo entre os personagens que ela criou – ao que parece são mãe e filha –, evidenciando a forma como interpretou a música, criando um novo texto – um diálogo. O texto escrito em balões evidencia o conhecimento que a aluna tem do gênero história em quadrinhos, com o qual os alunos têm muito contato em sala de aula por meio da caixa de revistas, embora não se tenha presenciado, na sala de aula, qualquer discussão sistemática desse gênero textual.

Logo acima do desenho da primeira música, separadas por um traço, estão as evidências da avaliação da professora. Ela escreveu três palavras – perna, pica-pau, me – que a aluna deveria identificar em seu texto e reescrever corretamente. Essa postura avaliativa foi identificada em todos os textos que apresentaram erros de ortografia, exceto no texto 1 discutido anteriormente. Observamos que a aluna corrigiu a palavra *pica-pau*, incluiu a letra r na palavra *perna* e corrigiu apenas uma das ocorrências da palavra *mim*, que deveria ser substituída pela palavra *me*. Constata-se que o retorno da professora foi parcial não apenas em relação à ortografia, mas também no fato de focalizar apenas esses aspectos, a partir de uma postura avaliativa que não implicou um diálogo com o texto da aluna. A professora apenas apontou os erros, sem discuti-los, sem possibilitar que a aluna reconstruísse seu texto. Desse modo, o texto foi tratado como um produto pronto, acabado, não como um processo de construção, que para ser realizado necessita de uma atitude responsiva e dialógica do professor-leitor.

A seguir, é analisada a segunda aula mediada pelo livro didático, identificando-se aspectos constitutivos da dialogia em sala de aula, materializada nas interações discursivas entre professora e alunos quando o livro didático é utilizado. Tanto a primeira aula analisada quanto a que será analisada a seguir são representativas do conjunto de aulas em que a professora expande e amplia a proposta do livro didático, reconstruindo-a a partir de dispositivos inerentes ao seu "saber-fazer".

B) *Estudando a vida de Mozart*

Figura 4

O evento analisado neste tópico ocorreu em 16 de março, quase um mês após o início do trabalho com o livro didático. No entanto, essa aula retoma a Unidade 1 do livro, seções Leitura e Interpretação do texto. Nesse ínterim, foi trabalhada com os alunos a Unidade 2, intitulada Imagens. A análise dessa aula pretende enfocar aspectos da dinâmica discursiva e interativa na constituição das práticas de letramento da turma ao fazer uso do livro didático. A filmagem começa com os alunos já sentados em pequenos grupos, com o livro didático em mãos. São 81 minutos de gravação, organizados em quatro eventos, como se observa no mapa a seguir.

Quadro 21: "Tudo que vocês vão ver aqui é de faz-de-conta, mas o Mozart é de verdade"

Eventos	Tempo gasto em minutos	Linha de tempo[10]	Ações dos participantes	Aspectos não-verbais/ comentários da pesquisadora
Lendo e discutindo a vida de Mozart	09	00:00:10	Professora indica as páginas do livro a serem lidas.	Enquanto isso, os alunos devolvem os livros de literatura emprestados da biblioteca.
		00:03:32	Professora relembra o texto lido na aula anterior.	Espera os alunos fazerem silêncio.
		00:04:54	Professora indica a leitura silenciosa do texto sobre a vida de Mozart.	
		00:06:57	Professora pergunta quem quer fazer a leitura oral. Karina é escolhida.	Muitos alunos levantam a mão.
		00:09:04	Karina termina a leitura. Inicia-se a discussão do texto pela análise do mapa que ilustra o texto.	
Lendo um livro literário sobre Mozart	13	00:12:14	Termina a discussão. Professora anuncia o livro de literatura que será lido em seguida.	Mostra o livro aos alunos.
		00:13:14	Professora convoca os alunos a fazerem a rodinha, em que ocorrerá a leitura do livro.	Eles demoram a se organizar na rodinha.
		00:15:11	Professor lê os aspectos paratextuais do livro.	
			Leitura oral da professora, entremeada de observações dos alunos e dela própria.	

10. Nesse mapa, a linha de tempo não corresponde à hora-relógio, pois foi marcada pelo programa C-vídeo.

Eventos	Tempo gasto em minutos	Linha de tempo	Ações dos participantes	Aspectos não-verbais/ comentários da pesquisadora
Merenda	20		Intervalo para merenda.	
		00:45:24	De volta à sala, retomada da leitura.	Alunos demoram muito a se reorganizar na rodinha. Muitos se sentam nas mesas.
	21	00:66:01	Término da leitura.	
Ouvindo músicas de Mozart		00:68:06	Professora apresenta CDs aos alunos e fala sobre a obra de Mozart.	
		00:71:03	Professora canta um trecho de uma ópera de Mozart, a pedido dos alunos.	
	27	00:81:03	Alunos ouvem músicas de Mozart.	Enquanto ouvem, dançam uns com os outros.
			Recreio.	

A análise do mapa de eventos evidencia alguns elementos das ações da turma nessa aula. Observa-se que as ações foram realizadas a partir do livro didático, mas as atividades desenvolvidas não correspondem, efetivamente, ao que foi proposto pelo material. O livro sugere como atividade a leitura de um texto sobre Mozart e a discussão das seguintes perguntas: 1. Diga o nome de uma música que você gosta de cantar. 2. Você costuma ouvir música na sua casa? Que tipo de música você e sua família ouvem ou cantam? No livro do professor, há a sugestão de que ele peça aos alunos ou leve para a turma CDs de músicas do compositor para serem ouvidas em classe. No entanto, o que ocorreu na aula ultrapassou a proposta do livro, na medida em que outros recursos pedagógicos foram utilizados pela professora, tais como o livro de literatura e sua participação como cantora. Observando o tempo gasto em cada evento, percebe-se que, dos 81 minutos de gravação, apenas 11 foram gastos com o uso do LD. O restante da aula (descontado o tempo de 20 minutos para a merenda) girou em torno da leitura do livro de literatura e das atividades de canto e de escuta de músicas do compositor.

É visível a diversidade das formas de uso do espaço da sala de aula e, conseqüentemente, das formas de interação ocorridas nessa aula. Os alunos iniciaram a aula organizados em pequenos grupos. A leitura do livro de literatura é feita na rodinha, no espaço da frente da sala. A forma de interação deles muda sensivelmente, na medida em que o objetivo daquela forma de organização é sentar no chão para ouvir, de forma descontraída, a leitura da professora. Após o intervalo da merenda, a rodinha perde a centralidade, e muitos alunos continuam ouvindo a leitura sentados em suas mesas. Com o término da leitura, todos voltam aos pequenos grupos para ouvir as músicas de Mozart e o canto da professora. Ao ouvirem as músicas, muitos se levantam de suas mesas e começam a dançar sozinhos, alguns em duplas. Essa diversidade de ações evidencia a imprevisibilidade das formas de organização das interações na constituição de uma aula nessa turma. Nenhuma dessas formas de organização foi prevista e/ou proposta pelo livro didático nem anunciada pela professora. Elas refletem expectativas já construídas pela turma nos dois anos de convivência: como construir coletivamente os usos do espaço para realizar as atividades propostas pela professora (Green e Wallat, 1981).

O mapa de eventos confirma aspectos regulares da dinâmica do trabalho com a leitura, já discutidos anteriormente. As atividades de leitura, nessa aula, priorizam dois procedimentos: leitura silenciosa e leitura oral, quase sempre realizadas nessa seqüência, como mostrado na aula de 21 de fevereiro.

A seguir é analisado um trecho da seqüência discursiva em que a leitura do texto do livro didático ocorreu. Essa seqüência ajuda a aprofundar a compreensão de como as interações e práticas de letramento são constituídas em torno do livro didático. A seqüência inicia-se quando os alunos terminam de fazer a leitura silenciosa do texto e se preparam para a leitura oral.

Quadro 22: Discutindo sobre a vida de Mozart

Turnos	Participantes	Discurso	Aspectos extralingüísticos/comentários da pesquisadora
30	Alunos	Acabei! Acabei! Pronto, Mara!	
31	Professora	Pronto, pronto! Quem quer ler?	Muitos alunos levantam a mão.
32	Aluna	Começa daqui.	Refere-se à direção que a professora deve seguir para escolher os alunos que vão ler.
33	Professora	Ah! Hoje é daqui, né? Então Karina lê pra nós depois.	Refere-se ao grupo do canto direito da sala. É uma regra instituída nos anos anteriores.
34	Karina	A número 1?	
35	Professora	Número 1.	
36	Karina	Você sabe quem foi Amadeu Mozart? Leia um pouco sobre a vida dele. Mozart nasceu (…)	Os colegas não escutam, a professora pede silêncio.
37	Professora	Peraí, gente! Não tô escutando a Karina. Pode ler mais alto um pouquinho? (incompreensível.) Vai.	
38	Karina	Mozart nasceu em Salzburgo, na AusTRIA, em (…)	
39	Professora	ÁUStria. Mil setecentos (+)	Corrige a pronúncia da aluna e lê a data.
40	Karina	Cinqüenta e seis.	
41	Professora	Isso!	
42	Karina	Ele foi um dos maiores compositores do mundo. Desde os três anos de idade começou a aprender música com o pai dele. Ele compôs a sua primeira música aos seis anos de idade. Criou mais de quinhentas músicas, que até hoje encantam as pessoas do mundo todo.	

Turnos	Participantes	Discurso	Aspectos extralingüísticos/comentários da pesquisadora
43	Professora	Isso! Muito bem! Oh, gente, então Mozart nasceu em Salzburg, lá na Áustria. Olha no mapa aí. Tá vendo o Brasil em vermelho aí?	Refere-se à ilustração do texto.
44	Aluno	Estou!	
45	Professora	Não, porque o mapa é pequeno. Acha a Áustria, gente. Tá de vermelho, lá bem pequenininho, lá na ponta.	
46	Alunos	Aqui! Aqui!	
47	Professora	Hã, hã. É lá que o Mozart nasceu, na cidade chamada Salzburg, né, Karina? Salzburg. Tá escrito aí. Cê num leu, não? Como eu falei pra vocês, ele foi um dos maiores compositores do mundo, mas isso muito tempo atrás. Vocês acham que a Áustria é longe do Brasil?	
48	Alunos	É.	
49	Professora	Bastante, né? Que que tem no meio?	Refere-se ao mapa.
50	Aluno	Tem que ir de avião.	
51	Professora	Tem.	
52	Aluna	No meio tem a água.	
53	Professora	Tem água. Do mar, não é?	
54	Aluno	Tem que pegar avião.	
55	Professora	Ou navio, né, que demora mais ainda. É longe sim.	
56	Aluna	(incompreensível) Mas é longe!	
57	Professora	É.	
58	Aluno	Demora uns dez dias.	
59	Professora	Depende de que.	Refere-se ao meio de transporte.

Turnos	Participantes	Discurso	Aspectos extralingüísticos/comentários da pesquisadora
60	Alunos	(incompreensível)	
61	Professora	Oh, AIARA, presta atenção na aula! Você também, JÚLIO. Tira esse negócio da boca! Gente, Mozart, ele foi um gênio porque ele aprendeu a fazer músicas com três aninhos de idade. É o que tá falando aqui.	Aponta para o LD.
62	Robert	Ele acreditava na lâmpada (incompreensível).	
63	Professora	Não, Robert! Gênio no sentido de inteligente.	
64	Aluno	(incompreensível)	
65	Professora	É, é porque ele era muito inteligente. O pai dele era músico, ele começou (…)	
66	Aluna	Esse aqui é ele também?	
67	Professora	Esse? Essa é a foto dele com seis anos.	
68	Aluna	Nossa! Parece uma menina!	
69	Professora	É, na época que ele viveu, na época que ele viveu todas as pessoas, até as crianças, usavam peruca no cabelo.	
70	Aluna	Por que, Mara?	
71	Professora	Era moda, lá na França (+). Olha aí. Tá vendo? A roupa era assim.	
72	Aluna	Aqui, Mara (incompreensível).	
73	Professora	A roupa era assim.	
74	Aluno	(incompreensível)	
75	Professora	Pois é, olha a roupa, era assim. Olha o rosto como é que era.	
76	Aluno	(incompreensível)	

Turnos	Participantes	Discurso	Aspectos extralingüísticos/comentários da pesquisadora
77	Professora	Tá vendo? Com seis anos, ele fez a primeira música dele. Mas com seis anos, gente, com sete, ele já foi cantar pro rei, de tanto que ele já tocava bem, viu?	
78	Aluna	Mara, ele ganhava muito dinheiro?	
79	Professora	Hã?	
80	Aluno	Ele ganhava muito dinheiro?	
81	Professora	Há! Isso é que vocês vão descobrir agora, porque eu achei uma coisa na biblioteca.	

No turno 30, os alunos indicam que terminaram a leitura silenciosa. A professora, na seqüência, pergunta quem quer fazer a leitura oral. Quase todos os alunos levantam a mão em resposta à pergunta: "Quem quer ler?" Essa pergunta é retórica, na medida em que a escolha do aluno que irá ler não depende de quem levantou a mão. A professora, freqüentemente, é quem escolhe os alunos, usando como critério a localização espacial dos grupos na sala. Essa estratégia de escolher os alunos de acordo com a posição dos pequenos grupos no espaço da sala de aula é uma expectativa construída pelos alunos ao longo de sua história de participação conjunta. Uma aluna, no turno 32, evidencia como essa estratégia já é internalizada pelo grupo, lembrando à professora a direção que a escolha dos alunos deverá seguir naquela atividade de leitura.

A aluna Karina foi escolhida. Sua leitura foi entremeada por intervenções da professora, como indicam os turnos 36 a 42. Ela interrompeu sua leitura para chamar a atenção da turma e para corrigir a pronúncia da palavra Áustria. A leitura de Karina foi avaliada positivamente pela professora, uma ação muito utilizada por ela após a leitura oral, o que evidencia o objetivo predominante dessa atividade nessa sala de aula: avaliar as habilidades de fluência de cada aluno e, nesse processo, corrigi-los em relação à pronúncia de certas palavras e à entonação.

No turno 43, inicia-se a discussão do texto lido, mas a referência para a discussão não são as duas perguntas que o livro propõe: "De que tipo de música você gosta? Diga o nome de uma música que você gosta." As perguntas são desconsideradas pela professora, que inicia a discussão a partir do mapa que ilustra o texto. Nesse sentido, a dinâmica discursiva é constituída primeiramente em torno das ilustrações do texto, seguida da discussão do próprio texto.

A estrutura da dinâmica discursiva é variada. Observam-se cadeias de discussão não-triádicas, em que os alunos introduzem temas relacionados à pergunta da professora, mas expandem a discussão ou formulam perguntas buscando informações adicionais. Por exemplo, entre os turnos 47 e 60, há uma discussão sobre a distância entre a Áustria e o Brasil, provocada pela pergunta da professora, ao final do turno 47: "Vocês acham que a Áustria é longe do Brasil?" Apesar de essa pergunta ser respondida já no turno 48, ela continua a discussão, perguntando no turno 49 o "que tem no meio". Uma das alunas responde ao que foi solicitado no turno 52, mas os alunos introduzem outros elementos em suas respostas – o meio de transporte e o tempo de viagem. A professora contempla esses temas e sustenta a discussão com os alunos. Apesar de haver estruturas de pergunta-resposta-avaliação, elas configuram cadeias de interação, e não tríades do tipo IRA, e são mais abertas por contemplarem temas não totalmente previstos. Nesse sentido, aparece novamente a tensão entre discurso de autoridade e internamente persuasivo, pois ao mesmo tempo que os alunos têm espaço para manifestar suas interpretações e introduzir temas na discussão, a professora mantém o foco na discussão de aspectos ligados à ilustração.

Em vários turnos da professora, são percebidas no mínimo duas funções distintas relacionadas àquelas encontradas por Mehan (1979): primeiro, ela avalia a resposta ou a iniciação do aluno e, em seguida, começa novamente (por exemplo, turnos 43, 45, 47, 49 e 53). Além disso, numa mesma iniciação, são percebidas outras funções, como no turno 47: confirmar a resposta dos alunos, recuperar informações do contexto interacional constituídas em aulas anteriores, avaliar a leitura da aluna e iniciar uma nova seqüência: "Como eu falei pra vocês, ele foi um dos maiores compositores do mundo, mas isso muito tempo atrás. Vocês acham que a Áustria é longe do Brasil?" O discurso da professora, nesse turno, é um exemplo da complexidade que caracteriza a dinâmica discursiva da sala de aula, pois, em um mesmo turno, a professora utiliza seu discurso para avaliar, informar e solicitar. Consideramos que a análise da ocorrência do padrão IRA como uma estrutura fechada não possibilita a explicitação dessa complexidade, já que esse padrão discursivo não é a única forma, e talvez nem a predominante, de estruturação da dinâmica discursiva nessa sala de aula.

Uma das razões para que o discurso não adquira, predominantemente, as formas triádicas características do padrão IRA pode ser o fato de os alunos intervirem freqüentemente com observações e perguntas que são muitas vezes contempladas pela professora. Dessa forma, as tríades não se realizam na forma analisada por Mehan (op. cit.), mas entremeadas por observações dos alunos que são contempladas pela professora sempre que a perspectiva referencial deles coincide com a dela, como se observa nos turnos 53, 55 e 57.

Por que a dinâmica discursiva nessa sala de aula tem essa flexibilidade? Uma hipótese: o fato de os alunos serem crianças pode ser um dos fatores condicionantes dessa dinâmica. Nessa faixa etária, eles ainda não aprenderam uma regra da cultura escolar, de falar um de cada vez, embora essa regra seja reiterada pela professora em todos os eventos. Outra hipótese está relacionada ao fato de a professora ter conduzido a discussão do texto sem considerar as duas perguntas propostas no livro. Ou seja, a discussão foi bem mais abrangente, incluindo um diálogo com as ilustrações do texto para o qual não havia perguntas predefinidas. Pode ser que na discussão de conceitos gramaticais ou de conceitos da área da matemática, por exemplo, a dinâmica seja mais rígida e mais fechada. Talvez as intervenções dos alunos não sejam tão freqüentes e as respostas não sejam tão variadas. Em pesquisa anterior, foi encontrada mais rigidez e menos participação dos alunos em discussões sobre ortografia (Macedo, 1998).

Tomando como referência o conceito de polifonia de Bakhtin (1995), percebemos, na dinâmica discursiva de todo o evento, as diferentes vozes que circulam na realização da atividade proposta. O livro didático é uma voz presente, mas é apenas uma dentre as muitas vozes que constituíram todo o desenvolvimento da temática nele proposta. Essa voz mescla-se com a da professora que, em alguns turnos, assume a voz do livro didático (43, 47, 61 e 77), mas na maior parte dos turnos a voz dela predomina, marcada pelos seus conhecimentos sobre a vida do compositor Mozart. A maior parte das informações presentes na discussão não está presente no texto do livro, é o resultado das discussões do mapa e da foto do compositor, discussões essas mediadas pelas perguntas dos alunos. A professora discute as informações veiculadas nas ilustrações, enfatizando a época a que se referem: "É, na época em que ele viveu, na época em que ele viveu todas as pessoas, até as crianças, usavam perucas no cabelo" (turnos 69, 71 e 75). Essa discussão possibilita que os alunos comparem seus valores e costumes com valores e costumes muito distantes no tempo. A exploração do mapa apresentado no LD para localização da Áustria em relação ao Brasil possibilita que os alunos, de forma contextualizada, produzam conhecimentos específicos dos processos de letramento em aulas de geografia, como a leitura e interpretação de mapas.

Nesse processo, as vozes dos alunos estão presentes nas perguntas que introduzem temas novos ou pedem explicações adicionais (turnos 50, 70 e 78), reelaborando respostas dadas pela professora em turnos anteriores (turno 58) e fazendo comentários com base em seus conhecimentos prévios (turno 62). A dinâmica de interações conduzida pela professora é aberta o suficiente para que todas essas intervenções em que os alunos trazem seu horizonte conceitual (Bakhtin, 1929, 1995), suas "vozes", sejam de alguma forma contempladas no discurso que está sendo construído. A ironia presente na voz de Robert, no turno 62, evidencia o uso de um discurso internamente persuasivo (Bakhtin, 1981) por parte dos alunos, tensionando com o discurso de autoridade da professora, que não aceita interpretação diferente daquela autorizada por ela (turno 63).

O discurso de autoridade da professora também está presente nos momentos em que ela tenta controlar a disciplina do grupo. Nos turnos 37 e 61, ela chama a atenção dos alunos, pedindo silêncio, sendo bastante enfática com dois alunos desatentos (61). A atitude de ficar de frente para a turma e de enunciar a palavra *pronto* também é um mecanismo de controle do comportamento dos alunos, utilizado em todas as aulas filmadas. Nessa aula, a atitude ocorre no turno 31, em que a professora sinaliza que a leitura oral irá começar.

As intervenções da professora também buscam motivar os alunos para a participação dos eventos seguintes, criando um clima de suspense ou de mistério em torno deles, como se observa no turno 81.

As análises dessa aula e dessa seqüência discursiva enfatizam aspectos característicos das práticas de letramento escolar recorrentes na maior parte das aulas em que o livro didático esteve presente nessa turma. Leitura silenciosa e oral são as primeiras ações realizadas, sempre da mesma forma, com os textos do livro, ainda que não sugeridas explicitamente pelo material. É importante notar que as discussões desses textos não ocorreram segundo a proposta do livro, pois o grupo constrói um processo de interpretação do texto a partir de perguntas dos alunos e da professora. E, ainda, torna-se fundamental considerar o papel das ilustrações no processo de construção da leitura. Assim como no primeiro dia de uso do livro didático, a ilustração ocupou um papel central, sendo mais discutida do que o próprio texto. Conforme analisado na aula anterior, nossa hipótese é de que a natureza e a qualidade dos textos do livro didático não possibilitam discussões aprofundadas. Discuti-lo após as ilustrações seria incorrer em repetições, já que as informações foram discutidas e bastante ampliadas com as ilustrações. Essa não é a perspectiva do material didático, na medida em que em nenhuma das aulas em que o livro esteve presente houve uma proposta dele para o trabalho com as ilustrações.

Neste capítulo foi analisada a constituição de práticas de letramento mediadas por um livro didático de língua portuguesa a partir de diferentes tipos de análises, numa perspectiva contrastiva (Green, Dixon e Zaharlack, 2001). Desse modo, ao mapear as atividades propostas no livro e as ações construídas em sala de aula, foi possível contrastar as diferenças entre o que é proposto e prescrito pelo LD e a forma como esse recurso é apropriado em sala de aula. Além do mapeamento, foi analisado o discurso produzido nas interações entre alunos e professora em duas aulas em que o LD foi utilizado. Essas análises confirmam que esse recurso é reconstruído pela professora de acordo com as demandas da própria prática ou com os dispositivos que constituem seu "saber-fazer", o que faz com que a seqüência do livro didático seja alterada para adequar-se à prática da professora. O uso do livro didático, portanto, não é linear.

A análise da dinâmica discursiva nessa sala de aula permite afirmar que se trata de um processo dinâmico e complexo, em que diferentes padrões discursivos são construídos pelos participantes. O padrão IRA, mapeado e interpretado por Mehan (1979), está presente, mas não assume prioritariamente uma estrutura triádica. O que constatamos foi a presença de cadeias discursivas de interação na forma encontrada por Mortimer e Scott (2003), na qual o discurso da professora tem como perspectiva garantir a fluência das discussões em sala de aula. Os alunos constroem sua participação numa relação dialógica com a professora e com o livro didático, por meio de diferentes estratégias discursivas, tais como iniciando turnos de fala, solicitando informações, avaliando o desempenho de colegas, perguntando para esclarecer dúvidas, respondendo às perguntas da professora. Esse processo é construído numa tensão entre discurso de autoridade e discurso internamente persuasivo, apontados por Bakhtin (1981) como as duas dimensões do discurso, materializadas no que Wertsch (1991) denominou tensão irredutível.

No último capítulo é analisada uma prática de letramento construída por meio do trabalho da professora com projetos temáticos sem a presença de um livro didático. As interações e práticas de letramento são mediadas pelo uso de textos selecionados pela professora e pelos alunos, lidos e produzidos em diferentes eventos de interação.

Capítulo 5 **Interações nas práticas de letramento no trabalho com projetos: análise da escola B**

No Capítulo 4 foram analisadas as práticas de letramento da turma da escola A, estruturadas a partir do uso do LD de língua portuguesa e de textos e atividades mimeografadas. As análises indicam que houve alterações significativas nas práticas de letramento com a entrada do LD: a análise ortográfica perde a centralidade e as práticas de leitura e produção de textos aumentam tanto em relação à diversidade dos textos lidos e produzidos quanto à freqüência com que ocorrem. Constatamos que o LD não é usado de forma linear; alunos e professora reconstroem e ressignificam as atividades propostas por meio dos eventos de interação de que participam.

Neste capítulo, são analisadas as práticas de letramento da turma da escola B, que não faz uso de LD de língua portuguesa, embora adote livros de outras disciplinas. Alunos e professora selecionam textos para o estudo de um projeto temático, forma predominante de organização das práticas de letramento da turma. Algumas perguntas que guiam as análises são: Como essas práticas são construídas nas interações em sala de aula? Em que essas práticas diferenciam-se daquelas da turma da escola A? Em que essas práticas se aproximam?

O capítulo está estruturado em dois blocos, que visam dar visibilidade às interações nas práticas de letramento da turma. No primeiro, é apresentado um mapeamento do conjunto das práticas de letramento que ocorreram após os eventos iniciais da aula. No segundo, é analisado o desenvolvimento de um projeto temático. Nesse caso, foi selecionado o projeto de estudo da dengue, no qual foram filmadas quatro do conjunto de cinco aulas em que o tema foi desenvolvido. A seguir, é apresentado o primeiro bloco de análises, que objetiva estabelecer uma caracterização geral das práticas de letramento da turma.

Práticas de letramento da turma da escola B: uma visão geral

Como se caracterizam as práticas de letramento nessa turma? Quais as ações mais freqüentes que envolveram a leitura e a escrita? A fim de estabelecer uma visão geral dessas práticas, elaboramos um mapeamento das ações dos participantes que envolveram a leitura e a escrita, construídas após os eventos iniciais, analisados no Capítulo 4. Os vídeos analisados correspondem a um total de dezesseis dias de filmagem, distribuídos ao longo do primeiro semestre de 2001, perfazendo dezenove horas de gravação, conforme se observa na tabela que se segue:

Tabela 2: Mapeamento das práticas de letramento da turma da escola B

Mês	Data	Práticas de letramento	Ações dos participantes
Mar.	12	Leitura	Lendo um folheto de propaganda sobre materiais escolares.
		Produção de texto	Escrevendo uma lista de materiais escolares.
	20	Leitura	Representantes de cada grupo lendo o cartaz com a síntese do estudo sobre o tema moradia, da aula de ciências.
			Lendo uma receita de bolo.

Mês	Data	Práticas de letramento	Ações dos participantes
Mar.			Estudando o vocabulário da receita.
			Respondendo, por escrito, a perguntas sobre a receita.
			Lendo as respostas.
		Ortografia	Lendo uma atividade de ortografia.
			Realizando a análise ortográfica.
	26	Produção de texto	Planejando o projeto Dengue.
		Leitura	Lendo o texto "Rap da Dengue".
			Cantando o "Rap da Dengue".
	29	Produção de texto	Listando os concorrentes à comissão para reivindicar, junto à direção da escola, cuidados com a dengue.
		Leitura	Lendo o texto sobre cuidados para combater a dengue.
			Lendo textos dos colegas expostos no mural da dengue.
			Respondendo, por escrito, a perguntas do texto sobre o combate à dengue.
Abr.	2	Leitura	Lendo um texto sobre a dengue.
			Lendo e discutindo perguntas sobre o texto a serem respondidas por escrito.
		Produção de texto	Produzindo um texto sobre a dengue.
	5	Leitura	Lendo e discutindo uma história em quadrinhos sobre a dengue.
	10	Produção de texto	Escrevendo e ilustrando um texto a partir de um filme sobre a páscoa.
	23	Leitura	Lendo e cantando músicas para a Festa da Família.
	27	Leitura	Lendo o livro de literatura "O curumim" como parte do projeto sobre o índio.

Mês	Data	Práticas de letramento	Ações dos participantes
Abr.	27	Produção de texto	Escrevendo e ilustrando uma parte do livro lido.
Maio	4	Leitura	Apresentando resultados das entrevistas sobre a profissão das pessoas da família, como parte do projeto Trabalho.
		Produção de texto	Produzindo um texto sobre como ajudar os pais no trabalho doméstico.
	14	Produção de texto	Montando um álbum sobre os índios.
	17	Produção de textos	Produzindo um texto sobre os índios.
		Leitura	Lendo em voz alta o texto produzido.
	22	Leitura	Lendo e interpretando uma fábula.
			Procurando o significado de palavras no dicionário.
Jun.	26	Leitura	Lendo e respondendo a perguntas sobre uma fábula.
		Produção de textos	Produzindo um texto a partir do texto lido.
	28	Leitura	Lendo e interpretando um texto sobre festa junina.
	29	Ortografia	Completando uma cruzadinha.

Essa tabela apresenta as práticas de letramento predominantes na turma da escola B: leitura (doze aulas) e produção de textos (dez aulas). Diferentemente da turma da escola A, não se observa uma ênfase no trabalho com ortografia e gramática. Nas aulas filmadas, nenhuma atividade de análise gramatical foi realizada e em apenas duas aulas ocorreram análises da ortografia. Observamos a ocorrência de práticas de análise de vocabulário relacionado aos textos lidos em sala de aula. Essa prática não foi observada na turma da escola A.

Com relação aos impressos que constituíram as práticas de letramento da turma, torna-se importante analisar como chegaram à sala de aula. Para isso, os textos foram organizados em dois grupos. O primeiro grupo é composto dos textos que os alunos trouxeram e compartilharam na rodinha, geralmente selecionados de jornais e revistas e ligados a uma temática que estava sendo discutida num projeto. Outro grupo relaciona-se aos textos e atividades propostos pela professora, a maior parte fotocopiada/mimeografada, muitos adaptados pelo grupo de professoras do primeiro ciclo, outros adaptados pela própria professora. Diferentemente da turma da escola A, não se observa a leitura de textos fotocopiados de livros didáticos, embora a professora afirme, na entrevista, que utiliza alguns desses livros como pesquisa. Por exemplo, alguns desses textos são poesias que circulam em livros didáticos de primeira e segunda série, sempre relacionadas a algum tema do currículo escolar.

Um aspecto importante que diferencia as práticas de letramento da turma da escola B das práticas da turma da escola A refere-se à ausência de textos literários denominados "paradidáticos" nas práticas de leitura do grupo. Apenas numa das aulas filmadas foi observado um texto literário – O curumim –, lido e discutido coletivamente pela turma. O uso da biblioteca não constituiu uma prática rotineira da turma, como ocorre com a turma da escola A. Isso não significa que essa turma não faça uso de textos literários em suas práticas de letramento. Observamos na rodinha do dia 2 de abril, por exemplo, que um aluno compartilhou com o grupo um livro literário que estava lendo em casa. A forma como a professora referiu-se a essa prática é um indício de que compartilhar livros na rodinha é uma prática comum naquele grupo, embora a tenhamos observado em apenas uma aula. A seguir, são caracterizadas cada uma das práticas de letramento predominantes no grupo.

Práticas de leitura: caracterização geral

As práticas de leitura indicadas na tabela 2 podem ser compreendidas como um conjunto de práticas diversificadas em torno de impressos que circulam no grupo a partir de duas origens já citadas: impressos selecionados pelos alunos, compartilhados na rodinha, e impressos propostos pela professora.

A análise dos vídeos indica que as práticas de leitura são predominantemente ligadas a uma temática que está sendo estudada pelo grupo, o que evidencia o objetivo principal da leitura nessa turma: ler para estudar um tema. Os alunos lêem textos selecionados de fontes indicadas pela professora. Predomina a indicação de revistas e jornais como fontes possíveis para o estudo de uma temática, embora no planejamento do projeto da dengue, conforme será analisado na última seção, constatamos a indicação de outras fontes listadas pelos alunos. Não se observam práticas de leitura não-sistemáticas, como aquelas que ocorrem na turma da escola A, também identificadas por Albuquerque (2002) em turmas de primeiro ciclo do ensino fundamental.

Um levantamento dos textos lidos pelo grupo nas aulas gravadas, incluindo aqueles compartilhados na rodinha, indica que os alunos leram seis textos informativos, cinco músicas, quatro reportagens, três poesias, uma notícia e uma história em quadrinhos, todos relacionados às temáticas desenvolvidas. Leram, ainda, duas fábulas e dois contos. Todos os textos propostos pela professora foram fotocopiados e constituíam-se naqueles que realmente foram lidos e discutidos nas aulas. Os textos levados pelos alunos foram apresentados na rodinha, mas não foram lidos sistematicamente em momentos posteriores à rodinha. Alguns foram expostos no painel da dengue construído pelo grupo. Os alunos leram também alguns dos textos produzidos por eles, como alguns trabalhos sobre a dengue e sobre as formas de moradia. Os textos sobre a dengue, escritos individualmente, formaram um painel coletivo que ficou exposto na parede durante todo o tempo de desenvolvimento da temática. Os textos sobre os índios foram escritos coletivamente e constituíram-se de cartazes produzidos em pequenos grupos e apresentados para a turma como um todo.

A leitura dos textos obedecia à seguinte seqüência: leitura silenciosa, leitura oral da turma e/ou leitura oral de alunos indicados pela professora. Diferentemente da turma da escola A, todos os alunos, um de cada vez, eram escolhidos pela professora para ler algum trecho do texto, de modo que este era lido várias vezes. Algumas vezes observou-se a leitura por grupos de alunos ou de meninos separados de meninas. Não verificamos a leitura oral feita pela professora.

Assim como na turma da escola A, a leitura do texto era seguida de perguntas para interpretação oral e escrita. As perguntas eram discutidas coletivamente pela turma para depois serem respondidas por escrito, individualmente, embora na maior parte das aulas os alunos estivessem organizados em duplas ou grupos. Predominaram perguntas objetivas, de busca, de localização de informações nos textos. As respostas eram construídas coletivamente, pois o objetivo era a elaboração de uma resposta única da turma, a ser escrita no caderno de aula. Não houve, nas aulas filmadas, práticas coletivas de compartilhamento das respostas dos alunos no quadro. O quadro-de-giz não era muito usado nas aulas, exceto nos momentos iniciais, em que a professora registrava o planejamento da aula. A dinâmica das interações na constituição das práticas de leitura será analisada no tópico que trata da estruturação e desenvolvimento do projeto Dengue. A seguir, são caracterizadas as práticas de produção de textos.

Produzindo textos na sala de aula: uma visão geral

Nessa turma, as práticas de produção de textos eram predominantemente individuais. Os textos produzidos coletivamente eram os planejamentos diários das aulas, registrados no quadro pela professora. Numa das aulas filmadas, foi apresentado um cartaz produzido em pequenos grupos no dia 20 de março com uma síntese do tema moradia, estudado a partir do livro didático de história; em 29 de março, os alunos produziram uma lista daqueles que integrariam a comissão que representaria a turma junto à direção da escola para tratar de possíveis focos de dengue nela.

Os textos diferenciavam-se em relação às condições de produção. Alguns deles eram produzidos em torno de uma ação a ser realizada pelo grupo – como a lista da comissão a ser votada, a carta para o diretor da escola e o planejamento diário da aula, cuja função era bastante clara: listar as atividades a serem desenvolvidas naquele dia. Esses textos apresentavam interlocutores diferenciados, além da professora e dos colegas. Já os textos sobre os temas de estudo freqüentemente eram colados nos cadernos dos alunos e tinham como função permitir à professora avaliar a aprendizagem.

Análise ortográfica e estudo do vocabulário

Apenas em duas das aulas filmadas – 20 de março e 29 de junho – constatamos a presença de práticas de análise da ortografia e, em outra, o estudo do vocabulário de palavras relacionadas ao texto lido (22 de maio). As atividades de ortografia não se vincularam ao tema desenvolvido nem mesmo ao texto lido ou produzido nessas aulas. Eram atividades como cruzadinha, caça-palavras e análise silábica, conforme exemplo da página seguinte.

Esse fato evidencia a não-predominância do ensino de ortografia, possivelmente porque a maior parte dos alunos já estava alfabetizada. A ortografia era sistematizada preferencialmente a partir de observações da professora nas produções de textos, no momento em que os alunos os escreviam.

As análises de vocabulário tinham por objetivo levar os alunos a compreenderem o significado de certas palavras previamente definidas pela professora, com o objetivo de facilitar a leitura e a compreensão do texto. Na aula de 22

Figura 5

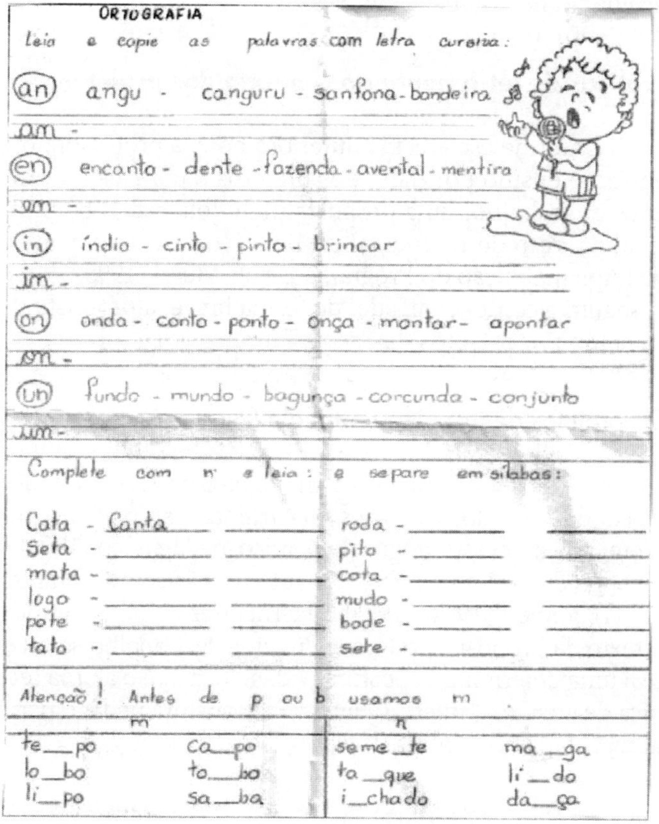

```
ORTOGRAFIA
Leia e copie as palavras com letra cursiva:

(an)  angu - canguru - sanfona - bandeira
am -
(en)  encanto - dente - fazenda - avental - mentira
em -
(in)  índio - cinto - pinto - brincar
im -
(on)  onda - conto - ponto - onça - montar - apontar
om -
(un)  fundo - mundo - bagunça - corcunda - conjunto
um -

Complete com n e leia: e separe em sílabas:

Cata - Canta_____    roda - _____
Seta - _____         pito - _____
mata - _____         cota - _____
logo - _____         mudo - _____
pote - _____         bode - _____
tato - _____         sete - _____

Atenção! Antes de p ou b usamos m
                    m                    n
te__po      ca__po      se me__te    ma__ga
lo__bo      to__bo      ta__que      li__do
li__po      sa__ba      i__chado     da__ça
```

de maio, as práticas de análise do vocabulário foram construídas com o uso do dicionário distribuído pelo MEC em 2001 para todos os alunos do ensino fundamental. Nessa aula, os alunos estudaram o vocabulário após a leitura, discussão e interpretação do texto lido. A professora entregou uma folha com as palavras a serem consultadas. Os alunos que primeiro encontrassem o significado da palavra socializavam-no oralmente e escreviam-no na folha. A professora acompanhou o trabalho dos alunos, circulando entre as mesas e parando junto àqueles que apresentavam mais dificuldades no manuseio do dicionário.

Práticas de letramento no contexto dos projetos

Conforme esclarecido anteriormente, a professora organiza o ensino por meio dos projetos temáticos ou projetos de trabalho, uma proposta metodológica já bem difundida na rede municipal de Belo Horizonte, por meio da implementação do Programa Escola Plural (1995, 1996). A seguir, é contextualizada, de forma breve, a proposta de trabalho por projetos da Escola Plural.

Os projetos de trabalho na Escola Plural

A proposta do trabalho com projetos da Escola Plural é discutida num dos cadernos construídos na época da implementação desse programa político-pedagógico (1996) e reflete o diálogo com diferentes autores, tais como Abrantes (1994), Jolibert (1994a; 1994b), Hernandez (1992). Segundo o texto da proposta, "o termo Projetos de Trabalho se refere a uma determinada postura pedagógica e não a uma técnica de ensino" (Smed, 1996: 5). Essa postura pedagógica é apresentada no seguinte trecho:

> A Pedagogia de Projetos visa à ressignificação desse espaço escolar, transformando-o em um espaço vivo de interações, aberto ao real e às suas múltiplas dimensões [...]. Aprender deixa de ser um simples ato de memorização e ensinar não significa mais que repassar conteúdos prontos. Nesta postura, todo conhecimento é construído em estreita relação com os contextos em que é utilizado, sendo, por isso mesmo, impossível separar os aspectos cognitivos, emocionais e sociais presentes nesse processo (Smed, 1996: 8).

Essas definições se referem, na verdade, a uma concepção de ensino-aprendizagem como um processo socialmente construído, presente em todos os documentos do Programa Escola Plural. Nesse sentido, podemos perguntar: Qual a especificidade do trabalho por projetos? Seria essa uma forma prioritária de construir um trabalho pedagógico que possibilite a realização de um processo de ensino-aprendizagem socialmente construído e significativo para os alunos? Como a professora e os alunos se apropriam dessa proposta em sala de aula?

Segundo a discussão apresentada pela Escola Plural, "o que caracteriza o trabalho por projetos não é o fato de a temática surgir dos alunos ou professores, mas o tratamento dado a esse tema, no sentido de torná-lo uma questão do grupo como um todo e não apenas de alguns ou do professor" (1996: 11). Dessa forma, os temas trabalhados em sala de aula podem surgir dos alunos ou ser propostos pelo professor, e devem ser desenvolvidos a partir de um conjunto de ações, quais sejam:

1) Problematização: ocorre nos momentos iniciais do projeto e tem como objetivo que os alunos expressem suas idéias, crenças e conhecimentos sobre o problema a ser estudado. Nessa fase, o professor detecta o que os alunos já sabem e o que ainda não sabem sobre o tema. A partir daí o projeto é organizado pelo grupo.
2) Desenvolvimento: momento em que as estratégias de estudo do tema são definidas pelo grupo, com o objetivo de que sejam criadas situações que obriguem os alunos a confrontar seus pontos de vista, rever suas hipóteses, elaborar novas questões. "Para isso é preciso que se criem propostas que exijam a saída do espaço escolar, a organização em pequenos e grandes grupos, o uso da biblioteca, a vinda de pessoas convidadas à escola, dentre outras ações" (Smed, 1996: 12).
3) Síntese: "em todo esse processo, as convicções iniciais vão sendo superadas e outras, mais complexas, vão sendo construídas". As novas aprendizagens passam a fazer parte dos esquemas de conhecimento dos alunos e vão servir de conhecimento prévio para outras situações de aprendizagem (Smed, 1996: 12).

A definição da última ação não oferece elementos suficientes para ser entendida como um momento de síntese e/ou de uma avaliação coletiva do grupo sobre o processo desenvolvido. As ações apresentadas, de certa forma, estão presentes no desenvolvimento do projeto de estudo da dengue a ser analisado na seção seguinte. Tais ações podem ser consideradas um conjunto de prescrições metodológicas para o professor, na medida em que são indicadas estratégias de ensino específicas que garantiriam processos significativos de aprendizagem.

Em relação ao papel das disciplinas escolares no desenvolvimento de um projeto, as orientações da Escola Plural apóiam-se numa "concepção globalizante" dos processos de ensino-aprendizagem em que se pressupõe que a organização de projetos não deve ocorrer em função dos conteúdos das disciplinas, e sim "em função da construção de uma prática pedagógica centrada na formação global dos alunos" (Smed, 1996: 10). Nessa perspectiva, as tradicionais disciplinas do currículo escolar deixariam de estar no centro do processo de ensino, pois essa lógica de organização do currículo resulta em uma formação fragmentada, estruturada apenas em torno dos conteúdos, desconsiderando os sujeitos que aprendem.

Em pesquisa realizada numa escola municipal sobre a escolarização da leitura e da escrita nos projetos de trabalho, Sá (2001) constatou que um dos grandes desafios da professora refere-se ao planejamento da prática pedagógica no uso da metodologia de projetos. Para que o tema abordado pelo projeto não se vincule à escolha de uma criança ou de um grupo de crianças, torna-se fundamental que os temas sejam escolhidos considerando também as intenções pedagógicas do professor, suas necessidades de ensino, bem como temas que emergem da conjuntura. O planejamento da prática pedagógica por projetos, segundo Sá, tem deixado à revelia perguntas fundamentais à reflexão e ao planejamento do professor, relacionadas ao que ensinar, por que ensinar e com que nível de sistematização.

Interações e práticas de letramento construídas durante o projeto Dengue

Nesta seção é analisado o projeto Dengue, registrado em quatro dias de filmagem: 26 e 29 de março, 2 e 5 de abril. As análises das interações e práticas de letramento construídas nesse projeto focalizam a forma como ele foi estruturado pela turma e refletem as orientações apresentadas no caderno de projetos da Escola Plural: definição da temática, planejamento do projeto, desenvolvimento e síntese. A primeira aula a ser analisada evidencia como a temática foi construída pela turma e como os alunos e a professora planejaram o estudo.

Definindo e planejando o estudo do tema dengue

Os alunos estavam sentados em duplas, a pedido da professora. Conforme descrito no Capítulo 4, todos os dias a turma reorganiza as mesas, que sempre são dispostas em fileiras pelo pessoal que faz a limpeza. As filmagens iniciam-se desde a chegada dos alunos à sala de aula, após fazerem a oração coletiva no pátio da escola, até o final das atividades relacionadas ao tema desenvolvidas nesse dia.

Os dados analisados são apresentados em mapas de eventos e seqüências discursivas. O mapa de eventos possibilita uma visão mais ampla de todo o processo de negociação e planejamento do estudo sobre a dengue. Nele estarão incluídas observações sobre as diferentes formas de organização do espaço da sala de aula, além dos principais eventos que foram construídos e estruturaram a aula.

O início da aula é marcado pelo "boa-tarde" da professora, como de costume, após os alunos terminarem de organizar as duplas. A seguir é apresentado o mapa de eventos da aula.

Quadro 23: Mapa de eventos da primeira aula do projeto Dengue – 26/3/2001

Eventos	Tempo gasto em minutos	Linha de tempo[11]	Ações dos participantes	Aspectos extralingüísticos/ comentários da pesquisadora
Planejando a aula		1:23:22	Professora cumprimenta os alunos ("boa tarde") e os convoca a iniciar o planejamento.	Alunos em duplas.
		1:24:10	Alunos e professora escrevem a data do dia. Iniciam a definição das atividades a serem desenvolvidas.	
		1:24:22	Professora antecipa o projeto Dengue, que será discutido na rodinha.	
		1:25:59	Professora situa o tema dengue na aula de língua portuguesa e anuncia a professora Luíza como parceira no desenvolvimento do projeto.	
	04	1:27:28	Encerramento do planejamento da aula.	
Compartilhando experiências na rodinha		1:32:15	Professora cumprimenta novamente os alunos: "Tudo bem com vocês?"	Alunos sentados no chão. O cumprimento da professora sinaliza a natureza da conversa na rodinha, que tem como eixo o relato de experiências pessoais dos alunos.
		1:32:25	Professora retoma o que foi feito na sexta-feira: homenagem para uma professora que morreu.	

11. Nesse mapa, a linha de tempo representa a hora-relógio.

Eventos	Tempo gasto em minutos	Linha de tempo	Ações dos participantes	Aspectos extralingüísticos/ comentários da pesquisadora
Compartilhando experiências na rodinha		1:32:42	Indica a aluna Jéssica para começar a contar as novidades. Inicia-se o relato dos alunos.	
		1:33:41	A quarta aluna a falar conta casos de dengue ocorridos perto de sua casa.	
		1:33:55	Professora introduz novos elementos do projeto Dengue, algumas atividades que serão desenvolvidas.	
		1:34:13	A aluna seguinte diz não ter nada a relatar.	
		1:34:18	Luana fala que trouxe uma reportagem de jornal sobre as drogas (um projeto em andamento na turma). A professora lê em voz alta a manchete da reportagem.	
		1:35:32	Gustavo conta sobre um presente que ganhou e sobre um problema no trânsito de sua rua.	
		1:36:59	Um aluno comenta sobre roubo de celular. Mais quatro alunos continuam relatando sobre roubos e assaltos de que ficaram sabendo.	
		1:40:14	Loice, aluna não-alfabetizada, mostra a revista que levou. Professora faz perguntas sobre o conteúdo da revista e a aluna diz que é sobre a dengue.	

Eventos	Tempo gasto em minutos	Linha de tempo	Ações dos participantes	Aspectos extralingüísticos/ comentários da pesquisadora
Compartilhando experiências na rodinha		1:45:48	A pedido da professora, Carolina conta sobre a irmã que nasceu.	
		1:48:00	Um aluno mostra sua coleção de cartões telefônicos.	
		1:51:52	Após todos os alunos participarem, a professora sinaliza que é hora de começar a conversar sobre a dengue. Pergunta para o grupo quem gostaria de falar sobre a dengue. Vários alunos comentam sobre coisas relacionadas, como a vacina da febre amarela.	
		1:54:25	Gabriela volta ao assunto do roubo. A professora intervém, dizendo que agora é hora de falar sobre a dengue. Outros alunos comentam sobre o tema. A professora faz uma síntese, indicando as fontes que devem ser usadas pelos alunos para obter informações sobre o assunto.	
	25	1:57:24	Encerramento da rodinha.	
Planejando o projeto Dengue		1:58:07	Professora divide o quadro em três partes: 1) conversar sobre o que já sabem sobre a dengue; 2) definir o que gostariam de aprender sobre o assunto; 3) definir como vão aprender sobre a dengue.	Alunos em duplas novamente. Professora conversa com a turma e escreve no quadro.

Eventos	Tempo gasto em minutos	Linha de tempo	Ações dos participantes	Aspectos extralingüísticos/ comentários da pesquisadora
Planejando o projeto Dengue	13	2:00:34	Alunos relatam o que já sabem e o que gostariam de aprender sobre o assunto.	
		2:05:56	Alunos e professora discutem como vão estudar o assunto, quais as fontes de informação a serem consultadas.	
		2:10:11	Alunos fazem leitura oral do planejamento.	
		2:11:00	Professora pede aos alunos que tragam informações sobre a dengue para compartilhar com os colegas na rodinha no dia seguinte.	
Lendo e cantando o *rap* da dengue	12	2:12:36	Professora fala e canta o *rap*.	Professora de frente para a turma.
		2:13:41	Leitura silenciosa e em dupla do *rap* da dengue proposto pela professora.	
		2:16:42	Professora lê cada frase, que é repetida pelos alunos.	
		2:18:38	Todos cantam o *rap*.	
		2:24:04	Final da atividade de canto.	

O mapa de eventos evidencia, entre outras coisas, o objetivo da professora de propor o tema dengue como o próximo projeto a ser desenvolvido pelo grupo, em paralelo ao projeto das drogas, como indica a ação de uma aluna em 1:34:18, ao trazer uma reportagem de jornal sobre o assunto. A escolha do tema da dengue evidencia a importância que a professora dá ao trabalho com temas da conjuntura, nesse caso não apenas local, mas nacional. Em 2001, a cidade de Belo Horizonte e o Brasil viveram uma das maiores epidemias de dengue e febre amarela de sua história e o problema estava sendo debatido diariamente nos jornais e na televisão.

O uso do tempo, nessa aula, é representativo de uma aula típica em que ocorre a rodinha: planejamento realizado em quatro minutos, mais ou menos meia hora para a conversa na rodinha e o restante do tempo, até o intervalo da merenda, para o desenvolvimento de atividades dentro de um projeto que está sendo realizado. A rodinha, mais uma vez, aparece como um espaço a ser usado não apenas para a socialização de experiências pessoais do grupo, mas como um momento em que a definição dos projetos temáticos é construída.

O papel do projeto no desenvolvimento do currículo, nessa sala de aula, varia bastante. No caso do projeto Dengue, a professora anuncia que ele será desenvolvido na aula de língua portuguesa. Essa postura evidencia uma apropriação diferente daquela esperada pela proposta da Escola Plural, em que se pressupõe que o desenvolvimento do projeto necessariamente envolveria mais de uma disciplina do currículo escolar. O estudo por projetos possibilitaria ao aluno "analisar os problemas, as situações e os acontecimentos dentro de um contexto em sua globalidade, utilizando, para isso, os conhecimentos presentes nas disciplinas e sua experiência sociocultural" (Smed, 1996: 10).

Após o planejamento da aula, os alunos sentam-se na rodinha e iniciam o relato de experiências vivenciadas naquele fim de semana. Ao demandar da aluna Jéssica o relato das novidades, a professora explicita as expectativas construídas nesse espaço de interação, em que se prioriza o relato de experiências pessoais, conforme analisado no Capítulo 4. Depois de a professora anunciar o tema dengue como o próximo a ser estudado, alguns alunos relatam situações de experiências pessoais relacionadas a esse tema, como se observa no relato da aluna em 1:33:41.

A prática de compartilhar textos lidos fora da escola é constitutiva das práticas de letramento na rodinha. Luana e Loice levaram reportagens relacionadas ao projeto em andamento (sobre drogas) e ao tema dengue. Essa prática de letramento evidencia o lugar que os textos escolhidos pelos alunos ocupa no desenvolvimento das atividades da turma. Geralmente, esses textos são tratados brevemente pela professora na rodinha, por vezes lidos oralmente por ela própria, às vezes apresentados aos alunos sem que ocorra a leitura. Não constatamos uma leitura e reflexão sistemática desses textos em momentos posteriores à rodinha.

Após vinte minutos de conversa na rodinha (em 1:51:52), a professora anuncia que chegou o momento de conversar sobre a dengue. A conversa em torno dessa temática ocupa os cinco minutos restantes desse evento e é encerrada com uma síntese da professora, indicando fontes de informação possíveis de serem consultadas pelos alunos para o desenvolvimento do projeto. Esse conjunto de orientações da professora será formalizado no planejamento coletivo do projeto, que ocorrerá em seguida.

O planejamento do projeto conta com a participação dos alunos, não na definição da estrutura do projeto, mas na discussão de cada uma das fases previstas pela professora. Foram gastos treze minutos na construção do planejamento, que se constituiu das seguintes fases: definição do que a turma já sabe sobre o tema; definição do que gostaria de saber; e, por último, definição de como irá aprender sobre o assunto, quais fontes deverão ser consultadas nesse processo.

O último evento da aula foi a realização da primeira atividade do projeto: leitura e canto de uma música (*rap*) sobre o tema dengue, criada pela Secretaria Municipal de Contagem, MG, cidade da região metropolitana de Belo Horizonte.

Propondo o tema dengue

A professora inicia o planejamento da aula discutindo a data, como é o costume da turma. Depois de os alunos copiarem a data, ela registra o primeiro tópico do planejamento, a oração coletiva, realizada no pátio da escola. Em seguida, como se observa no quadro a seguir, a professora antecipa a proposta de estudo do tema dengue. As análises desta seção têm por objetivo compreender como a proposta da professora foi sendo negociada nas interações da sala de aula, antes mesmo de o planejamento do projeto ser elaborado formalmente pelos alunos.

Quadro 24: "Nós estamos aqui com uma proposta de falar sobre a dengue"

Turnos	Participantes	Discurso	Aspectos extralingüísticos/comentários da pesquisadora
21	Professora	Então, vamos lá. Oração nós já fizemos! E depois?	Alunos em duplas, copiando individualmente o planejamento.
22	Alunos	Rodinha.	
23	Professora	Rodinha. Oh gente, oh. Por falar em rodinha, **nós** estamos aqui com uma proposta de falar sobre a dengue. **Vocês** já ouviram falar da dengue?	
24	Aluno	Eu já!	
25	Professora	É... **Nós** trouxemos aqui o *rap* da dengue, uma música que vai (incompreensível).	
26	Aluno	Professora (incompreensível) da dengue.	

Turnos	Participantes	Discurso	Aspectos extralingüísticos/comentários da pesquisadora
27	Professora	Pois é, então **nós** vamos estar discutindo isso no recreio, no recreio não, na rodinha. Então, quem tiver algum assunto, em jornais, revistas, principalmente no jornal de ontem, *Estado de Minas*, o pai que assina, alguém que tem facilidade de trazer isso pra **gente**. Saiu uma reportagem, viu? sobre a febre amarela e sobre o mosquito...	
28	Alunos	da dengue.	
29	Professor	Então **nós** vamos estar passando aqui hoje depois da rodinha o *rap* do mosquito. E depois? O que **nós** vamos fazer?	
30	Aluno	Matemática.	
31	Professor	Olha, dentro de português, depois que **a gente** fizer o comentário sobre esse *rap*, discutir um pouquinho sobre o assunto, **a gente** poderia pensar o que é que vocês gostariam de aprender sobre a dengue, tá? **Nós** vamos fazer um planejamento do que vocês já sabem sobre a dengue e o que vocês gostariam de aprender e como **nós** vamos aprender. Correto? Pode colocar aqui no planejamento?	
32		Pode!	

Essa seqüência evidencia a forma como o tema da dengue foi proposto pela professora como objeto de estudo. A rodinha aparece como o espaço onde as discussões da turma sobre um tema em estudo ou a ser estudado ocorrem, como indica o turno 23. A negociação do tema ocorre do ponto de vista da professora que, ao que parece, já tem a estrutura do planejamento previamente definida. Entretanto, ela busca o envolvimento dos alunos por meio do uso do pronome **nós** e da expressão pronominal **a gente**, que parece inclusivo, na medida em que ela se inclui no processo como alguém que também vai aprender algo sobre o tema.

A aula de língua portuguesa aparece como o lugar onde o projeto vai ser desenvolvido, como se observa no turno 31. Como já comentado, isso é uma evidência de que a professora apropria-se da metodologia de projetos de forma diferente daquela prevista na proposta da Escola Plural. Nesse turno, ela sintetiza e direciona a aula, apontando sua perspectiva para a elaboração e a realização do estudo sobre a dengue. Conforme também constatado por Mehan (1979), esse tipo de iniciação, de caráter diretivo e informativo, ocorre no início e ao final dos eventos de interação. Ainda nessa seqüência, a professora antecipa a estrutura do projeto, que inclui os conhecimentos que os alunos já têm sobre o tema, o que gostariam de aprender e as possíveis fontes e/ou impressos que podem ser utilizados por eles durante o estudo do tema (turno 27).

As análises anteriores evidenciam que, nessa seqüência, a professora teve por objetivo direcionar e encaminhar a aula. Ela inicia todos os turnos de fala e suas perguntas buscam compartilhar com os alunos a agenda de trabalho não apenas para aquela aula, mas para o desenvolvimento do projeto da dengue como um todo. Essa agenda parece já ter sido definida previamente. Nesse sentido, ela tem controle sobre esse processo de explicitação da agenda, e o espaço de participação dos alunos limita-se à indicação de itens do planejamento, que são quase sempre os mesmos. As respostas dos alunos confirmaram as expectativas da professora, não gerando, portanto, contradições entre o que ela propôs e o que os alunos compreenderam de sua proposta. Parece que o grupo aderiu à proposta da professora sem maiores questionamentos, o que evidencia a dimensão de autoridade de seu discurso, presente nos momentos em que ela orienta, direciona e encaminha suas propostas de atividades na sala de aula. Na próxima seqüência, podemos observar como os alunos discutiram o tema da dengue na rodinha.

Quadro 25: "Eu vou te contar que lá perto de casa tinha dengue"

Turnos	Participantes	Discurso	Aspectos extralingüísticos/comentários da pesquisadora
16	Professora	Roxane.	Alunos em rodinha, sentados no chão. Professora sentada numa cadeira.
17	Roxane	(incompreensível)	O tom de voz da aluna é muito baixo.
18	Professora	Como é que é?	
19	Roxane	Eu vou te contar que lá perto de casa tinha dengue.	
20	Professora	Tinha dengue?	
21	Roxane	Aí eu pedi o moço da caminhonete pra ele tirar e aí ele foi lá e limpou.	
22	Professora	Tá vendo, gente? Depois **nós** vamos fazer uma visita na escola também, seria interessante a gente verificar se tem foco de dengue, tá? **Nós** vamos sair aí investigando no jardim, atrás da escola. Se tiver, depois **a gente** vai escrever uma cartinha pro Cláudio, né? Vai combater aí a dengue, né, Roxane?	Cláudio é o diretor da escola.

Roxane é a quarta aluna a relatar suas experiências para o grupo. Ela retoma o tema da dengue, que circulou durante o planejamento da aula. A fala da aluna é imediatamente apropriada pela professora, que fornece mais informações e explicita outras ações que o grupo poderá construir no desenvolvimento do projeto, como visitar e observar o espaço físico da escola à procura de prováveis focos de dengue. A professora quase sempre não problematiza o conteúdo das falas dos alunos nesses momentos, mas usa-os como pretexto para manter o tema da conversa e a definição do planejamento para o projeto. Nesse caso, por exemplo, Roxane afirma, no turno 21, que o moço da caminhonete teria "limpado" a dengue, algo que não foi explorado pela professora, no sentido de esclarecer qual o procedimento observado nessa "limpeza". Desse modo, ela vai compartilhando com o grupo a agenda de trabalho que parece já estar definida, aparentemente com o objetivo de criar condições que possibilitem o envolvimento do grupo com a temática e a construção de significados sobre ele.

A proposta de escrever uma carta aparece como uma das práticas de letramento prováveis de serem desenvolvidas no projeto. Tal proposta é reconstruída pelo grupo, que, na segunda aula, faz a visita à escola e decide conversar pessoalmente com o diretor, conforme será analisado adiante. Essa proposta foi explicitada tendo por pretexto a fala de Roxane, mas, provavelmente, qualquer outra fala sobre a dengue teria levado ao mesmo resultado.

O discurso da professora parece inclusivo, na medida em que ela se inclui ao usar o pronome **nós** e a expressão pronominal **a gente** para compartilhar com os alunos sua proposta, como se observa no turno 22. Trata-se de uma estratégia bastante utilizada pela professora, presente em todas as aulas analisadas, aparentemente com a finalidade de diminuir a assimetria e implicar os alunos na construção dos significados. Tal recurso é também utilizado pela professora da turma da escola A. Seria essa uma característica do discurso da sala de aula? Uma estratégia discursiva utilizada pela professora para garantir maior participação e um envolvimento significativo dos alunos?

A dinâmica discursiva, nessa seqüência, não se estrutura a partir do padrão triádico IRA, mas caracteriza-se como uma seqüência estendida de interação (Mehan, 1979). Os *feedbacks* da professora têm como função dar prosseguimento à produção discursiva dos alunos. Somente no turno 22 ela legitima a ação descrita na resposta de Roxane, que atende às suas expectativas quanto ao tema abordado, sem, no entanto, problematizá-la.

A temática da dengue é retomada posteriormente pela professora, após vários alunos terem relatado diferentes tipos de experiências, em que eles falam sobre drogas, violência, alcoolismo, roubo, problemas no trânsito, presentes que ganharam, textos que estão lendo etc. A seqüência a seguir evidencia a forma como a professora anuncia a proposta na rodinha.

Quadro 26: "Gente, não vamos perder nosso assunto, não"

Turnos	Participantes	Discurso	Aspectos extralingüísticos/comentários da pesquisadora
94	Professora	Oh, gente, agora olha aqui. Sobre o tema que **a gente** vai discutir, né, que é a dengue, alguém sabe falar alguma coisa, já ouviu falar sobre a dengue, sobre a febre amarela, quem já vacinou, quem não vacinou? Quem já vacinou levante a mão.	
95	Alunos		Alunos levantam a mão.
96	Professora	E quem não vacinou ainda, hein, Vinícius, contra a febre amarela? Vacinou não, Vinícius? Oh gente, é muito perigoso, tem que vacinar, viu?	Vinícius não havia levantado a mão.
97	Alunos		Muitos alunos levantam a mão para falar.

Turnos	Participantes	Discurso	Aspectos extralingüísticos/comentários da pesquisadora
98	Professora	Pode falar, Priscila.	Muita conversa paralela.
99	Priscila	(incompreensível)	
100	Professora	Oh gente, só um minutinho aqui, oh, oh, Priscila quer falar! Priscila.	
101	Priscila	(incompreensível)	
102	Professora	Nós já tivemos vários casos de morte, tá? Comprovaram que morreu por falta da vacina, não tomou e teve a febre amarela. Fala, Gabriela.	
103	Gabriela	O namorado da filha da amiga da minha mãe, aí ela tava na piscina da casa dele, aí ele foi assaltado, o ladrão foi e roubou o carro dele.	
104	Professora	Mas agora **a gente** tá falando sobre a dengue, né, Gabriela? Se você tiver alguma coisa pra falar pra gente. Mais alguma coisa sobre o mosquito da dengue? Quem puder trazer pra gente, tá, alguma coisa, pode começar a partir de amanhã. Tá?	
105	Loice	(incompreensível)	
106	Professora	Gente, não vamos perder nosso assunto, não. Agora é da dengue, do mosquito da dengue. Amanhã **a gente** conversa outros assuntos na rodinha, senão não vai dar tempo. Olha o planejamento. Luana.	Loice volta ao assunto do roubo no supermercado.
107	Luana	Oh, professora, lá na casa da minha vó, sempre que eu vou lá eu molho as plantas e tiro a água do vaso. Eu achei um mosquito da dengue.	
108	Professora	Tá jóia. Mais alguma coisa, gente?	

Turnos	Participantes	Discurso	Aspectos extralingüísticos/comentários da pesquisadora
109	Aluno	É...	Com a mão levantada.
110	Professora	É sobre a dengue?	
111	Aluno	É.	
112	Professora	Pode falar.	
113	Aluno	Professora, eu vi na televisão que todos os (incompreensível) todas as crianças que tinha pneu, garrafa, tavam jogando na rua, assim, eles ganhavam alguma coisa.	
114	Professora	Fazendo a limpeza, né?	
115	Aluno	E aí eles davam um pacotinho de (incompreensível), ganhavam bicicleta pra eles brincar.	
116	Professora	Olha aqui, gente. **Vocês** vão ficar atentos então pro seguinte: quem tiver assim algum folheto falando sobre a dengue, uma reportagem, alguma notícia, até mesmo em posto de saúde tem gente que tá doando, né, o mosquitinho no líquido, né, o ovo da dengue, pra tá trazendo na rodinha pra gente discutir esse assunto. **Nós** vamos planejar o que **vocês** gostariam de aprender sobre a dengue, a febre amarela, depois **nós** vamos aprender o *rap* da dengue, tá bom? Então vamos sentar.	

Essa seqüência evidencia as tentativas da professora de retomar a discussão sobre a dengue após os alunos terem compartilhado diferentes experiências. Usando de um discurso de autoridade (Bakhtin, 1981), ela direciona a discussão, não permitindo que Gabriela, no turno 103, e Loice, no turno 105, introduzam outros assuntos. O fato de as alunas não terem correspondido às expectativas da professora gerou iniciações da parte desta denominadas por Mehan (1979) de "atos de continuação", que têm por objetivo manter a conversa dentro do tema planejado. Em vários turnos a professora retoma o tema dengue (turnos 94, 104, 106 e 116), seja para prevenir que os alunos mudem o foco, seja para dar prosseguimento ao planejamento do projeto. No turno 110, ela checa o tópico discursivo dos alunos que querem falar, antes de autorizar suas falas, para evitar a dispersão temática. Essa parece ser a principal característica dessa seqüência, na qual o planejamento do projeto ocorre na rodinha. Nesse espaço, normalmente os alunos são convidados a falar sobre temas livres, relatando aspectos de sua experiência pessoal. Talvez pelo fato de o planejamento do projeto ter sido introduzido nesse espaço a professora tenha tido todo esse trabalho para manter o foco no tema.

Esse aspecto reflete-se também na forma como o padrão IRA acontece em alguns momentos dessa seqüência. As avaliações da professora são para confirmar a fala do aluno quando dentro do tema (por exemplo, turno 108) ou para retomar o tema se o aluno introduz um tema diferente (por exemplo, turno 104: "Mas agora **a gente** tá falando sobre a dengue, né, Gabriela?"). As falas dos alunos, desde que dentro do tema, são aceitas, mas seu conteúdo não é problematizado. Mais uma vez, a agenda predefinida que está sendo explicitada estrutura a conversa. A referência ao uso do tempo, na atividade, está relacionada à necessidade de fazer o planejamento do projeto dentro de um tempo previsto pelo planejamento da aula, como se observa no turno 106.

Poucos alunos narraram sobre a dengue, e isso pode estar relacionado à mudança da dinâmica das interações na rodinha, onde geralmente cada aluno é convocado pela professora a fazer seu relato sobre temas livres, o que não ocorre com a discussão sobre a dengue. A professora, ao contrário, pergunta se "alguém sabe falar alguma coisa, já ouviu falar sobre a dengue" (turno 94), deixando que os alunos escolham se querem ou não participar. Entendemos que essa alteração é o reflexo da pressão que o tempo escolar exerce sobre a dinâmica discursiva na sala de aula, condicionando as possibilidades de diálogo e interação entre os participantes, definindo, portanto, a forma como o currículo em ação é construído pelos sujeitos alunos e professora.

A dinâmica interativa na rodinha é encerrada pela professora, que anuncia o próximo evento de interação – o planejamento do projeto. De forma sintética, ela indica no turno 116 toda a estrutura do projeto, que inclui: definir o que os alunos gostariam de aprender sobre a dengue; coletar informações em diferentes fontes; coletar o ovo do mosquito para ser observado na rodinha. A professora anuncia também o *rap* da dengue, sugerido por ela, a ser cantado após o planejamento. Essa síntese caracteriza o discurso da professora no início e ao final de um evento de interação, caracterizando um discurso de autoridade que evidencia o lugar social que ela ocupa na sala de aula. É o professor quem estabelece e conduz o processo de ensino, mediando e apontando a perspectiva da aula, ainda que busque envolver os alunos nessa atividade.

As análises até aqui evidenciaram como o tema da dengue foi sendo tratado pelos participantes no planejamento da aula e na rodinha. Por meio da análise do discurso dos alunos e da professora, foi possível perceber que a estrutura do projeto foi previamente definida pela professora, que buscou sensibilizar os alunos para ele, sem, contudo, usar um tom impositivo. Na rodinha, ao mesmo tempo que a professora permite que os alunos participem relatando suas experiências, define o referente discursivo a que eles devem se ater, nesse caso, o tema da dengue. A professora normalmente acata as falas dos alunos, sem, contudo, problematizá-las. Por meio dessa aparente interlocução, ela consegue explicitar os aspectos mais importantes do projeto.

Sistematizando o planejamento do projeto Dengue

Nesta seção procuramos evidenciar como o planejamento do projeto foi sistematizado pela turma, analisando esse momento como um evento de letramento que é construído sempre que um novo projeto tem início. Os projetos desenvolvidos são negociados oralmente, ao mesmo tempo que são escritos no quadro pela professora. São práticas de letramento que se diferenciam da turma da escola A, em que o planejamento da aula e das atividades a serem desenvolvidas não passa por uma negociação com os alunos. Naquela turma, a agenda de trabalho nem sempre é discutida ou explicitada para a turma.

Quadro 27: "Olha aqui, gente. Eu dividi o quadro em três partes"

Turnos	Participantes	Discurso	Aspectos extralingüísticos/comentários da pesquisadora
01	Professora	Amanhã **nós** vamos sair procurando o foco da dengue na escola. Psiu! Turminha, vamos [...] prestar atenção! Loice! Gustavo! Olha aqui, gente. Eu dividi o quadro em três partes. A primeira parte eu quero saber sobre o que **vocês** já sabem sobre esse mosquito aí. Alguém sabe o nome dele?	Enquanto os alunos voltam para suas mesas.
02	Alunos	Sei: mosquito da dengue.	
03	Professora	Não, mas tem um nome: Aedis ...	
04	Alunos	Aegipsy.	
05	Professora	Então **vocês** já conhecem, né, já ouviram falar. Então, gente, **vocês** vão falar pra mim o que vocês sabem da dengue. O segundo quadro **vocês** vão falar o que vocês gostariam de aprender e	Os alunos repetem junto com a professora, enquanto ela registra no quadro o título da primeira coluna.

Turnos	Participantes	Discurso	Aspectos extralingüísticos/comentários da pesquisadora
05		saber sobre a doença da febre amarela, da dengue, tá? E o último, **a gente** vai pesquisar onde **nós** vamos buscar essas informações. Através de que **nós** vamos tá aprendendo sobre a dengue. Então vamos lá. O que sabemos sobre a dengue.	
06	Aluna	Tia, é pra escrever?	
07	Professora	Não, por enquanto, não. Porque depois **eu corrijo** (incompreensível). Oh, gente, psiu! Depois, que que vai acontecer aqui no segundo quadro?	
08	Aluno	(incompreensível)	
09	Professora	Primeiro, o que sabemos, segundo, o que gostaria de aprender. Isso mesmo. Então, como que fica? **Me ajudem** a elaborar. O que...	
10	Alunos	**Gostaría**	
11	Professora e alunos	**mos**	
12	Professora	de saber sobre o quê?	
13	Alunos	Sobre a dengue.	
14	Professora	Sobre a dengue, sobre a febre amarela, né? Põe dengue ou febre amarela?	
15	Alunos	Dengue, febre amarela.	Falam simultaneamente.
16	Professora	Vou pôr dengue, então. E o outro, o que que **nós** vamos escrever aqui? Como vamos aprender. Onde **a gente** vai buscar essas informações, através de quê?	

Turnos	Participantes	Discurso	Aspectos extralingüísticos/comentários da pesquisadora
17	Aluno	Revista.	
18	Professora	Será que é só através da revista que **nós** vamos saber?	
19	Alunos	Jornal, televisão, rádio.	
20	Professora	Como que fica? Como **nós** vamos...	
21	Alunos	Aprender.	
22	Professora	Aprender, isso mesmo. Então agora *eu quero* ouvir de vocês. O que que *vocês* já sabem sobre a dengue? Que vocês sabem? Que que é dengue?	
23	Alunos	(incompreensível)	Alunos respondem simultaneamente.
24	Professora	Um de cada vez. Que **você** já sabe sobre a dengue? Luana.	

  Essa seqüência reflete o processo de construção sistemática da estrutura do planejamento do projeto Dengue. As três partes da estrutura do projeto – o que os alunos já sabem sobre a dengue, o que gostariam de saber e como vão buscar informações – foram previamente definidas pela professora, mas ela tenta envolver os alunos na sistematização escrita do projeto. Essas etapas refletem a organização do trabalho com projetos proposta nos cadernos da Escola Plural.

  O uso do pronome **nós** e da expressão pronominal **a gente**, como estratégia discursiva, ocorre nos momentos em que a professora explicita estratégias de busca de informação para a realização do projeto. Ela procura, com isso, envolver o grupo, e essa perspectiva enunciativa vem sendo mantida desde o início da aula. Desse modo, ela minimiza a assimetria constitutiva da relação professor-aluno, incluindo-se no processo como alguém que, juntamente com o grupo, vai buscar informações sobre o tema. Outra estratégia discursiva é o uso do **vocês/você**, que ocorre nos momentos em que os alunos são convidados a explicitar os conhecimentos que têm sobre o assunto, como base para o planejamento daquilo que gostariam de aprender. Nesse caso, a assimetria é marcante, pois quem tem que explicitar o que já sabe são os alunos e não a professora, que, dessa forma, se diferencia deles como alguém que detém o conhecimento. A professora dá voz aos alunos sem deixar de assumir o papel de professor, socialmente estabelecido, que é mediar o processo, direcionando-o de acordo com suas intencionalidades. O uso da primeira pessoa do singular (turno 7) vem confirmar essa assimetria constitutiva das relações professor-aluno, pois quem corrige o texto e quem quer ouvir o que os alunos já sabem sobre a dengue é a professora.

As práticas de letramento são construídas nesse diálogo entre professora e aluno, em que a professora media o processo de construção conjunta de um texto – o planejamento do projeto –, como se observa nos turnos 9 a 11, por exemplo. A expectativa do grupo e da professora é de que ali se realize um processo coletivo de escrita, que será revisto/reescrito antes de cada um copiar o texto, como se constata nos turnos 6 e 7, quando a professora responde à aluna que não é hora de copiar, porque depois será corrigido por ela.

O padrão IRA (Mehan, 1979), comumente associado ao discurso de autoridade do professor, aparece com algumas variações nessa seqüência. As duas primeiras tríades, correspondentes aos turnos 1 a 3, e 3 a 5, são típicas de situações escolares em que os conceitos são o foco do ensino. Nota-se que aqui, mais uma vez, a forma de apresentar os dados do discurso oral (por turno) faz com que um turno (turno 3) tenha ao mesmo tempo a função de avaliar a resposta do turno anterior e iniciar a nova seqüência. As tríades seguintes aparecem relacionadas ao conteúdo do planejamento e à escrita dele. Nesse sentido, o que é avaliado agora não são conceitos, mas, por exemplo, fontes de informação (turno 18). Com isso, os objetos em negociação na dinâmica discursiva da aula não são apenas os conteúdos conceituais, mas também as formas de aprender. Isso pode estar relacionado à opção pelo trabalho com projetos, que pressupõe uma participação ativa do aluno, o que implica a explicitação clara da agenda e a negociação permanente das formas de participação.

A próxima seqüência ilustra o processo de explicitação do conhecimento que os alunos já detêm sobre a dengue e das questões que orientarão o projeto.

Quadro 28: "Mais o que vocês sabem sobre a dengue e o que gostariam de aprender sobre a dengue?"

Turnos	Participantes	Discurso	Aspectos extralingüísticos/comentários da pesquisadora
31	Professora	Bom, então, o que que nós sabemos? Que a febre amarela mata, e o que que pode acontecer pra não morrer?	Professora retoma as falas de alunos que se posicionaram anteriormente.
32	Gustavo	O professora!	Muitos alunos com a mão levantada, respondendo ao mesmo tempo.
33	Professora	Que que tem que ser feito?	
34	Alunos	Tem que vacinar.	
35	Professora	A vacina, né? Isso mesmo. Gabriela falou que a água parada transmite a dengue. Mais o que que vocês já sabem de concreto sobre a dengue?	
36	Aluna	Professora, quando chove a água entra na garrafa e aí (incompreensível).	
37	Professora	Ah, então tá, a água parada no geral, ou na garrafa, ou caixa d'água destampada. Mais o quê?	
38	Aluno	Pneu.	
39	Professora	Pneu, nada com água, tampinha. Depois nós vamos fazer visita na	

Turnos	Participantes	Discurso	Aspectos extralingüísticos/comentários da pesquisadora
39		escola pra ver se tem foco da dengue na escola. Mais o quê?	
40	Gustavo	Professora, também eles gostam de água limpa, não gostam de água suja não.	
41	Professora	É verdade, gente?	
42	Alunos	É.	
43	Professora	Ele só gosta de água limpa?	
44	Alunos	Não, água suja.	
45	Professora	Então é uma coisa que a gente poderia saber: se ele gosta de água limpa ou suja, onde vive, tá? Seria legal a gente ficar sabendo se o mosquito da dengue prefere água limpa ou água suja? Ou água parada ou água corrente? É legal ou não, gente?	
46	Alunos	É.	Em coro.
47	Professora	Então vamos colocar assim: água parada ou corrente, ou limpa, você falou, né? Gente, mais o que que vocês já sabem sobre a dengue? Loice, você já ouviu falar sobre a dengue, Loice?	Professora escreve no quadro o que gostaríamos de saber. Loice é a única aluna da turma que ainda não está alfabetizada.
48	Rafael	Ô professora (incompreensível) ele chega a botar trezentos e cinqüenta ovos na água.	
49	Professora	Ah, então ele vem de ovos, né, gente? Quem gostaria de conhecer sobre o ovo do mosquito? Seria interessante?	

Turnos	Participantes	Discurso	Aspectos extralingüísticos/comentários da pesquisadora
50	Alunos		Vários alunos levantam a mão.
51	Professora	Então poderíamos colocar nesse quadro aqui, oh, o que gostaríamos de aprender sobre a dengue. O Rafael falou que são quantos ovos?	
52	Alunos	Trezentos.	
53	Professora	Que o mosquitinho coloca? Nós poderíamos pesquisar isso, então, conhecer o ovo da dengue.	
54	Rafael	É trezentos e cinqüenta, professora.	A professora ignora a correção de Rafael.
55	Professora	E saber quando cada mosquito consegue (+).	
56	Rafael	É trezentos e cinqüenta.	A professora não escuta o aluno.
57	Professora	Mais o que vocês sabem sobre a dengue e o que gostariam de aprender sobre a dengue? Vocês têm alguma curiosidade, o que que vocês gostariam de aprender aqui na sala sobre a dengue? Vocês podem perguntar pro papai, pra mamãe, pro vizinho. O que vocês gostariam de aprender sobre a dengue? Esse grupinho de cá, oh, o que vocês gostariam de aprender sobre a dengue? Rafael achou interessante pesquisar o ovo.	
58	Gustavo	Como é que ele é.	
59	Professora	Quantos ovos. Como que é o mosquito da dengue? Vocês acham interessante conhecer o mosquito?	A professora fala para Gustavo.
60	Alunos	Achamos.	

Turnos	Participantes	Discurso	Aspectos extralingüísticos/comentários da pesquisadora
61	Professora	Quem mora perto de algum posto de saúde aí, gente, eles estão emprestando os vidrinhos (+)?	
62	Alunos	Eu moro.	Vários alunos com a mão levantada.
63	Professora	Então tá. Conhecer o mosquito.	Escreve no quadro.
64	Gustavo	Ô professora.	Ela não escuta.
65	Professora	Qual que é o nome dele?	
66	Alunos		Não respondem.
67	Professora	Qual que é o nome do mosquito da dengue, gente?	
68	Alunos	*Aedes aegipty.*	
69	Aluna		Levanta a mão.
70	Professora	Pode falar. Aedes aegipty, isso mesmo. Tem mais alguma coisa que vocês gostariam de aprender, gente, sobre a dengue? Só conhecer os ovos, conhecer o mosquito, saber quantos ovos coloca, se vive na água limpa, suja ou parada, hein, Loice?	
71	Rafael	Oh professora, quando é que nasceu o primeiro mosquito da dengue?	
72	Professora	Quando é que nasceu o primeiro mosquito da dengue. Vamos colocar, a gente vai buscar isso, então. Como surgiu o primeiro mosquito?	Escrevendo no quadro.
73	Alunos	É.	
74	Professora	Alguém já pegou dengue aqui na sala, gente?	
75	Alunos	Eu não.	
76	Rafael	Deus me livre, professora.	

Essa seqüência mostra como a professora interage com os alunos para desenvolver duas fases previstas no projeto da dengue: o que já sabemos sobre a dengue e o que gostaríamos de saber. É interessante notar que ela desenvolve as duas fases simultaneamente, o que evidencia uma apropriação não-linear da proposta pedagógica de projetos. Com exceção de algumas interações como os alunos, que se caracterizam como seqüências triádicas do tipo IRA (turno 33 a 35, e 67 a 70), no restante das interações a professora geralmente contempla as falas dos alunos, e não as avalia no sentido de restringir os significados. Isso gera cadeias de interação que são concluídas pela professora não por avaliações que restringem os significados, mas pela elaboração da questão que fará parte do projeto. Por exemplo, no turno 45, diante das contribuições contraditórias dos alunos em relação ao tipo de água onde o mosquito se desenvolve (suja ou limpa), no lugar de optar por uma dessas possibilidades, a professora aproveita a oportunidade para transformar essa dúvida numa pergunta a ser respondida no desenvolvimento do projeto. O mesmo ocorre em relação à contribuição de Rafael, no turno 48, sobre o número de ovos que cada mosquito bota. Ao retomar essa contribuição, a professora ignora a insistência de Rafael de que são trezentos e cinqüenta ovos e não trezentos, como os outros alunos responderam. Ela desconsidera essa polêmica, pois o mais importante não é restringir esse significado, mas manter a dinâmica discursiva no sentido de explicitar a pergunta a ser feita, neste caso, conhecer o ovo da dengue (turno 53) e saber quantos ovos cada mosquito consegue botar (turno 55). Dessa forma, ela é capaz de explicitar todas as questões que orientarão o desenvolvimento do projeto a partir das contribuições dos alunos. Aparentemente, as questões que foram listadas são aquelas que ela havia planejado. Há aqui um aspecto interessante da tensão entre o discurso de autoridade e o discurso internamente persuasivo que caracteriza o discurso da sala de aula. Aparentemente, há uma clara predominância do discurso internamente persuasivo, pois vários pontos de vista diferenciados oferecidos pelos alunos são considerados na elaboração do planejamento. No entanto, a professora tem controle sobre essa dinâmica discursiva, o que é evidenciado na forma como ela retoma contribuições anteriores dos alunos para estruturar as perguntas que serão objeto do projeto. No turno 35, por exemplo, ela retoma uma contribuição anterior da Gabriela para introduzir o tema "água parada", o que vai resultar numa série de interações com os alunos, que é concluída no turno 45, com a intervenção da professora: "Seria legal a gente ficar sabendo se o mosquito da dengue prefere água limpa ou água suja? Ou água parada ou água corrente?" A atitude responsiva de acordo com Bakhtin (1981) que caracteriza o discurso da professora propicia intervenções dos alunos por meio de enunciados completos (por exemplo, turnos 40, 48, 71) e possibilita que diferentes vozes circulem na sala de aula: a voz da mídia, da experiência cotidiana dos alunos, do conhecimento escolar e dos órgãos de saúde pública.

A intenção da professora de explicitar, a partir dos alunos, as questões que guiarão o projeto sobre a dengue propicia a dinâmica discursiva em que predominam perguntas elicitativas por parte da professora, e as respostas dos alunos são quase todas contempladas. O uso dos pronomes **nós** ou da expressão com função pronominal **a gente**, alternado com o uso do pronome **vocês** para elicitar o conhecimento dos alunos, é compatível com essa intenção da professora. A coordenação entre intenção pedagógica da professora, os padrões de interação e as características do discurso (se predominantemente de autoridade ou internamente persuasivo) e o objeto de sentido, que procuramos demonstrar nesta análise, confirma as nossas opções metodológicas de não tratar isoladamente aspectos, como os padrões e o tipo de discurso predominante, das intenções pedagógicas e do próprio conteúdo que constitui o objeto de sentido. Essa opção inspira-se na sistematização sugerida por Mortimer e Scott (2003), ao proporem cinco aspectos na estrutura analítica, quatro dos quais semelhantes aos que foram destacados aqui.

A próxima seqüência apresenta o processo de negociação das fontes de informação a serem utilizadas pelos alunos no desenvolvimento do projeto. Antes, porém, eles apresentaram seus conhecimentos prévios sobre o assunto e definiram os conteúdos que gostariam de aprender sobre a dengue. Ao final desta seção é apresentado o produto dessa negociação – o texto construído coletivamente pela turma –, que servirá de referência para o desenvolvimento do projeto.

Quadro 29: "Como que nós vamos aprender tudo isso que vocês falaram, essas informações, onde nós vamos buscar?"

Turnos	Participantes	Discurso	Aspectos extralingüísticos/comentários da pesquisadora
77	Professora	Oh gente, olha aqui. Como que **nós** vamos aprender tudo isso que **vocês** falaram, essas informações, onde **nós** vamos buscar?	Em pé de frente para a turma.
78	Alunos	Jornal, revista.	
79	Professora	Jornais.	
80	Alunos	Revistas, rádio.	
81	Professora	Mais o quê? Rádio também?	
82	Alunos e professora	Rádio, televisão, revista.	
83	Alunos	Folhetos.	
84	Professora	Ah, folhetos informativos. **A gente** tá ganhando muitos por aí no bairro, **a gente** tá no ônibus, eles tão entregando, então não joguem foram o que **vocês** ganharem, traz pra **gente**, tá?	Escrevendo no quadro.

Turnos	Participantes	Discurso	Aspectos extralingüísticos/comentários da pesquisadora
84		Na rodinha, vamos ver então. Folhetos.	
85	Rafael	Cartazes.	
86	Alunos	Oh, professora.	
87	Professora	Mais onde **a gente** vai colher?	
88	Aluno	Televisão.	
89	Rafael	Cartazes, professora.	
90	Gustavo	Oh professora.	
91	Professora	Oh gente, talvez tenha algum filme, algum vídeo, livros, né?	
92	Gustavo	Oh professora!	
93	Professora	Oi.	
94	Gustavo	Um dia eu vi um moço que tava vendendo um trabalho sobre a dengue e aí vinha um papel num livrinho assim e tinha um mosquito da dengue lá dentro.	
95	Professora	Oh gente, então a curiosidade de vocês é só essa, ninguém tem mais nada, não, que gostaria de aprender sobre a dengue? Então ficou assim, oh. Vamos ler, gente?	

Nessa seqüência, mantém-se a mesma perspectiva enunciativa que constitui as seqüências anteriores, pois a professora inclui-se no processo de negociação de significados, minimizando a assimetria na relação com os alunos, o que é evidente no uso do pronome **nós**. Como se observa aqui, o uso do pronome **nós** e da expressão pronominal **a gente** ocorre em todos os turnos da professora, evidenciando a opção pelo trabalho conjunto na realização do estudo da dengue. As perguntas dela instigam os alunos a ampliar as fontes de informação que estão sendo sugeridas por eles, permitindo a construção de várias possibilidades de leitura e de acesso às informações pelo grupo, como se observa nos turnos 77, 81, 87 e 95. As sugestões dos alunos – jornal, rádio, revista, televisão, folheto e cartazes – explicitam o interesse deles pela busca de informações fora do espaço escolar e evidenciam a apropriação da voz da professora nas seqüências anteriores, em que ela nomeou diferentes fontes possíveis de serem consultadas, entre elas televisão, revistas e jornais. Apenas um aluno – Gustavo – sugeriu que poderiam consultar livros da biblioteca, mas a sugestão foi feita no momento em que eles definiam o que gostariam de estudar e não nessa seqüência ora analisada. Tal sugestão não foi retomada pela professora nem pelo grupo. Esse fato pode indicar o que já havia sido levantado anteriormente: a biblioteca escolar não é um espaço muito utilizado pelo grupo nem para pesquisa nem para empréstimo de livros de literatura ou outros textos.

No turno 84, a professora retoma com o grupo o lugar que a rodinha ocupa no desenvolvimento curricular dessa sala de aula e na constituição das práticas de letramento do grupo. Ou seja, é na rodinha que a maior parte dos impressos e textos coletados pelos alunos é compartilhada, confirmando a expectativa do grupo na constituição desse espaço interacional. As análises das aulas posteriores confirmam que os textos levados pelos alunos foram compartilhados na rodinha e, posteriormente, constituíram o painel da dengue exposto na sala de aula durante a realização do estudo. Essa prática de letramento – compartilhar textos lidos ou produzidos pelos alunos – é constitutiva desse grupo, conforme descrito anteriormente.

O tipo de pergunta presente no turno 95 prevaleceu em todas as seqüências de discussão do primeiro e do segundo tópico da estrutura do projeto, em que a professora buscou que os alunos fossem exaustivos na explicitação do conhecimento que já tinham e na definição do que gostariam de aprender. Mesmo ao final da construção escrita do planejamento, nesse último turno de fala, percebe-se a busca exaustiva por informações.

O texto produzido ao final do planejamento foi o seguinte:

> **O que gostaríamos de saber:**
>
> Onde vive (água parada ou corrente)
>
> Conhecer os ovos da dengue
>
> Conhecer o mosquito
>
> Como surgiu o primeiro mosquito da dengue
>
> *Rap*
>
> **Como vamos aprender:**
>
> Jornais, rádio, revista, folhetos, televisão, palestra, entrevistas, livros.

É interessante notar que nem todas as questões abordadas oralmente constam do planejamento escrito. Por exemplo, em relação à questão sobre onde vive o mosquito, foi registrado apenas se na água parada ou corrente, mas não se na água limpa ou suja, algo que havia sido discutido. Por outro lado, sugestões dos próprios alunos e que muito dificilmente serão respondidas ("como surgiu o primeiro mosquito da dengue") constaram do planejamento na forma em que foram propostas.

A seguir são analisados alguns aspectos discursivos e interacionais da segunda aula gravada no desenvolvimento do projeto Dengue, em 29 de março. Nesse dia, a atividade constituiu-se de uma visita à escola feita pela turma para localizar prováveis focos da doença. Essa proposta foi apresentada pela professora no planejamento da aula e na rodinha e não foi retomada por ela nem pelo grupo na escrita da terceira parte da estrutura do projeto, analisada nesta seção. Ou seja, trata-se de uma ação não prevista no planejamento escrito do projeto.

Procurando focos de dengue na escola

Essa aula ocorreu três dias após o planejamento do projeto. Conforme foi dito anteriormente, essa atividade foi proposta pela professora antes mesmo de o grupo sistematizar o planejamento e definir quais fontes de informação seriam usadas. Ainda que tenha sido prevista, a visita à escola não foi incluída formalmente no planejamento. As filmagens iniciaram-se com os alunos voltando da visita e fazendo o relato da experiência na sala de aula. O planejamento dessa aula, registrado no quadro-de-giz, incluiu a visita como a primeira atividade do dia, após a realização da oração coletiva, que acontece no pátio da escola. Os alunos estão sentados individualmente, uma das poucas vezes em que essa forma de organização ocorreu.

Enquanto os alunos sentam-se às suas mesas, a professora organiza papéis e rapidamente inicia a discussão da visita. O mapa de eventos da página seguinte evidencia as diferentes ações e atividades dos alunos nessa aula.

O mapa de eventos mostra a variedade de ações e atividades desenvolvidas durante os quase setenta minutos de filmagem. Identificamos cinco eventos construídos pelos participantes. Nesses eventos, fica claro que a ocupação do espaço pelos sujeitos variou bastante, dependendo das ações a serem realizadas. A professora movimentou-se na sala de aula em várias situações, como de costume. Os alunos permaneceram sentados a maior parte do tempo, mas no momento em que foram convidados a ler o texto afixado no painel, cada um levantou-se e fez a leitura ao lado do painel. Esses indicadores mostram que o espaço da sala de aula não é fixo nem dado, é um espaço social, construído pelos

Quadro 30: Mapa de eventos da aula de 29 de março

Eventos	Tempo gasto em minutos	Linha de tempo[12]	Ações dos participantes	Espaço interacional/ comentários da pesquisadora
Narrando oralmente a visita		00:03:27	A professora inicia a discussão usando a expressão "prontinho, gente!" para convocar a atenção dos alunos. Pergunta quem gostaria de falar sobre a visita.	Alunos sentados em fileiras, professora em pé de frente para a turma.
		00:04:18	A professora relembra a regra "levantar o dedo pra falar".	
		00:04:21	Fernanda é escolhida para falar primeiro e relata sobre água parada atrás do banheiro.	
		00:04:35	Rafael é escolhido e faz seu relato sobre uma garrafa rasgada cheia de água.	
		00:05:15	Jéssica é escolhida para falar. Ela destaca o lixo destampado cheio de bichinho.	
		00:05:23	Ana Carolina é escolhida para falar e descreve a água parada perto do esgoto.	
		00:05:35	Uma aluna, não identificada, fala de um cano quebrado atrás da biblioteca.	
		00:05:44	Luana é escolhida e destaca uma torneira pingando numa das salas.	
		00:06:48	Gustavo, após três tentativas, consegue falar o que viu. Ele relata sobre o lixo a ser coletado pelo lixeiro.	

12. Nesse mapa, a linha de tempo representa o tempo indicado no programa C-vídeo.

Eventos	Tempo gasto em minutos	Linha de tempo	Ações dos participantes	Espaço interacional/ comentários da pesquisadora
Narrando oralmente a visita	05	00:07:04	Um aluno, não identificado, fala dos galhos de árvore caídos no chão.	
		00:07:04	A professora faz uma descrição do entulho no pátio.	
		00:07:35	A professora anuncia a proposta de formar uma comissão de alunos para falar sobre o assunto com o diretor da escola.	
		00:07:58	Gustavo pede para falar e é ouvido. Ele avisa que vai chamar o funcionário da vigilância sanitária ("o moço que coloca remédio da dengue").	
		00:08:13	A professora acrescenta mais informações e retoma a entrevista que os alunos fizeram com os vizinhos. Na seqüência, Gustavo e Fernanda relatam a entrevista que fizeram.	
Elegendo a comissão	09	00:09:58	A professora retoma a proposta da eleição da comissão de alunos.	
		00:11:01	O processo de escolha inicia-se. A professora escreve a lista de alunos que irão concorrer.	Professora escrevendo no quadro.
		00:12:35	Começa a eleição. Cada aluno escolhe um colega.	
		00:15:40	Apuração do resultado.	
		00:17:36	Professora anuncia os membros da comissão.	
		00:18:14	Professora retoma as anotações em seu caderno sobre a	Professora de frente para a

Eventos	Tempo gasto em minutos	Linha de tempo	Ações dos participantes	Espaço interacional/ comentários da pesquisadora
Elegendo a comissão			visita à escola para checar as reivindicações que serão feitas ao diretor da escola.	turma fazendo a leitura das anotações.
Lendo e discutindo um texto sobre dengue		00:19:39	Professora anuncia as próximas atividades.	
		00:21:27	Alunos iniciam a leitura silenciosa do texto.	
		00:25:01	Professora checa os alunos que já terminaram a leitura.	
		00:26:02	Leitura oral coletiva do primeiro parágrafo. Discussão desse trecho. Na seqüência, cada parágrafo é lido e discutido pela turma e pela professora.	
	19	00:38:59	Discussão do último parágrafo do texto.	
Lendo o mural		00:39:39	A professora retoma o mural da dengue e pede a leitura coletiva de alguns textos.	O mural está afixado atrás de sua mesa, no canto direito da sala.
		00:40:43	A professora anuncia o "para casa": na próxima rodinha os alunos deverão trazer textos sobre febre amarela.	
		00:41:08	A professora retoma a leitura de textos do mural, solicitando que cada aluno leia o seu. Dezessete alunos fazem a leitura.	Cada aluno vai até o mural fazer a leitura.
	09	00:49:39	A professora anuncia a próxima atividade: escrever sobre	Loice é escolhida para

capítulo 5 • **249**

Eventos	Tempo gasto em minutos	Linha de tempo	Ações dos participantes	Espaço interacional/ comentários da pesquisadora
Lendo o mural			os cuidados para combater a dengue.	ajudar na distribuição das folhas.
Escrevendo sobre a dengue		00:50:25	Leitura coletiva do enunciado da atividade.	Professora em frente à turma acompanha a leitura coletiva.
		00:50:38	A professora avisa que os alunos podem começar a escrever. Ela checa a escrita dos alunos e aproveita para retomar algumas regras, como o uso de maiúsculas.	Professora circula entre as fileiras.
		00:52:33	Professora atende Loice.	Alguns alunos vão à mesa de Loice pedir orientações à professora.
		01:00:25	Professora vai para outra mesa, atender outro aluno.	
	17	01:04:13	Professora volta à mesa de Loice.	
			Final da filmagem.	

participantes nas interações em sala de aula (Collins e Green, 1992), na realização de diferentes ações pertinentes ao processo de ensino-aprendizagem.

Os eventos mais longos são aqueles relacionados às atividades de leitura e de produção de textos. O evento mais curto não envolveu nenhuma atividade de leitura ou de escrita, constituiu-se de uma narrativa oral daquilo que os alunos observaram na visita à escola.

A análise do mapa indica também a quantidade significativa de alunos que participaram, relatando suas observações do espaço físico da escola. A professora permitiu que cada um narrasse sua experiência. Os alunos foram escolhidos entre aqueles com a mão levantada, uma regra compartilhada pela turma. Pelo relato dos alunos, percebe-se a variedade de aspectos observados durante a visita. Nesse processo, a professora anuncia a proposta de se formar uma comissão de cinco integrantes para levar ao diretor da escola os problemas encontrados relativos aos possíveis focos de dengue. A proposta é imediatamente apropriada pelos alunos, que num processo de apenas nove minutos elegem os membros participantes. Observamos que a grande maioria da turma gostaria de integrar a comissão. A função da comissão é a de levar por escrito, ao diretor da escola, uma lista dos problemas encontrados. Não verificamos anotações dos alunos durante a visita, e, quando chegaram à sala de aula, não portavam nenhum material escrito. No entanto, a professora registrou todos os detalhes da visita e recorreu a seu registro para organizar o conteúdo da lista a ser preparada para o diretor. A leitura das anotações da professora foi feita oralmente por ela e possibilitou que os alunos pudessem comparar suas observações com as dela.

Os dois eventos de letramento, constituídos pelas práticas de leitura da turma, foram variados. O primeiro, realizado em dezenove minutos, constituiu-se da leitura de um texto levado pela professora, que buscou responder às perguntas: O que é dengue? Como se pega a dengue? Como evitar a dengue? Como combater as larvas? Trata-se de uma montagem de diferentes textos e, ao que parece, foram retirados de folhetos informativos que circularam na comunidade. A prática de leitura do texto sobre a dengue é a mesma em todas as aulas e ocorreu nesta seqüência: leitura silenciosa e leitura oral coletiva. Nesse caso, a professora pediu que a turma lesse oralmente cada parágrafo, sendo a leitura entremeada da discussão do parágrafo lido. Após a leitura do texto, a professora convida os alunos a lerem o mural da dengue, confeccionado no dia anterior com os textos que os alunos levaram para a rodinha e com textos deles próprios, produzidos anteriormente. Essa prática de leitura confirma que não apenas a professora, mas os próprios alunos são interlocutores de seus textos. Assim, entre os tipos de textos e impressos que os alunos lêem, incluem-se aqueles construídos por eles próprios.

Após a leitura dos textos, a professora anuncia o "para casa", cuja tarefa é coletar informações sobre a febre amarela. Na verdade, esse tema atravessou todo o estudo da dengue, desde o planejamento do projeto. O último evento filmado refere-se à prática individual de produção de um texto sobre a dengue, mais especificamente sobre os cuidados para combatê-la. De certa forma, o texto para leitura serviu de pretexto para a produção do texto, já que a maior parte das informações a serem elaboradas pelos alunos foi apresentada no texto lido. Essa prática de letramento é bastante comum nessa turma, onde quase sempre a professora pede aos alunos que escrevam individualmente um texto após a leitura de um texto ou após a discussão de algum assunto na rodinha. Ao que parece, ela tem por objetivo avaliar se os alunos estão apropriando-se das informações compartilhadas e discutidas sobre a dengue ou qualquer assunto que esteja sendo tratado. Os textos escritos nessas condições são colados no caderno e não se percebe nenhuma socialização deles pela turma, exceto no caso daqueles textos que, mesmo tendo sido escritos individualmente, devem ser compartilhados pelos alunos num painel ou cartaz.

Na página seguinte é analisada uma seqüência discursiva que ilustra a dinâmica da narrativa dos alunos dos problemas encontrados na visita à escola.

A perspectiva enunciativa que minimiza a assimetria entre professora e alunos continua nessa seqüência, como se observa pelo uso do pronome **nós** e da expressão pronominal **a gente**. A professora participou ativamente, junto com os alunos, da visita à escola e, além de registrar suas observações em seu caderno, convocou os alunos a relatarem suas próprias observações, o que os posiciona como sujeitos realmente participantes do processo de construção

Quadro 31: "Vamos discutir um pouquinho então sobre a visita?"

Turnos	Participantes	Discurso	Aspectos extralingüísticos/comentários da pesquisadora
01	Professora	Prontinho, gente?	
02	Alunos	Prontinho.	Alguns alunos em coro.
03	Professora	Vamos discutir um pouquinho então sobre a visita?	
04	Alunos	Vamos, vamos!	Falam simultaneamente.
05	Professora	O que **nós** descobrimos, que que vocês acharam ... **a gente** pode evitar, né? Rafael! Quem gostaria então de falar sobre a visita, para verificar a questão se há ou não foco da dengue? Oh, gente, provavelmente não temos foco de dengue na escola. Mas tem coisas que, se a gente deixar, pode vir a ...	Chama a atenção de Rafael.
06	Alunos e professora	Ter.	
07	Professora	Não é isso? Igual vocês viram a questão do lixo. Como é que tava o lixo?	
08	Aluna	Destampado.	
09	Professora	Destampado, com bichinhos, né? Então vamos conversar um pouquinho sobre a **nossa** visita? O que que vocês perceberam?	
10	Alunos		Alunos respondem falando simultaneamente.
11	Professora	Um de cada vez, levante o dedinho. Vamos lá! Fernanda.	Alunos levantam o dedo.
12	Fernanda	Água parada.	
13	Professora	Onde, Fernanda, **nós** observamos que aquela água não pode continuar assim?	

Turnos	Participantes	Discurso	Aspectos extralingüísticos/comentários da pesquisadora
14	Fernanda	Lá perto da mangueira (incompreensível).	
15	Professora	Atrás do banheiro, Fernanda?	
16	Fernanda	É.	
17	Professora	Não tá tendo queda e a água está parada ali, né? Vê que a água já tá suja, já tem lodo, então, pode acontecer de ter foco de dengue lá. Você, Rafael, o que você observou?	
18	Rafael	Que na hora que **nós** tava vindo tinha um litro lá rasgado com um monte de água dentro, um monte de lodo.	
19	Professora	Ah! Uma metade de uma garrafa de plástico destampada, cheia de água, a água já estava...	
20	Aluno	Suja.	
21	Professora	Parece velha, suja, então não é legal deixar a garrafa com água?	
22	Alunos	Não.	
23	Professora	A gente quer criar dengue aqui na escola, não pode.	
24	Gustavo	Oh, professora [...] professora!	A professora ignora o chamado do aluno.
25	Professora	[...] Jéssica (incompreensível).	
26	Jéssica	O lixo destampado tava cheio de bichinho.	
27	Professora	Isso! O lixo tem que tá bem...	
28	Alunos	Tampadinho.	
29	Professora	Pode falar, Ana Carolina.	
30	Ana Carolina	Água parada lá perto do esgoto.	

Turnos	Participantes	Discurso	Aspectos extralingüísticos/comentários da pesquisadora
31	Professora	Tá empoçando no buraquinho e a água não tá conseguindo sair.	
32	Aluna	Professora, tem um cano quebrado atrás da biblioteca.	
33	Professora	O cano quebrado atrás da biblioteca também, deixando a água parada. Luana.	
34	Luana	Também dentro da sala 16 embaixo tem uma torneira em cima que tá pingando água.	
35	Professora	Isso mesmo. No segundo andar tem uma torneira, não sei se está estragada ou se está mal fechada, né? **A gente** já falou a questão de conservar mesmo, de preservar a água, não desperdiçar.	
36	Gustavo	É duas, professora, tem outra ali.	A professora ignora o comentário do aluno. Gustavo é o único com a mão levantada nesse momento.
37	Professora	E o que que tá acontecendo: tá pingando a de cima e empoçando a água embaixo, não tá legal. Ou a gente tá conversando, o Cláudio chamando, oh, servente, vamos fechar a torneira, vamos evitar o desperdício! Além do desperdício pode estar o quê?	

conjunta do conhecimento. Ao registrar as observações em seu caderno, a professora foi capaz de manter um controle sobre os significados que circularam nas interações, pois quase sempre conseguiu introduzir os temas (por exemplo, a situação do lixo, no turno 7) ou parafrasear as falas dos alunos (por exemplo, no turno 19).

A função da visita à escola foi contribuir para que ela cuide de seu ambiente interno, evitando o surgimento de focos da dengue. A forma como alunos e professora decidiram compartilhar com a escola suas preocupações evidencia uma prática de letramento construída pelo grupo por meio do uso da escrita. É o que se constata na organização da comissão e da lista de observações dos alunos e da professora, a ser levada na forma de um texto escrito à direção da escola, evidenciando assim o reconhecimento da hierarquia das funções na escola. Ao mesmo tempo, a escolha de um tema conjuntural para o desenvolvimento do projeto traz um efeito interessante, pois as conseqüências do estudo não se restringem a uma ampliação do conhecimento sobre o objeto, mas são transformadas em ações concretas para prevenir a doença, algo que pode ter repercussões também na comunidade. Isso está previsto na concepção de trabalhos por projetos na proposta da Escola Plural que orienta a prática da professora.

A maior parte das perguntas da professora caracterizou-se como perguntas denominadas por Mehan (1979) de elicitativas, que visam à explicitação de informações do interlocutor e posicionam-no como um sujeito participante efetivo dos processos de interação e interlocução em sala de aula, como se pode observar nos turnos 7, 9, 17 e 37. Os *feedbacks* da professora caracterizaram-se pela apropriação do relato dos alunos, na maior parte das vezes parafraseando e/ou confirmando o relato (ver turnos 9, 13, 17, 19, 27, 33 e 35). Essa posição evidencia que não houve diferenças significativas entre o que os alunos observaram e o que a própria professora observou. A discussão gira em torno da descrição dos aspectos observados, sem que haja situações que mobilizem a postura argumentativa dos alunos, por exemplo, a busca de explicações para o fato de o mosquito se reproduzir em locais com água parada.

A ação de visitar a escola foi prevista pela professora no primeiro dia de aula do projeto Dengue, mas o mesmo não ocorreu em relação à comissão para levar as observações para a direção, o que mostra as diferenças entre as ações planejadas para a realização do projeto e aquelas que realmente se concretizaram.

Lendo e escrevendo sobre a dengue

Nesta seção, são analisadas as práticas de leitura e de produção de texto ocorridas na aula de 2 de abril, uma semana após o início do projeto, a terceira aula filmada. Ao explicitar a agenda, a professora enuncia: "Dentro de português, com o tema da dengue, a gente vai trabalhar um texto e depois a gente vai produzir um texto em nosso caderno."
Os alunos estavam organizados em dois grandes grupos mistos (meninos e meninas). O mapa a seguir apresenta os eventos ocorridos e as ações que constituíram a aula.

Quadro 32: Mapa de eventos da aula de 2 de abril

Eventos	Tempo gasto em minutos	Linha de tempo[13]	Ações dos participantes	Espaço interacional/ comentários da pesquisadora
Planejando a aula		00:02:36	Professora cumprimenta os alunos.	Alunos sentados em dois grupos.
		00:02:55	Cantam parabéns para Maicon.	
		00:04:32	Iniciam o planejamento da aula.	
		00:05:01	Alunos demandam a rodinha.	A professora pediu que os alunos opinassem se queriam a rodinha. Todos ergueram a mão.
		00:05:56	Luana lembra que a comissão criada em 29 de março vai mostrar ao diretor os prováveis focos de dengue na escola.	

13. Nesse mapa, a linha de tempo representa o tempo indicado pelo programa C-vídeo.

Eventos	Tempo gasto em minutos	Linha de tempo	Ações dos participantes	Espaço interacional/ comentários da pesquisadora
Planejando a aula	06	00:06:37	Alunos e professora listam as outras atividades do dia: português, matemática, ciências, recreio e "para casa".	
Compartilhando experiências na rodinha		00:08:38	Professora inicia a conversa na rodinha.	
		00:09:29	Gabriela relata um caso sobre o trânsito. O próximo aluno mostra uma gravura da dengue. Mais três alunos mostram uma reportagem sobre a dengue.	
		00:10:37	Professora lê o texto, comentando cada parágrafo.	
		00:13:32	Milena comenta sobre a dengue. Roxane, Luana e outro aluno voltam ao assunto do trânsito.	
		00:15:11	Ana Carolina apresenta textos sobre a febre amarela e sobre as drogas. A professora avisa que a febre amarela e o piolho são os próximos assuntos.	
		00:16:36	William fala sobre o lixão perto de sua casa, onde há pneus e água parada.	
		00:19:07	Outros alunos relatam experiências diferentes, como brincadeiras no fim de semana e presentes que ganharam. Gustavo mostra o livro que ganhou e um quebra-cabeça sobre o Rei Leão. A professora afirma	Dois alunos afirmam não ter nada a relatar.

Eventos	Tempo gasto em minutos	Linha de tempo	Ações dos participantes	Espaço interacional/ comentários da pesquisadora
Compartilhando experiências na rodinha			que, se der tempo, vai colocar a história no planejamento. Ela pergunta quem tem o filme do Rei Leão pra trazer para a turma.	
		00:22:05	Taís trouxe um folheto sobre a dengue e outro aluno comenta que viu o mosquito da dengue.	
	15	00:23:11	Professora anuncia o fim da rodinha.	
Lendo e respondendo a perguntas de um texto sobre a dengue.		00:25:03	Professora pede a leitura silenciosa do texto sobre a dengue.	Voltam aos grupos. Professora circula entre os grupos.
		00:27:27	Professora indica mais uma leitura silenciosa.	
		00:28:55	Professora checa quem gostaria de ler em voz alta. Ela escolhe Fernanda para ler o primeiro parágrafo.	Muitos alunos levantam a mão.
		00:29:39	Rafael é escolhido para ler o parágrafo seguinte, seguido da avaliação da leitura pela professora, que destaca problemas de entonação.	
		00:30:51	Alessandro lê o próximo parágrafo.	
			Professora pergunta quem mais gostaria de ler.	Muda o critério: escolhe pelos que levantam a mão.
		00:31:38	Vinícius continua a leitura.	

Eventos	Tempo gasto em minutos	Linha de tempo	Ações dos participantes	Espaço interacional/ comentários da pesquisadora
Lendo e respondendo a perguntas de um texto sobre a dengue		00:32:27	Professora inicia a discussão do texto pela análise da gravura. Ela informa que é uma montagem de uma revistinha.	
		00:33:47	Professora orienta como deve ser feita a leitura oral coletiva, destacando a observação dos sinais de pontuação. Faz uma analogia com a missa, onde todos lêem bonito.	
		00:34:11	Alunos iniciam a leitura oral coletiva do texto.	
		00:37:49	Fazem a leitura oral das perguntas, que deverão ser respondidas por escrito.	
		00:38:05	Professora avalia o entendimento da primeira pergunta. Vários alunos falam a resposta.	
		00:39:40	Professora checa o entendimento da segunda e da terceira perguntas.	
		00:40:41	Professora explicita o objetivo da atividade: avaliar o que os alunos aprenderam com o projeto Dengue.	
		00:41:44	Professora orienta como os alunos devem responder às perguntas por escrito e esclarece a dúvida de um aluno que pergunta se é para fazer produção de texto. Ela avisa que será a próxima atividade.	
		00:42:41	Professora orienta a aluna Loice, como é o costume em todas as aulas filmadas.	Professora circula entre as mesas, distribuindo

Eventos	Tempo gasto em minutos	Linha de tempo	Ações dos participantes	Espaço interacional/ comentários da pesquisadora
Lendo e respondendo a perguntas de um texto sobre a dengue				latinhas para colocar lixo. Depois se senta ao lado de Loice.
		00:56:53	Professora sai da mesa de Loice e atende rapidamente outros alunos.	Professora volta a circular entre as mesas.
		00:57:56	Fim da aula para os alunos que terminaram a atividade. Eles terão aula com a professora Márcia. Apenas Loice e outro aluno ficam na sala.	Professora, Loice e outro aluno presentes na sala de aula.
		00:59:06	Professora volta a atender a aluna em sua mesa.	
	70	01:34:03	Fim da filmagem. Professora continua atendendo Loice.	

O mapa de eventos da aula evidencia a socialização de experiências na rodinha e a leitura e discussão do texto sobre a dengue, como os dois eventos importantes na constituição dessa aula, juntamente com a produção de texto. O evento em que os alunos produziram o texto não foi gravado, mas os textos produzidos foram recolhidos e serão analisados ao final desta seção.

O planejamento da aula ocorreu rapidamente, como é costume, realizado em menos de sete minutos da aula. Interessante notar que a comissão definida para conversar com o diretor sobre os problemas dos prováveis focos de dengue na escola foi indicada pela aluna Luana como uma ação a ser incluída no planejamento dessa aula. Essa ação demonstra que os eventos construídos pelos participantes em aulas anteriores são retomados, evidenciando que as interações e práticas de letramento são construídas na rede e no fluxo de eventos de que os sujeitos participam diariamente na sala de aula (Collins e Green, 1992; Castanheira, 2000). No caso desse evento, constata-se uma prática de letramento planejada pela turma em aula anterior que será realizada nessa aula, indicando que a escrita da lista de observações dos alunos será entregue ao interlocutor real (o diretor), aproximando-se a escrita dos usos e funções sociais que tem na sociedade. Nesse caso, a escrita será escolarizada de uma forma diferente daquela tradicionalmente praticada na escola, tratada como um código abstrato, desvinculada de suas funções sociais (Smolka, 1988; Soares, 1999).

A rodinha ocorreu em quinze minutos, metade do tempo gasto em rodinhas de aulas anteriores. Essa previsão de tempo foi feita pela professora durante a definição do planejamento da aula. Observamos que, nessa aula, a rodinha constituiu-se não apenas como um espaço para o relato de experiências pessoais dos alunos, mas também como um lugar de socialização das práticas de leitura construídas fora do espaço escolar, referentes ao tema em estudo. Os textos que alguns alunos levaram foram compartilhados pela leitura da professora, constituindo-se num dos poucos momentos entre as aulas filmadas em que essa ação ocorreu. Isto é, a rodinha tem funcionado, prioritariamente, como um espaço para narrativas dos alunos (Cazden, 1988) e não para a leitura de textos.

A forma como a narrativa estrutura-se na rodinha apresenta diferentes aspectos discursivos, como discutido neste trabalho. Um aspecto importante refere-se ao impacto que o tema escolhido pelo primeiro aluno a relatar tem no discurso de seus colegas. Ou seja, observamos que o tema é retomado por alguns dos alunos, em seguida ou posteriormente. Nessa rodinha, aos nove minutos Gabriela conta um caso sobre o trânsito, que posteriormente é retomado pelas alunas Luana, Roxane e outro aluno. Talvez isso ocorra em função da não-definição pela professora do tópico discursivo que os alunos devem tratar, ao contrário do que se observa na pesquisa de Michael (1991), em que a professora apresenta critérios relacionados ao tópico ao qual os alunos devem se ater. Nesse caso, devem ser narradas experiências pessoais, desde que não incluam assuntos ligados à televisão. No caso da professora que ora analisamos, ela inicia a rodinha da seguinte forma: "Então vocês vão colocar na rodinha coisas agradáveis ou até mesmo o que deixou vocês tristes durante a semana, né, se teve alguma novidade, alguma coisa interessante que vocês gostariam de colocar para o grupo" (00:08:38). Percebe-se que as orientações são bastante gerais, permitindo que os alunos escolham os tópicos a serem narrados de acordo com seus interesses. Essa prática diferencia-se da turma da escola A, onde a primeira rodinha teve como objetivo que os alunos narrassem experiências sobre as férias. Apesar disso, nesse exemplo, como em outros da turma da escola B, o tema do projeto que está sendo desenvolvido – Dengue – é retomado na rodinha, por meio de textos trazidos pelos alunos ou de comentários sobre a experiência pessoal com o tema.

A forma como a professora leu o texto levado pelo aluno diferencia-se um pouco das práticas de leitura em momentos posteriores à rodinha, em que quase sempre são os alunos que fazem a leitura, sem uma leitura prévia da professora. No caso da rodinha, a leitura é quase sempre feita oralmente e de forma rápida pela professora, que enuncia: "Então vamos dar uma lida rapidinho que a gente vai produzir um texto sobre a dengue" (00:10:17). Mais do que compartilhar o texto dos alunos na rodinha, a leitura da reportagem tem por objetivo servir de pretexto (Geraldi, 1984) para a produção de um texto sobre o tema, que ocorrerá ao final da aula. Essa prática é recorrente nas produções de textos dos alunos, e a escrita do texto deve refletir o tópico tratado no texto lido em sala de aula, prática essa também constatada por Albuquerque (2002) em suas análises sobre leitura e produção de textos em sala de aula.

A) Práticas de leitura do texto sobre a dengue

Como se constituem as práticas de leitura nessa sala de aula? Qual a concepção de leitura subjacente à prática do professor? O evento de letramento após a rodinha é construído pelas práticas de leitura do texto indicado pela professora, que justifica tal prática da seguinte forma: "A gente vai ler esse texto e depois a gente vai escrever alguma coisa sobre a dengue. Então vamos fazer leitura silenciosa" (00:23:57). "Nós temos três questões que vocês vão responder no caderno, depois vai ser a escrita [do texto]" (00:25:49).

Assim como na leitura do texto na rodinha, a professora atrela a proposta de leitura à produção de textos que será realizada posteriormente, evidenciando a relação entre leitura e produção de textos como um elemento constitutivo das práticas de letramento nessa sala de aula. Discutindo o ensino da língua numa perspectiva discursiva, Geraldi (1995) propõe que

> grande parte do trabalho com leitura [seja] "integrado" à produção [de textos] em dois sentidos: de um lado ela incide sobre "o que se tem a dizer", pela compreensão responsiva que possibilita na contrapalavra do leitor à palavra do texto que se lê; de outro lado, ela incide sobre as "estratégias do dizer" de vez que, em sendo um texto, supõe um locutor/autor e este se constitui como tal da mesma forma apontada [...] na produção de textos (p. 166).

A forma como o texto foi lido não se diferencia de aulas anteriores, obedecendo mais ou menos à mesma seqüência: leitura silenciosa, leitura oral de alunos escolhidos e leitura oral coletiva, em que a professora indica os critérios a serem considerados pelos alunos para a realização de uma boa leitura: ler como as pessoas lêem na missa, todos em coro. Essa analogia indica que a leitura será avaliada de acordo com os critérios da entonação e do ritmo. A leitura oral, portanto, tem por objetivo permitir que a professora avalie aspectos não-discursivos das práticas de leitura. Segue-se a reprodução do texto e das perguntas lidos nessa aula.

Figura 6

ALERTA CONTRA A DENGUE
02/04/01

Feche as portas para a doença.
A doença vai embora voando, se a gente conseguir acabar com o mosquito em nossas casas. Lembre-se sempre de que o mosquito transmissor da Dengue se reproduz em qualquer lugar onde tiver um pouco de água limpa e parada.

Xô, mosquito!

O nome dele é **Aedes aegypti**. O mosquito do Dengue é um pouquinho diferente do pernilongo comum e tem o hábito de picar de dia. Ele se reproduz dentro de casa, no terreiro ou no lote vago. Tudo que fique exposto à chuva e possa juntar um pouco de água representa perigo. Por isso, o jeito mais fácil de acabar com o mosquito, e com a doença, é acabar antes com a água parada.

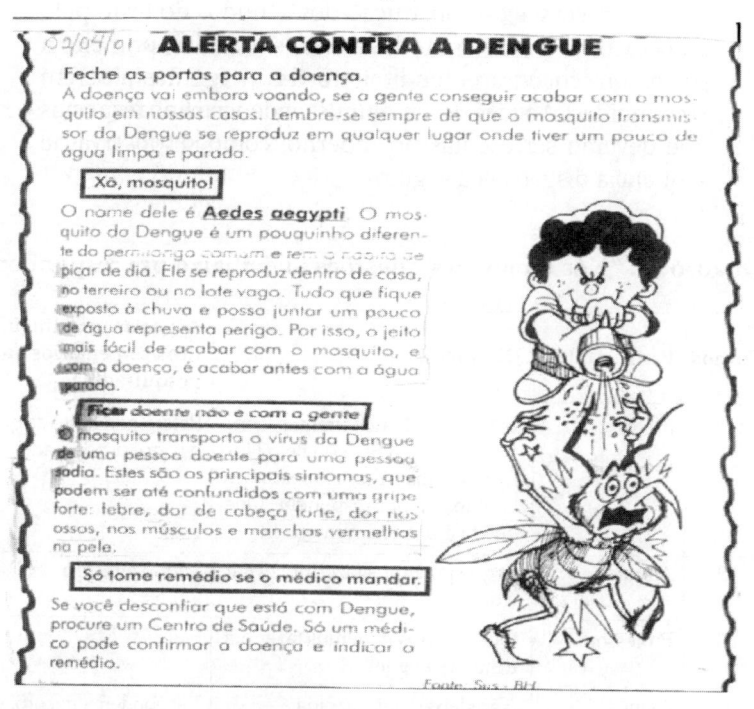

Ficar doente não é com a gente

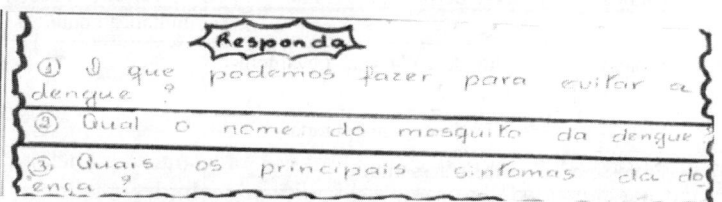

O mosquito transporta o vírus da Dengue de uma pessoa doente para uma pessoa sadia. Estes são os principais sintomas, que podem ser até confundidos com uma gripe forte: febre, dor de cabeça forte, dor nos ossos, nos músculos e manchas vermelhas na pele.

Só tome remédio se o médico mandar.

Se você desconfiar que está com Dengue, procure um Centro de Saúde. Só um médico pode confirmar a doença e indicar o remédio.

Fonte: Sus_BH

Responda
① O que podemos fazer para evitar a dengue?
② Qual o nome do mosquito da dengue?
③ Quais os principais sintomas da doença?

Como se caracterizam as práticas de interpretação do texto nessa sala de aula? Diferentes aspectos podem ser analisados. A discussão do texto é marcada, definida, controlada pelas perguntas preparadas previamente pela professora, uma característica das práticas de leitura na escola, conforme aponta Geraldi (1995). Consideramos que as práticas de leitura nessa aula são significativas por evidenciarem os processos de construção dos sentidos do texto pelo aluno. Como ocorre em todas as aulas filmadas, primeiro a professora checa o entendimento das perguntas a serem respondidas. Ao fazê-lo, os alunos evidenciam as respostas que deverão ser escritas no caderno, como se observa na seqüência discursiva a seguir.

Quadro 33: "Nós temos três questões aí embaixo pra responder"

Turnos	Participantes	Discurso	Aspectos extralingüísticos/comentários da pesquisadora
01	Professora	Olha de onde **nós** tiramos, gente. A fonte é o SUS de Belo Horizonte. **Nós** temos três questões aí embaixo pra responder. Que que tá escrito na número 1?	Refere-se à fonte da qual o texto foi adaptado.
02	Alunos	O que podemos fazer pra evitar a dengue?	Lendo em coro.
03	Professora	Que que **nós** podemos fazer pra evitar a dengue?	
04	Alunos	Não deixar água parada.	Respondem em coro, simultaneamente.
05	Professora	Um de cada vez. Levantem a mão.	
06	Luana	Não deixar água parada.	
07	Professora	Ahã! Alessandro.	
08	Alessandro	Não deixar pneus com água.	
09	Professora	Ahã, Ahã.	
10	Rafael	Tampar as caixas d'água.	
11	Professora	Beleza.	
12	Aluno	Tampar os pneus.	
13	Aluna	Não deixar água em garrafa aberta.	

Turnos	Participantes	Discurso	Aspectos extralingüísticos/comentários da pesquisadora
14	Professora	Não deixar de boca pra cima, né, pra não ficar água parada. Jéssica.	
15	Jéssica	(incompreensível)	
16	Professora	Isso! Mais alguém?	
17	Aluno	(incompreensível)	
18	Professora	Garrafa, né? Vamos ver a segunda questão.	
19	Alunos	Qual o nome do mosquito da dengue?	Lêem em coro.
20	Professora	Qual o nome do mosquito da dengue?	
21	Alunos	*Aedes aegipty*.	
22	Professora	Olha que nome chique! Como é que é mesmo?	
23	Alunos	*Aedes aegipty*.	
24	Professora	Beleza. Vamos ver a número 3?	
25	Alunos	Quais os principais sintomas da doença?	
26	Professora	Quais os principais sintomas da doença?	
27	Alunos	Dor de cabeça.	Todos com a mão levantada.
28	Professora e alunos	Dor de cabeça, manchas vermelhas na pele, dor nos músculos, febre alta. Então deu pra perceber que realmente vocês aprenderam. Vocês vão recortar, colar no caderno e depois responder. Então, vamos recortar.	Professora começa a circular pelas mesas e pára na mesa de Loice, onde ficará quase toda a aula.

As três perguntas a que os alunos deveriam responder buscam informações objetivas no texto, quais sejam:

- O que podemos fazer para evitar a doença?
- Qual o nome do mosquito da dengue?
- Quais os principais sintomas da doença?

Essas perguntas podem ser respondidas apenas com uma leitura superficial do texto, não demandando do aluno inferências na elaboração das respostas.

Antes de iniciar a discussão das perguntas, a professora contextualiza o texto, chamando a atenção para a fonte da qual ele foi retirado e adaptado – o SUS de Belo Horizonte (turno 1), o que significa que conhecer as fontes de informação é um aspecto inerente a essa prática em sala de aula, evidenciada, por exemplo, na definição das fontes a serem consultadas pelos alunos no planejamento do projeto Dengue. Trata-se de um discurso já apropriado pelos alunos nessa sala de aula.

A discussão coletiva das perguntas teve por objetivo que os alunos construíssem um entendimento compartilhado das respostas esperadas em cada pergunta, constituindo-se, como afirmamos anteriormente, numa das práticas mais comuns que caracterizam o letramento escolar no primeiro ciclo. A leitura, portanto, caracteriza-se como uma prática de construção de um sentido único, definido coletivamente pelo grupo, sob a mediação da professora. A resposta a cada pergunta foi construída pelo grupo, que correspondeu às expectativas da professora, como se evidencia em seus *feedbacks* avaliativos (turnos 7, 9, 11, 27 e 28). Desse modo, a estrutura discursiva caracteriza-se, prioritariamente, pelo padrão IRA (Mehan, 1979), em que a professora inicia os turnos e avalia as respostas dos alunos.

Como evidencia a própria professora, a leitura teve por objetivo checar se os alunos haviam aprendido sobre a dengue: "Então já deu pra perceber que realmente vocês aprenderam" (turno 28). Ao que parece, na perspectiva dela, o processo de dar sentido à leitura restringe-se a repetir informações do texto lido. Dessa forma, a leitura como um processo discursivo de busca de construção de sentidos pelo leitor (Geraldi, 1995) pode ficar comprometida e evidencia-se a concepção de texto como um produto pronto e acabado. Por outro lado, o texto teve o papel de sistematizar uma série de informações que circularam oralmente nessa sala de aula sobre o tema, como demonstrado em seqüências já analisadas. E também de trazer novas informações, o que ocorreu em relação aos sintomas.

B) Práticas de produção de texto sobre a dengue

Nesta seção é analisada uma prática de produção de textos no interior do projeto Dengue. Assumimos o pressuposto estabelecido por Geraldi (op. cit.) de que "é no texto que a língua [...] se revela em sua totalidade, quer enquanto conjunto de formas e de seu reaparecimento, quer enquanto discurso que remete a uma relação intersubjetiva constituída no próprio processo de enunciação marcada pela temporalidade e suas dimensões". Esse pressuposto implica uma concepção de sujeito que "articula um ponto de vista sobre o mundo, que, vinculado a uma formação discursiva, dela não é decorrência mecânica, seu trabalho sendo mais que uma mera reprodução" (1995: 135-6). Visto dessa forma, ao produzir um texto o aluno assume sua condição de sujeito que se posiciona sobre o mundo e sobre seu processo de construção de conhecimento no interior da escola. Seus textos evidenciam as marcas da cultura escolar no qual está inserido, bem como as de sua condição de sujeito que aprende de forma participativa na constituição cotidiana da cultura da sala de aula, da qual é membro integrante (Collins e Green, 1992).

Após a leitura do texto e a escrita das respostas das três perguntas propostas pela professora, os alunos produziram um texto, que teve os mesmos objetivos da proposta de interpretação do texto, conforme enunciado da professora ao responder a um aluno: "É a próxima atividade, pra ver o que ficou, o que aprenderam mesmo." O título do texto, sugerido pela professora, indica o objetivo da atividade como uma estratégia de avaliação dos alunos: "O que aprendi sobre a dengue". Como a voz dos alunos constitui-se no texto produzido por eles? Que outras vozes estão presentes em seus textos? Como o texto lido anteriormente e a discussão das respostas no coletivo da turma condicionaram o que foi dito pelos alunos? Consideramos que essas perguntas são fundamentais para uma compreensão mais aprofundada das condições de produção de textos nessa sala de aula. Ao discutir o processo de produção de textos, Geraldi (1995) aponta um conjunto de condições que são consideradas nessa produção. É preciso que o autor: 1) tenha o que dizer; 2) tenha uma razão para dizer o que tem a dizer; 3) tenha para quem dizer o que tem a dizer; 4) o locutor se constitua como tal, como sujeito que diz o que diz; 5) escolha as estratégias para realizar as condições anteriores.

Os textos a seguir são exemplos retirados do conjunto de textos produzidos pelos alunos e expostos no mural. Será analisada a constituição da dialogia na produção do texto, partindo do princípio de que a dialogia, no sentido bakhtiniano do conceito, é inerente ao processo de produção. Dessa forma, a dimensão dialógica na produção do discurso do aluno está presente em todos os textos produzidos. Procuramos analisar como a voz dos alunos está presente em seus textos e que outras vozes constituem o texto por eles produzidos. Foram escolhidos cinco, do conjunto de vinte e dois textos produzidos, considerados representativos.

A proposta de produção de texto concretizou-se nas seguintes condições:

    a) O título e o tema foram definidos pela professora a partir do projeto em andamento na turma: "O que aprendi sobre a dengue".

    b) O objetivo da produção, explicitado pela professora, era o de avaliar o que os alunos aprenderam sobre o tema.

    c) O texto deveria ser colado no caderno.

    d) O texto lido na aula foi utilizado como referência para a produção.

    e) Posteriormente, o texto foi extraído do caderno, exposto no painel da dengue e lido pelos alunos em outra aula.

Texto 3

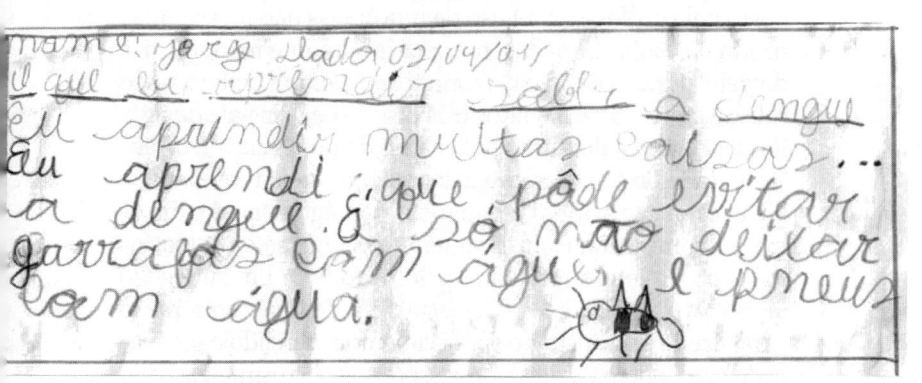

> Nome: Jorge ¿lado 02/04/0?
> O que eu aprendi sobre a dengue
> Eu aprendi muitas coisas...
> a dengue. é que pode evitar
> garrafas com água e não deixar
> com água.   pneus

    A análise inicia-se pela identificação de algumas marcas que caracterizam a produção de textos no espaço escolar no primeiro ciclo: a identificação do aluno, a data, o desenho e o título sublinhado. Percebe-se, com isso, a presença de elementos da cultura escolar no processo de elaboração de textos em sala de aula mediado pela professora. Trata-se de um texto que tem como interlocutora a professora, que se coloca como avaliadora da produção do aluno, em relação ao domínio da temática que foi objeto de estudo, e não aos aspectos do uso da língua na produção do texto. A apresentação da proposta de produção de textos, conforme analisado anteriormente, tem por objetivo "ver o que ficou, o que aprenderam mesmo". A professora espera que o aluno sintetize o conhecimento aprendido durante o processo de ensino. A maioria dos alunos elaborou a síntese em apenas um parágrafo. Entretanto, o primeiro enunciado do texto, "Eu aprendi muitas coisas...", evidencia que eles sabem que estão sendo avaliados e, mesmo escrevendo apenas um parágrafo, anunciam que teriam mais coisas a dizer sobre a dengue. Trata-se de uma estratégia discursiva construída para adequar o texto à sua interlocutora, a professora. Além disso, o uso do pronome em primeira pessoa, parafraseando o título do texto, evidencia que o aluno coloca-se como autor de sua produção, não repetindo simplesmente o título proposto pela professora. O uso de reticências não foi sistematizado nas aulas filmadas, mas provavelmente foi apropriado pelo aluno por meio do contato e da leitura de textos em sala de aula. Os textos lidos e as discussões em sala de aula influenciaram a definição pelo aluno do que escrever, da seleção de informações sobre a dengue que seriam relevantes. Ele opta por relacionar a dengue com a água parada, informação comentada exaustivamente pela turma em todas as aulas do projeto e retomada pelo texto lido. Em síntese, o aluno teve algo a dizer – falar sobre a dengue; uma razão para dizer – demonstrar o conhecimento aprendido e ser avaliado; para quem dizer – a professora, usando estratégias discursivas que lhes permitiram sintetizar o conhecimento construído durante o desenvolvimento do tema. Por um lado, seu texto, de certa maneira, poderia ser analisado destacando-se como ele revela a dialogia que constitui as interações em sala de aula, aqui compreendidas não apenas como interações face a face, mas interações com os textos escritos que circularam durante a realização do estudo da dengue. Por outro lado, uma das três perguntas propostas na atividade de leitura do texto foi respondida retomando esse tema da água parada. Nesse sentido, o texto do aluno poderia ser interpretado como um reflexo dessa restrição de significados que ocorreu nessa fase. Mas é importante notar que o texto dele não se refere à água parada da mesma forma que o texto lido, mas traz elementos das discussões que ocorreram em sala de aula, ao dar exemplos dos locais em que se acumula essa água, algo que não aparece no texto lido. É nesse sentido que se considera que ele dialoga com outras vozes além daquelas trazidas pelo texto.

O exemplo do texto 4 a seguir apresenta outras singularidades na constituição da autoria pelo aluno. Primeiro, o uso do pronome em primeira pessoa – "Eu aprendi", "Também aprendi" –, um recurso discursivo que evidencia que o aluno coloca-se como sujeito de seu processo, conforme observamos também nos outros textos. Ele faz uso de reticên-

Texto 4

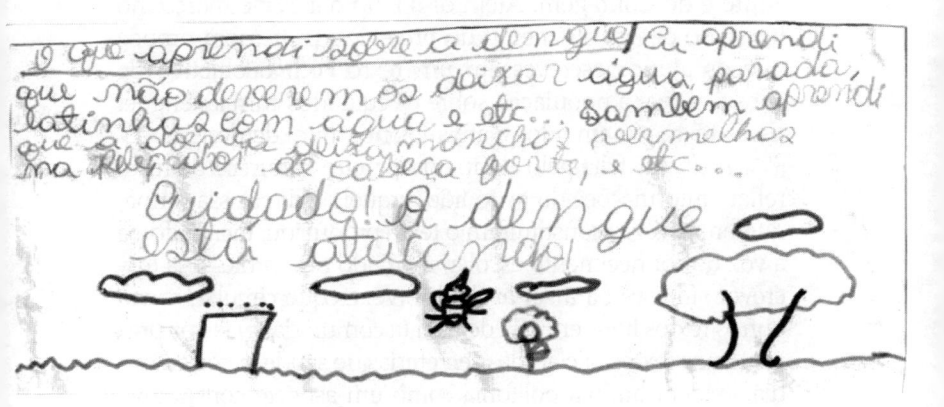

> O que aprendi sobre a dengue. Eu aprendi que não deveremos deixar água parada, latinhas com água e etc... Também aprendi que a doença deixa manchas vermelhas na pele, dor de cabeça forte, e etc...
> Cuidado! A dengue está atacando!

cias e de etc. para demonstrar que há mais coisas a dizer sobre o tema, numa clara evidência de que considera o interlocutor de seu texto e sabe que o objetivo dessa produção é escrever para ser avaliado. Além disso, o texto faz referências às respostas de duas das questões discutidas na leitura do texto que antecedeu à atividade, mas, assim como no texto 3, apropria-se de exemplos não discutidos no texto, mas presentes nas discussões em sala de aula. Mas o mais interessante nessa produção de textos é a inclusão de outro interlocutor, além do professor, evidenciada no último parágrafo do texto "Cuidado! A dengue está atacando!". Provavelmente o aluno não está se dirigindo à professora ou a seus colegas, mas a interlocutores fora da escola, presentes em muitos dos textos lidos em sala de aula, escritos pelo poder público para conscientizar a população sobre cuidados para prevenir a doença e alertar sobre o perigo da dengue. Os alunos leram e afixaram vários desses textos no painel da dengue. Durante o projeto não foram lidos textos retirados de enciclopédias ou de livros de ciências, por exemplo. Predominou a leitura de textos de divulgação, presentes na campanha institucional daquele ano, divulgada em rádio, televisão, jornais e, principalmente, cartazes e folhetos informativos produzidos pelas secretarias municipais de Belo Horizonte e de Contagem. Além disso, no dia 27 de março, no início do desenvolvimento do projeto, a professora propôs que os alunos escrevessem um texto com o objetivo de conscientizar a população sobre os cuidados com a dengue. Esses textos foram lidos e afixados no mural da dengue.

A síntese feita pelo aluno no primeiro parágrafo do texto reflete informações do texto lido naquela aula. Dessa forma, diferentes vozes constituíram o texto produzido, incluindo-se a voz do conhecimento escolar, mediado pela professora (escrever sínteses para ser avaliado), vozes que circularam em outros textos lidos em sala de aula (a comunidade), a voz presente nos textos oficiais das secretarias de saúde, a voz da mídia, evidenciando a polifonia como um aspecto constitutivo da dialogia (Bakhtin, 1981) nessa sala de aula.

Texto 5

> O que você aprendeu sobre a dengue
> Eu aprendi que não deve deixar água parada nos pneus, nas vasilhas.
> Eu aprendi também que ele provoca: manchas ser melhas, dor de cabeça, dor nos músculos e dor nos ossos.
> O mosquito da dengue provoca manchas vermelhas, dor de cabeça, dor nos músculos e dor nos o-

Observamos que o aluno coloca-se como sujeito de seu texto, e o faz evidenciando estratégias discursivas, como o uso do pronome pessoal indicado pela professora no título do texto. No entanto, ele sinaliza que a professora foi quem enunciou o título, ao refraseá-lo mudando o pronome e o tempo verbal, da primeira para a terceira pessoa do singular. Além disso, ele sintetiza as informações que julga mais importantes sobre a dengue e que foram tratadas no texto lido anteriormente nessa mesma aula. Essas informações foram bastante discutidas em sala de aula por ocasião da discussão das respostas das três questões de interpretação do texto lido, tendo sido muito enfatizadas pela professora e pela turma. O aluno centra-se na resposta da terceira pergunta e escreve o texto a partir das informações: "Quais os principais sintomas da doença?" A estratégia usada por ele é repetir as informações, estratégia também muito utilizada nas discussões em sala de aula, quando a professora faz que a turma seja exaustiva na elaboração coletiva das respostas às questões de interpretação dos textos lidos, por meio da repetição oral das respostas que estão sendo elaboradas. Trata-se de uma característica do letramento escolar recorrente nas duas turmas analisadas. É importante observar que os textos aqui analisados foram produzidos e entregues à professora e, posteriormente, afixados no painel da dengue. Contudo, não foram avaliados pela professora nem pelos colegas. Supomos que, se tivessem sido avaliados, os alunos poderiam rever sua escrita, eliminar repetições, corrigir ortografia etc. Esses textos poderiam ser considerados pré-textos, rascunhos, constitutivos da produção do texto, conforme aponta Geraldi (1995). Entretanto, foram tratados pela professora como um produto pronto e acabado, sem que possibilidades de diálogo sistemático com os textos fossem estabelecidas.

Texto 6

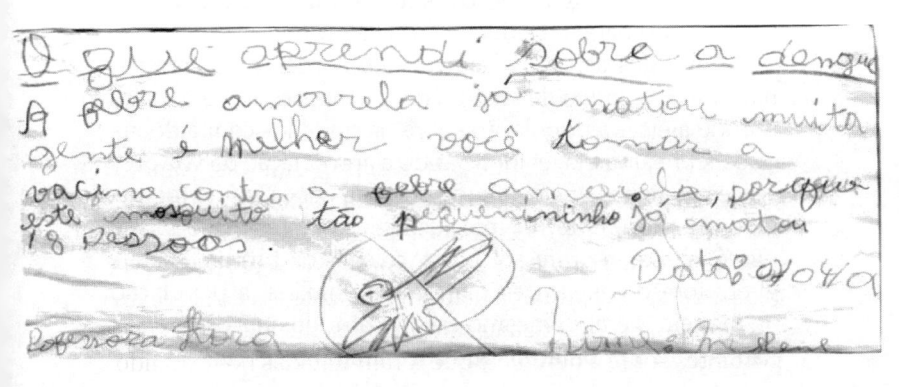

Esse texto revela algumas das marcas do letramento escolar na produção de textos: nome, data, nome da professora, desenho e título sublinhado, recorrentes em todos os textos analisados. Além disso, observa-se que o aluno não escreveu sobre o que foi proposto, mas sobre um assunto tratado em sala de aula durante o estudo da dengue: a febre amarela. O que pode ter ocorrido nesse processo? Nossa hipótese é que esse texto reflete a forma como o projeto da dengue foi encaminhado em sala de aula pela professora. No início do processo, ela revela sua dúvida sobre a temática do projeto, no momento em que está sendo planejado: "Sobre a dengue, sobre a febre amarela, né? Põe dengue ou febre amarela?" Essa dúvida constituiu toda a discussão da temática da dengue, e a professora decidiu incluir textos que tratavam da febre amarela, orientando os alunos numa das atividades de "para casa": "Nossa pesquisa agora é sobre a febre amarela. Traga tudo que você encontrar sobre o assunto" (atividade escrita da aula do dia 29/3/2001). Dessa forma, alguns textos foram lidos em sala de aula, por exemplo "Como funciona uma vacina", tratando da vacina da febre amarela. Isso significa que, se o tema foi tratado em sala de aula, ainda que o projeto fosse da dengue, o aluno entendeu que poderia escolher dizer o que aprendeu sobre a febre amarela e não sobre a dengue. O texto lido no início da aula e a discussão das perguntas, ao contrário do que ocorre nos outros textos, não constituíram uma referência ou um pretexto para a produção desse aluno.

Além dos aspectos acima, o aluno escreveu um texto não com o objetivo de sintetizar informações sobre o tema, mas de alertar a população sobre os cuidados com a doença da febre amarela, evidenciando a apropriação da voz presente nos textos oficiais produzidos na época, como foi tratado anteriormente. O interlocutor desse texto, portanto, não é apenas o professor ou os colegas da turma, mas alguém fora do espaço escolar, a comunidade, a população de maneira geral, o mesmo interlocutor dos textos direcionados para a população, que circularam na época.

Texto 7

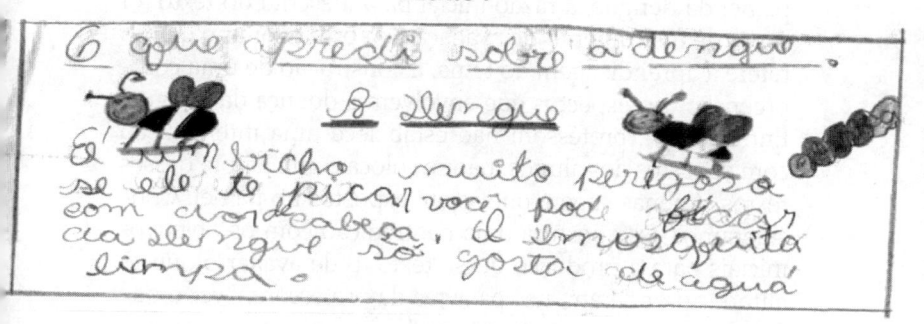

> O que aprendi sobre a dengue.
> A dengue
> é um bicho muito perigoso
> se ele te picar você pode ficar
> com dor de cabeça. A mosquita
> da dengue só gosta de agua
> limpa.

O texto 7 revela outra marca do letramento escolar, além daquelas analisadas nos textos anteriores. Embora o aluno registre o título proposto pela professora, ele cria um novo título: "A dengue". O que essa ação do aluno indica sobre a forma como ele se apropria da proposta da professora? Ao que parece, ele indica o que pode ser mais comum nesse contexto em termos de propostas de produção de textos: escrever sobre um tema. Segundo, ao escrever sobre a dengue, ele rompe com as expectativas da professora ao produzir um texto com as mesmas características e objetivos dos autores dos textos 4 e 6: escrever para alertar a população sobre os perigos da doença. O uso do "você" impessoal reflete suas intenções e revela o interlocutor, alguém da comunidade, presente também nos textos lidos e priorizados pela professora no estudo do tema. Além disso, nesse texto, a voz do texto lido anteriormente tem menos peso na produção do que as vozes que circularam em aulas anteriores.

Os textos aqui analisados revelam as condições de produção do letramento escolar, em que os alunos escrevem sobre um tema em estudo para serem avaliados, para serem lidos pela professora. Revela também a forma como se apropriam da proposta da professora e efetivamente articulam o texto, assumindo-se como autores sujeitos de sua produção. Ainda que os textos tenham sido expostos no painel da dengue, a razão inicial para a escrita do texto foi servir de instrumento de avaliação da professora no que se refere à aprendizagem do tema, à construção de uma compreensão dos aspectos que envolvem a doença da dengue. Entretanto, a professora não estabelece uma interlocução com os textos dos alunos, não se coloca como leitora desses textos. Apenas sugere que sejam expostos no painel. Consideramos essa postura uma contradição com os objetivos iniciais para a produção desse texto, o de avaliar o que os alunos aprenderam, nas palavras da professora, "ver o que ficou, o que aprenderam mesmo".

As análises deste capítulo evidenciam a constituição das interações e práticas de letramento no contexto do trabalho com projetos, na turma da escola B. Foi possível observar diferentes aspectos que constituem essa prática e, desse modo, algumas questões podem ser construídas a partir dessa análise. Uma primeira questão está ligada à problematização da função social da escola. As práticas aqui analisadas, ao que parece, ampliam a função social da escola na medida em que os alunos constroem diferentes oportunidades de aprendizagem ao longo do desenvolvimento do projeto da dengue, além do conhecimento estritamente escolar. Por exemplo, eles tiveram a oportunidade de elaborar relatos orais sobre suas experiências pessoais com o tema e sobre suas observações do espaço físico da escola durante a procura de focos da doença; produziram coletivamente uma carta a ser entregue ao diretor da escola enumerando os possíveis lugares do ambiente interno que poderiam ser foco da doença; e, ainda, puderam identificar e lidar com diferentes fontes de informações que trataram do assunto como textos de campanhas publicitárias produzidos pelos órgãos oficiais que cuidam da saúde pública, textos da mídia etc.; os alunos também puderam participar ativamente do planejamento das aulas que envolveram o projeto, pois a agenda de trabalho era explicitada pela professora e tratada em conjunto na turma. Essas e outras aprendizagens mostram que o currículo em ação foi muito mais amplo do que aquele previsto oficialmente para o primeiro ciclo de formação, pois constituiu-se não apenas dos conteúdos conceituais, mas também envolveu as diferentes formas de aprender. Aliás, os conteúdos científico-escolares ligados ao tema da dengue foram muito pouco abordados nesse projeto, o que evidencia uma limitação do processo de formação vivenciado pelo grupo. Um levantamento dos temas que surgiram na primeira aula e a comparação com aqueles que surgem na última aula (exemplificados nos textos produzidos pelos alunos e analisados anteriormente) evidenciam que há pouca diferença entre o conhecimento inicial dos alunos e o conhecimento construído por meio do projeto. Apenas as informações sobre os sintomas da doença não haviam sido levantadas pelos alunos no início do projeto. Tais informações são tratadas no texto para leitura que circulou na última aula. Provavelmente, essa ausência pode ser atribuída à formação da professora e dos professores em geral que trabalham nos primeiros anos do ensino fundamental na escola pública.

Quanto às características do discurso da professora, percebe-se que ela usa diferentes estratégias discursivas. Baseada na estrutura da proposta de trabalho por projetos, estabelece uma mediação do processo de ensino-aprendizagem, permitindo que os alunos explicitem seus conhecimentos já construídos sobre o tema a partir de suas experiências pessoais e do contato com as informações veiculadas cotidianamente na mídia, por exemplo. Suas intervenções possibilitaram a construção de uma dinâmica discursiva "aberta", que não teve por objetivo restringir os significados daquilo que os alunos relataram nas aulas. Nesse sentido, diferentes pontos de vista e diferentes vozes circularam, constituindo a dinâmica discursiva das aulas. As falas dos alunos foram contempladas no planejamento do projeto, mas não foram observadas aulas em que as interações fossem conduzidas no sentido de restringir significados e sistematizar os principais conhecimentos sobre o assunto, o que influenciou nas aprendizagens do grupo de alunos, como já comentado. Foi o texto lido na última aula do projeto que cumpriu o papel de restringir alguns significados.

A maior parte do conhecimento tratado na sala de aula limitava-se a relatos e descrições de situações observadas que representam riscos para a proliferação da doença, seus sintomas etc. Nesse sentido, houve a preocupação não só com o conhecimento sobre o assunto, mas também com a instrumentalização para ações efetivas de prevenção da doença, que incluíram uma visita à escola na busca de focos e providências relacionadas a essa visita. No entanto, a ausência de textos explicativos, por exemplo, sobre o ciclo da doença, sobre a reprodução do mosquito etc. faz com que o conhecimento final dos alunos não se diferenciasse muito do inicial e estratégias discursivas argumentativas não circulassem nas aulas. Perguntamo-nos por que um projeto sobre a dengue ficou restrito à aula de língua portuguesa e não foi compartilhado, por exemplo, com a disciplina ciências, o que talvez possibilitasse a circulação de outros textos e um maior ganho em termos de aprendizagem. Uma possível explicação relaciona-se às lacunas na formação dos professores nessa disciplina e na abordagem mais integrada das diferentes disciplinas.

Considerações finais

Este estudo encerra-se retomando e sintetizando as questões mais significativas observadas e discutidas no processo de desenvolvimento da pesquisa, considerando-as não como conclusões fechadas, mas como indícios que possibilitam a compreensão de aspectos inerentes às interações e práticas de letramento construídas nas duas salas de aula investigadas. Como decorrência das análises e conclusões deste trabalho, serão apontadas, no final desta parte, algumas implicações pedagógicas para a prática de professores do primeiro ciclo do ensino fundamental e para pesquisas futuras.

Vamos retomar o processo de pesquisa, destacando as questões que guiaram o trabalho e as escolhas teórico-metodológicas feitas ao longo desse processo. Conforme indicado na introdução, as preocupações desta pesquisa decorreram de observações e reflexões da prática de professores do primeiro ciclo e da nossa própria prática em sala de aula acerca da forma como nós, professores, estávamos nos apropriando de um "discurso da inovação" relacionado às novas concepções de ensino-aprendizagem da leitura e da escrita. Inspirados no referencial da abordagem sociocultural e nos pressupostos da etnografia interacional, focalizamos, na análise dos dados da sala de aula, a constituição das interações nas práticas de letramento, em dois contextos bastante distintos. As duas turmas foram escolhidas após a análise dos resultados de um questionário respondido por 529 (aproximadamente 22%) professores do primeiro ciclo da rede municipal de ensino de Belo Horizonte. As professoras das duas turmas apresentam algumas características que foram predominantes no perfil estabelecido por meio do questionário: têm mais de dez anos de experiência no magistério e mais de seis anos com o primeiro ciclo; assumem trabalhar com diferentes formas de organização das interações em sala de aula e com diferentes textos na sistematização do letramento escolar, o que as caracteriza como professoras inovadoras. O principal critério de diferenciação entre elas é que uma trabalhava com livro didático, e a outra, com a metodologia de projetos.

Na turma da escola A, a professora usou o livro didático como principal recurso mediador na constituição das interações nas práticas de letramento, enquanto na turma da escola B esse recurso não esteve presente. Nesse sentido, a questão geral da pesquisa buscou compreender como os professores de duas turmas de primeiro ciclo apropriam-se de um discurso sobre novas concepções de ensino-aprendizagem e, em decorrência disso, novas proposições metodológicas para o ensino, especialmente no campo da leitura e da escrita. Diante dessa preocupação, as seguintes questões específicas guiaram a investigação: Como os diferentes padrões e formas de organização das interações são construídos por professor e alunos? Quando e com que freqüência esses padrões são usados? Como as interações e práticas de letramento são construídas quando um livro didático de português é usado? Como as interações são construídas quando o professor opta por sistematizar as práticas de letramento a partir de projetos temáticos?

Em relação à questão geral da pesquisa, as análises indicam que os professores estão apropriando-se de um "discurso da inovação" acerca da concepção de aprendizagem e das novas concepções de ensino da leitura e da escrita.

Como os professores estão se apropriando desse discurso? Que discurso estão produzindo sobre essas inovações? Como suas práticas em sala de aula relacionam-se com esse discurso? As análises das práticas das professoras indicam que elas apropriam-se das novas concepções de diferentes maneiras, reconstruindo-as a partir de suas experiências de ensino, de dispositivos construídos cotidianamente em sua prática pedagógica, ou seja, do seu "saber-fazer". Dito de outra maneira, o processo de apropriação das novas concepções é dialógico, pois os professores posicionam-se produzindo "contrapalavras" às palavras dos documentos oficiais e de seus interlocutores em cursos de formação continuada.

Os dados dos questionários (Macedo, 2004) indicam que os professores estão se apropriando de aspectos desse discurso da inovação sobre a relação entre interação e aprendizagem. No entanto, quais os elementos mais importantes que caracterizam essa apropriação? O mais interessante refere-se à confirmação dos professores de que usam diferentes modos de organização das interações em sala de aula, com a predominância de formas coletivas de organização, em detrimento de formas individualizadas, rompendo com a organização dos alunos em fileiras, tradicionalmente utilizada na sala de aula. Como essas formas de organização são propostas e construídas nas salas de aula investigadas? Uma análise contrastiva das práticas cotidianas das duas turmas, explicitadas mais detalhadamente nos Capítulos 3, 4 e 5, evidenciou semelhanças e diferenças nas apropriações das duas professoras. Nas duas turmas constatamos alterações nas formas de organização, pois a freqüência do trabalho em duplas, grupos e rodinha é significativa. No entanto, as atividades propostas não pressupõem, em sua formulação, interações sistemáticas entre os alunos. São propostas atividades nas quais os alunos, mesmo estando organizados em pequenos grupos ou em duplas, realizam-nas individualmente. Não queremos, com isso, afirmar que nessas salas de aula não houve interações entre os alunos. As interações ocorreram, mas não foram intencional e pedagogicamente propostas pelas professoras.

Por outro lado, percebemos diferenças na forma como as duas professoras organizam as interações em grupos, duplas e rodinha. Na turma da escola A, ela agrupa os alunos em grupos de quatro ou cinco participantes, enquanto na turma da escola B os alunos são agrupados em dois grandes grupos. As duplas na turma da escola A não são fixas como na segunda turma. A professora pode alterar sua composição caso avalie que a disciplina dos alunos está comprometendo a realização das atividades. A rodinha, descrita mais adiante, também apresentou diferenças marcantes nas duas turmas. Consideramos que essas variações nas formas de organização, ainda que as atividades sejam realizadas individualmente, traz implicações para a constituição da dinâmica das interações entre os alunos.

Embora as professoras usem diferentes modos de organização dos alunos, a forma de interação predominante foi a da professora com a turma como um todo. Mesmo organizados em grupos ou em duplas, as interações da professora com os alunos ocorriam não com esses grupos e duplas, mas com a turma como um todo. Por exemplo, durante a realização das atividades, a professora compartilhava com todos os alunos as dúvidas e questionamentos de algum aluno em particular. Do mesmo modo, durante as práticas de leitura oral, nas quais os alunos estavam organizados em grupos ou duplas, a dinâmica interativa envolvia sempre o coletivo da turma. Outra prática que demandava interações da professora com a turma foi a discussão das respostas dos alunos na interpretação de um texto, sempre realizadas oral e coletivamente antes de serem respondidas por escrito pelos alunos. No caso da turma da escola A, essas respostas eram também sistematizadas no quadro-de-giz, o que gerava alguma discussão da professora com a turma como um todo. Na turma da escola B, além das práticas apontadas acima, os alunos produziam coletivamente o planejamento da aula e o planejamento dos projetos a serem desenvolvidos em sala de aula, conforme analisado no Capítulo 5.

A rodinha, outro espaço de interação da professora com toda a turma, não foi listada no questionário como uma forma de organização do primeiro ciclo, pois geralmente é apontada como uma estratégia específica da educação infantil. No entanto, essa forma de organização das interações foi utilizada semanalmente na turma da escola B e, esporadicamente, na turma da escola A, conforme análises apresentadas no Capítulo 4. Os dados indicam que se trata de uma estratégia de organização das interações bastante significativa na constituição da rotina da turma da escola B. As análises contrastam com as de alguns pesquisadores que investigaram as interações em rodinhas fora do Brasil (Cazden, 1988; Michaels, 1991). Para esses pesquisadores, a rodinha constitui-se num espaço em que os relatos de experiências dos alunos ocorrem, mas não se conectam com o desenvolvimento da aula.

No caso da turma B, foi observado que a rodinha não é só um espaço de relato das experiências dos alunos. Trata-se de uma prática em que eles também constroem, junto com a professora, os projetos a serem desenvolvidos pela turma, o que possibilita diferentes formas de interação entre eles. Por exemplo, os alunos compartilham os textos selecionados por eles para o estudo de um tema, contam casos relacionados a suas experiências pessoais, algumas vezes ligados a esses temas, e definem um tema de estudo. Trata-se de um espaço bastante incorporado na rotina dessa turma, uma vez que é na rodinha que os temas dos projetos surgem e são tratados, e, nesse processo, a maior parte dos alunos participa ativamente da dinâmica discursiva. Observamos que o discurso produzido nesse espaço interacional tem um caráter mais aberto, e a professora não tem por objetivo principal restringir os significados que estão sendo elaborados pelos alunos, mas possibilitar a elaboração conjunta das perguntas a serem respondidas no desenvolvimento de um projeto. Nesse sentido, qualquer fala dos alunos é considerada, desde que esteja vinculada ao tema do projeto em andamento.

Em relação aos padrões discursivos, o contraste entre as duas turmas indica que não há uma predominância do padrão triádico IRA na forma encontrada por Mehan (1979) em turmas de crianças em fase inicial de alfabetização, nos Estados Unidos. Nas duas turmas investigadas ocorreram, além de iniciações da professora, iniciações dos alunos, colocando perguntas ou fazendo observações que geravam respostas e avaliações da professora, encerrando as seqüências de interação. Essa ocorrência é significativa porque observamos uma tentativa das professoras, em diferentes momentos, de minimizar a assimetria constitutiva das interações em sala de aula, permitindo que os alunos participassem ativamente da construção discursiva da aula. A ocorrência mais fechada do padrão IRA foi encontrada nos momentos de sistematização de algum conhecimento específico do currículo, como nas aulas em que a discussão da ortografia esteve presente; também quando a professora estava organizando as interações, como no primeiro dia de aula da turma A, quando os alunos interagiram na rodinha para falar sobre as férias; ou, ainda, quando a professora da turma da escola B tinha como objetivo que os alunos elaborassem e definissem as perguntas a serem investigadas para algum projeto. Nesse sentido, observamos nas duas turmas que os padrões mais recorrentes foram aqueles que Mehan (1979) denominou seqüências estendidas de interação, em que as professoras tiveram por objetivo permitir que o fluxo do diálogo com os alunos ocorresse até que atendessem a suas expectativas de resposta. Nesse processo, geralmente mais de um aluno respondia ou iniciava as discussões, e a professora respondia oferecendo *prompts* e/ou *feedbacks* que permitiam a continuidade do diálogo com os alunos, com vistas à elaboração de uma resposta. Na turma da escola B observaram-se, além das seqüências estendidas de interação, o que Mortimer e Scott (2003) nomearam de cadeias discursivas de interação, que não eram encerradas com avaliações da professora, que geralmente aceitava todas as contribuições e as usava para formular as questões a serem estudadas no projeto, como foi dito anteriormente. O discurso entre alunos e professora, seja durante a ocorrência do padrão IRA, das seqüências estendidas ou das cadeias discursivas de interação, foi construído numa tensão entre discurso de autoridade e internamente persuasivo, na perspectiva apontada por Bakhtin (1981). Isso evidencia que o discurso pedagógico é marcado pela heterogeneidade e contradição, e não pela homogeneidade e pelo autoritarismo. A microanálise dos dados em vídeo, numa perspectiva contrastiva, permite-nos afirmar que o discurso produzido nas salas de aula analisadas promove a participação dos alunos, sem, contudo, deixar de controlar os processos de ensino-aprendizagem, visto que o lugar social que as professoras ocupam as autoriza a agir dessa forma. Isso significa que as interações em sala de aula são assimétricas e, nesse contexto, as práticas de letramento escolar são construídas. Uma diferença interessante entre as duas turmas, relacionada a essa tensão, é que na turma da escola B, durante a elaboração dos projetos, ainda que a professora controlasse as interações no sentido de obter, como produto, as questões que orientariam o desenvolvimento do projeto, todas as contribuições dos alunos foram contempladas, o que caracteriza um momento de abertura, com uma clara predominância de um discurso internamente persuasivo, algo semelhante ao que foi relatado nas aulas de ciências por Mortimer e Scott (2003). Diferentemente do que ocorria na turma da escola A, em que as interações eram sempre levadas ao fechamento por meio de seqüências triádicas ou estendidas, na escola B esse fechamento foi realizado num momento posterior, de síntese do projeto. Isso caracteriza um ritmo de fechamento e abertura muito semelhante àquele relatado na análise desses pesquisadores de aulas de ciências.

Nas duas turmas foi possível perceber, no movimento discursivo da sala de aula, outras temáticas além daquelas relacionadas à leitura e à escrita, problematizadas pelas professoras e pelos alunos. Normalmente, as professoras faziam referências às regras de comportamento, às formas adequadas de participação nas interações e às formas de organização dos alunos. Além disso, percebemos que o tempo institucional esteve presente no discurso das professoras, condicionando os processos de ensino-aprendizagem. Em algumas aulas percebemos a ansiedade das professoras em realizar as atividades dentro do tempo previsto, o que evidencia o conflito enfrentado pelos professores: dar voz aos alunos, contemplando, no planejamento curricular, os diferentes ritmos e processos de aprendizagem, e, ao mesmo tempo, trabalhar com o limite imposto pelo tempo institucional previsto no planejamento, que organiza os processos de ensino-aprendizagem, condicionando-os a certo padrão (Edwards e Mercer, 1988). Essa é outra marca da instituição escola no discurso produzido nas relações de ensino-aprendizagem.

Percebemos diferentes tentativas de relatos de casos da vida cotidiana pelos alunos, relacionados com suas experiências fora da escola. No entanto, especialmente na turma da escola A, a professora só considerou esses relatos quando tinham relação com a temática estabelecida na rodinha, por exemplo, para o relato das férias. Conforme indicado no Capítulo 5, Marcos, um dos alunos que mais participam oralmente das aulas, tenta contar casos relacionados a sua experiência com o carnaval, por exemplo, e não tem sua fala contemplada pela professora. Isso significa que a fala dos alunos comparecia e era contemplada no discurso da professora somente quando estava relacionada com aquilo que ela julgava pertinente ao discurso da sala de aula.

Em relação às práticas de letramento, os professores afirmaram, nos questionários analisados no Capítulo 3, usar diferentes materiais no ensino da leitura e da escrita e trabalhar com diferentes livros didáticos como fonte de pesquisa. Os dados sobre a freqüência de uso desse recurso material indicam que é usado com uma freqüência semanal (mais de três vezes por semana), rompendo com uma expectativa de uso diário criada pelos autores dos livros, geralmente organizados em unidades temáticas seqüenciadas pensadas para serem trabalhadas durante um ano letivo. Apenas 3% das professoras assumiram usar o livro didático diariamente. Como o livro didático foi usado na sala de aula? Quais e como as práticas de letramento foram construídas quando ele foi utilizado? Essas perguntas guiaram as análises das práticas de letramento da turma da escola A. As análises das práticas construídas nessa turma indicam pistas sobre o processo de apropriação desse recurso pela professora, evidenciando que ela não seguiu a seqüência proposta pelo autor. Desse modo, esse recurso não foi usado de forma linear, tanto em relação à seleção das unidades quanto à seleção de atividades no interior de cada unidade. O uso do LD não ocorreu diariamente, mas em alguns dias da semana em que a professora selecionou determinadas unidades e seções dessas unidades para trabalhar com os alunos. Observamos que a professora construiu uma seqüência a partir de suas experiências de ensino, a partir da forma como ela concebe o processo de ensino, adequando-a às rotinas construídas pelos participantes nos três anos de trabalho com a turma.

A opção de iniciar o uso do livro depois que os alunos o encapassem (provavelmente com a preocupação de preservar o material, já que ele não é descartável) e a seleção de determinadas partes do livro são um indício de que não houve uma preocupação em usar o livro integralmente durante aquele ano letivo, pois ele só começou a ser trabalhado na quarta semana de aula e, no final do primeiro semestre letivo, a turma ainda estava na Unidade 6, de um conjunto de dezessete unidades. Além disso, a maior parte das unidades não foi trabalhada integralmente.

Observamos que o início do uso desse recurso material introduziu elementos significativos na construção das práticas de letramento da turma, conforme evidenciado no Capítulo 5. As três primeiras semanas de aula foram centradas na análise da ortografia, feita predominantemente por meio de exercícios estruturais e mecânicos, que implicaram atividades de cópia e de análise de grupos ortográficos. A leitura e a produção de textos acentuaram-se após a entrada do LD. As atividades de leitura, assim como as de produção de texto, basearam-se, fundamentalmente, em textos e atividades do LD. Por outro lado, constatamos práticas de leitura não-sistematizadas ou "leitura livre", nas quais os alunos escolhiam livros da caixa de livros da professora para ler enquanto aguardavam os colegas concluírem as atividades. As práticas sistemáticas de leitura ocorriam após os eventos iniciais da aula, quando a professora selecionava textos e atividades de leitura. O livro didático ocupou um papel central na constituição dessas práticas.

A análise do primeiro dia de uso do LD evidencia a tentativa da professora de construir com os alunos uma visão mais ampla desse recurso, quando ela opta pela leitura e discussão da primeira página do livro, da Carta de apresentação da autora, do Sumário, textos geralmente não previstos pelos autores de livros didáticos para serem lidos e discutidos em sala de aula. No caso do livro utilizado pela professora, não observamos nenhuma indicação, no manual do professor, relacionada a esse tipo de abordagem. Essa é uma aula em que a professora modifica substancialmente a dinâmica proposta pelo LD, pois transforma uma proposta de produção de textos numa proposta de leitura e de produção de textos, adequando-a a sua prática, que normalmente é caracterizada por uma seqüência de ensino que se inicia pela leitura e discussão de textos, para depois ser realizada a produção, conforme relatado no Capítulo 4.

Qual a concepção de leitura e de produção presentes nas práticas dessa professora? Foi observado um padrão de leitura construído cotidianamente pelos alunos e pela professora, que implicou quase que exclusivamente a seguinte seqüência: leitura silenciosa dos alunos, leitura oral (de alguns alunos, da turma como um todo, de um aluno individualmente), discussão das ilustrações e do texto, elaboração de respostas coletivamente, elaboração de respostas por escrito (no caderno) e registro das respostas no quadro-de-giz por um aluno escolhido pela professora. É interessante notar que esse padrão não reflete fielmente a proposta de leitura do LD. Trata-se de uma apropriação desse recurso a partir de elementos inerentes à prática cotidiana dessa professora na constituição das práticas de letramento da turma. A análise do discurso produzido nas interações evidenciou a expectativa de que os alunos construíssem uma resposta única e coletiva para cada pergunta dos textos lidos que atendesse às expectativas da professora, o que indica a dimensão de autoridade do discurso dela na constituição das práticas de letramento. Indica também uma concepção de leitura como repetição do conteúdo do texto, leitura como decodificação, e não como um processo de produção de sentidos pelo aluno-leitor.

A ênfase na leitura oral supõe uma concepção de leitura como sinônimo de fluência oral. A leitura silenciosa não foi referência, ocupando lugar secundário nas práticas de letramento da turma, pois a compreensão dos alunos, a partir da leitura silenciosa, não foi objeto de sistematização nas aulas analisadas.

Surpreendeu o papel das ilustrações dos textos do livro didático nas práticas de leitura da turma. Ele não apresentou nenhuma orientação para a análise das ilustrações. No entanto, nas duas aulas analisadas mais profundamente, as ilustrações foram discutidas antes do texto e, na primeira delas, o texto foi discutido apenas por meio das ilustrações. Portanto, não apenas os textos verbais, mas também os textos não-verbais – as ilustrações – foram construídos discursivamente pelos participantes, constituindo um dos aspectos do que caracterizou as práticas de letramento nessa turma, mediadas prioritariamente pelo LD.

Em relação à prática de produção de textos, embora se percebesse uma preocupação de compartilhamento das produções dos alunos, na maior parte das vezes os textos foram compartilhados entre eles e a professora, pela estratégia de expô-los nos murais da sala de aula. No entanto, uma discussão efetiva dos textos dos alunos, com observações acerca de suas produções, foi muito pouco observada. Isso ocorria mais freqüentemente nos momentos de correções coletivas do texto de algum aluno, prática não predominante na turma. Observamos as marcas de uma avaliação da professora nos textos produzidos no primeiro dia de uso do LD, constituída apenas pela indicação das palavras escritas incorretamente pelo aluno. Dessa forma, podemos afirmar que as professoras, como interlocutoras privilegiadas dos alunos, não se colocaram como leitoras efetivas de suas produções, não adotando uma atitude responsiva Bakhtin (1979, 1997) no diálogo com os textos produzidos por eles.

No caso da turma B, as práticas de letramento foram construídas no interior dos projetos temáticos ou projetos de trabalho, nomeação dada pela Escola Plural. Assim como ocorreu na escola A em relação ao LD, a professora da escola B apropriou-se da proposta de trabalho por projetos a partir de elementos do seu "saber-fazer". Diferentes elementos desse processo de apropriação podem ser apontados. Um deles refere-se a sua opção por sistematizar os projetos no interior de uma disciplina escolar – a língua portuguesa. De acordo com a proposta da Escola Plural, os projetos devem ser realizados a partir dos recursos oferecidos pelas diferentes disciplinas escolares, com o argumento de que, desse modo, estaria sendo garantida uma aprendizagem contextualizada e significativa para os alunos, não importando se essas temáticas são escolhidas pela turma ou sugeridas pelo professor (Escola Plural, 1996). Por outro lado, a opção pelo trabalho com temas conjunturais (dengue, drogas, trabalho) e a criação de oportunidades para que os alunos construam ações efetivas ligadas a cada tema evidencia que a professora apropriou-se de aspectos inerentes à proposta da Escola Plural. Os dados das três aulas analisadas evidenciam, por meio da análise das interações produzidas, a forma dinâmica como o projeto Dengue foi construído pela turma, nos diferentes espaços interacionais da sala de aula. A negociação de significados estabelecida entre alunos e professora evidencia que esta estabeleceu o controle do processo, propondo a temática, definindo o tempo a ser gasto no desenvolvimento do projeto, definindo as etapas do planejamento do projeto, indicando boa parte das fontes de informação a serem consultadas. Com base em indícios do discurso produzido nas aulas, podemos afirmar, no entanto, que a forma como a professora estabeleceu a mediação de todo o processo evidencia sua opção de dar voz aos alunos na construção e no desenvolvimento do projeto. Suas intervenções não tiveram por objetivo restringir significados, mas permitir que as perguntas a serem investigadas fossem elaboradas pela turma. Sendo assim, os alunos participaram ativamente da construção da estrutura do projeto e da realização das atividades definidas no planejamento.

Os alunos selecionaram textos a serem lidos durante o desenvolvimento do projeto Dengue, que foram compartilhados na turma no espaço da rodinha e por meio do mural. No entanto, os textos efetivamente lidos e estudados na sala de aula foram aqueles selecionados pela professora. E, ainda, diferentes atividades foram incluídas durante a realização do projeto, não previstas no planejamento dele. Uma delas, objeto de análise no Capítulo 6, foi a visita à escola para identificação de prováveis focos de dengue, que culminou com a elaboração de uma lista de reivindicações e observações sobre o espaço da escola a ser entregue ao diretor. Essa prática de letramento da turma evidencia uma das poucas situações em que a língua escrita foi tratada na sala de aula como objeto social, contextualizado, com função social e interlocutor claramente definidos.

Em relação às práticas de leitura da turma B, ao contrário da turma A, não foram observadas, nas aulas gravadas, práticas de "leitura livre" ou práticas "não-sistematizadas" de leitura. Predominaram as práticas sistematizadas de leitura, em que os alunos liam os textos selecionados pela professora com o objetivo de estudar o tema da dengue. Se por um lado observamos formas diferenciadas de construção das práticas de leitura nas duas turmas, por outro lado há semelhanças entre elas. A primeira refere-se à seqüência utilizada pelas professoras no trabalho com os alunos. Assim como na turma da escola A, a leitura dos textos iniciava-se, geralmente, pela leitura silenciosa, seguida da leitura oral e do trabalho com as perguntas de interpretação dos textos, depois a socialização das respostas oralmente (na turma A isso era feito também por meio da escrita). A concepção de leitura que norteou a prática dessa professora não era muito diferente da professora da turma A. Pelos dados analisados, observamos que a mediação da professora pareceu buscar um controle do processo de produção de sentido pelos alunos de diferentes maneiras. Primeiro, pela tentativa de controle das respostas quando, antes de os alunos escreverem suas respostas iniciais, eles as construíam oral e coletivamente. Segundo, pela valorização das práticas de leitura oral, em que era avaliado o desempenho dos alunos na fluência do texto pela correção de erros de pronúncia, entonação e ritmo.

As práticas de produção de textos das duas turmas também apresentaram semelhanças significativas em relação às condições de produção. Os alunos escreviam para ser avaliados pelas professoras sobre um tema em estudo – no caso da turma da escola B – ou sobre um tema proposto pela professora ou pelo LD – no caso da turma da escola A. Os alunos escreviam textos diferentes, mas com os mesmos objetivos, para os mesmos interlocutores, com algumas exceções, como no caso da produção da carta para o diretor da escola B. Os textos dos alunos eram expostos nos murais da sala de aula, mas não eram efetivamente lidos e discutidos pelos alunos e pelas professoras. O objetivo de escrever para ser avaliado ocorreu em detrimento do objetivo de escrever para ser lido, para estabelecer um diálogo, uma interlocução com o outro. As análises dos textos dos alunos nos Capítulos 5 e 6 revelam que eles têm clareza do que estão escrevendo, quem são seus interlocutores e para que escrevem. Tais textos são constituídos de múltiplas vozes e evidenciam a dialogia inerente aos processos interacionais em sala de aula. É marcante a presença de elementos inerentes ao letramento escolar, que imprime certas características na produção dos alunos, como ilustrações, destaque do título, identificação, presença de discussões ocorridas em sala de aula e apropriadas pelos alunos, como no caso dos textos da turma B, uso de estratégias específicas para adequação do discurso a sua interlocutora mais importante, a professora, entre outras. No entanto, outras vozes também comparecem nos textos, principalmente na turma B: a da experiência cotidiana dos alunos, a da mídia e a dos órgãos de saúde pública.

Essas análises das práticas de letramento na turma da escola A evidenciam uma aproximação com a concepção de letramento autônomo, conforme estabelecido por Street (1984). Nessa perspectiva, a escrita é vista como um objeto neutro, descontextualizado, desprovido de seus aspectos socioculturais. Na turma da escola B, por causa do trabalho com projetos temáticos, a escrita parece aproximar-se mais de uma visão de letramento como prática social, pois pelo menos um dos textos foi escrito com a função social de advertir a direção da escola para o risco de focos de dengue e os textos produzidos pelos alunos incorporaram uma dimensão de advertência, característica dos panfletos dos órgãos de saúde pública. Mas mesmo na turma da escola B as práticas escolares de letramento distanciam-se das práticas de leitura e escrita produzidas pelos sujeitos fora da escola, marcada pela inevitável escolarização da leitura e da escrita (Soares, 1999). Isso significa que as práticas de letramento na escola têm suas especificidades e, por mais que a escola tente aproximá-las das práticas estabelecidas em outros contextos, não poderá refletir as características dessas últimas.

O discurso produzido nas interações em sala de aula apresenta indícios que confirmam as conclusões de Rojo

(2000) e do Santa Barbara Classroom Discourse Group (1992), ao analisarem práticas de letramento em sala de aula. Encontramos evidências de que a maior parte dos eventos interacionais na sala de aula estão estruturados em torno da leitura de textos e de atividades a eles relacionadas. Ou seja, os eventos mostram como os alunos interagem com textos e se envolvem com questões sobre eles. Alguns eventos indicam como os alunos interagem por meio de textos, como, por exemplo, em atividades de correção coletiva de um texto do colega ou quando escrevem textos coletivos para registrar uma experiência. Conforme analisa Rojo (2000), escola é letramento e dele decorre, quer suas práticas sejam orais ou escritas. A análise do discurso oral produzido durante a realização de práticas de letramento revela a relação entre letramento e oralidade, indicada por Kleiman (1995; 1998) em suas pesquisas sobre interações e práticas de letramento. Disso decorre o pressuposto de que as práticas de letramento na escola, para serem mais bem compreendidas, não podem prescindir da análise do discurso oral produzido por alunos e professores nos processos interacionais.

Implicações pedagógicas

Serão discutidas, a partir das análises anteriores, algumas implicações para a prática pedagógica não para prescrever os procedimentos a serem construídos pelo professor, mas para destacar elementos que possam contribuir para a reflexão dos professores e para a ressignificação dos processos educativos na escola.

Uma primeira implicação relaciona-se à importância de as políticas educacionais, em relação ao ensino da leitura e da escrita e à formação de professores, aprofundarem as concepções de aprendizagem, de língua e de letramento que têm norteado as práticas dos professores na escola. Percebemos que, ao mesmo tempo que os professores apresentam em seus discursos uma perspectiva que concebe a interação como parte constitutiva do processo de ensino-aprendizagem, por outro lado, não organizam as atividades de forma a propiciar essas interações em grupos ou em duplas, mas usam essas formas apenas para organizar o espaço da sala de aula. Além disso, muitas práticas de letramento evidenciaram uma concepção de língua como um código abstrato, desvinculado de suas funções sociais, e não como uma ferramenta cultural construída na interação entre as pessoas, em diferentes contextos, para diferentes fins e com diferentes interlocutores. Ainda, no trabalho com projetos temáticos na turma B, as práticas de letramento não contribuíram para uma ampliação do conhecimento do aluno sobre o tema, nem para a circulação de outros gêneros de discurso, por exemplo, o discurso argumentativo e explicativo das ciências naturais. Todos esses problemas são enfatizados nos processos de formação continuada patrocinados pelas autoridades educacionais do município. Por que essas características que circulam no discurso da formação permanecem ausentes nas práticas que investigamos? Talvez uma explicação seja o fato de os processos de formação continuada não enfatizarem a reflexão das próprias práticas dos professores envolvidos, o que dificulta a concretização desse discurso em alternativas de ação para eles. Nesse sentido, consideramos que este trabalho traz uma contribuição potencial para a melhoria dos processos de formação continuada, ao explicitar instrumentos de análise que auxiliam a tornar visíveis as práticas escolares, o que pode auxiliar o processo de reflexão.

O discurso de negação do uso do LD – que embora não esteja escrito circula entre professores e formadores – deve ser ressignificado no sentido de incorporar as pesquisas recentes, que indicam que os professores não reproduzem as propostas do LD em sala de aula; ao contrário, ressignificam essas propostas, fazendo uso a partir dos princípios que norteiam o seu saber-fazer, ou seja, a partir dos dispositivos que constituem sua prática pedagógica. Nesse sentido, as práticas de letramento em sala de aula são mediadas e construídas pelos sujeitos a partir das suas concepções de letramento, de ensino da leitura e da escrita, que podem ou não coincidir com a concepção implícita no material didático de que ele faz uso.

Nessa mesma direção, podemos pressupor que a opção pelo uso de propostas pedagógicas não vinculadas ao uso do LD, como, por exemplo, o trabalho com projetos temáticos analisados nesta obra, irá se constituir a partir da concepção do professor acerca dos processos de ensino-aprendizagem da leitura e da escrita, e não pelas concepções subjacentes a essas propostas metodológicas, uma vez que ocorrerá um processo de apropriação que, como vimos, é norteado pelas concepções do professor. Isso significa que, como foi dito anteriormente, as políticas educacionais e os processos de formação de professores devem investir mais na discussão e problematização das concepções e práticas dos professores, e não simplesmente na proposição de novas metodologias de ensino como um dispositivo para a construção de mudanças efetivas nas práticas de ensino e aprendizagem da leitura e da escrita.

Referências bibliográficas

ABRANTES, P. Trabalho de projetos e aprendizagem da matemática. In: *Avaliação e educação matemática*. Rio de Janeiro: MEM/USU – Gepen, 1995.

ALBUQUERQUE, E. B. C. *Apropriações de propostas oficiais de ensino de leitura por professores*: o caso do Recife. 361f. Tese (Doutorado em Educação). Faculdade de Educação da Universidade Federal de Minas Gerais, Belo Horizonte, 2002.

ARAÚJO, M. J. G. *Práticas de leitura na escola e nas famílias em meios populares*. Dissertação (Mestrado em Educação). Faculdade de Educação da Universidade Federal de Minas Gerais, Belo Horizonte, 1999.

BAKHTIN, Mikhail. *The Dialogic Imagination*. Austin: University of Texas Press, 1981.

——. *Marxismo e filosofia da linguagem*. 7. ed. São Paulo: Hucitec, 1929, 1995.

——. *Estética da criação verbal*. 2. ed. São Paulo: Martins Fontes, 1979, 1997.

——. *Questões de estética e de literatura*. 4. ed. São Paulo: Hucitec, 1998.

BARBOSA, M. S. *O lugar da discussão oral argumentativa na sala de aula: uma análise enunciativo-discursiva*. Dissertação (Mestrado em Lingüística Aplicada e Estudos da Linguagem). São Paulo: Pontifícia Universidade Católica de São Paulo, 2001.

BARTON, D.; HAMILTON, M. & IVANIC, R. (eds.). *Situated Literacies*. Londres: Routledge, 2000.

BATISTA, A. A. G. *Aula de português*: discurso e saberes escolares. São Paulo: Martins Fontes, 1997.

——. *Sobre o ensino de português e sua investigação:* quatro estudos exploratórios. 249f. Tese (Doutorado em Educação). Belo Horizonte: Faculdade de Educação da Universidade Federal de Minas Gerais, 1996.

——. Um objeto variável e instável: textos, impressos e livros didáticos. In: ABREU, M. (org.). *Leitura, história e história da leitura*. Campinas: Mercado de Letras, 1999.

——. O processo de escolha dos livros de 1.ª à 4.ª para o PNLD 2001: o que dizem os professores? In: BATISTA, A. & VAL, M. G. *Livros de alfabetização e de português*. Belo Horizonte: Autêntica, 2004.

BELLACK, A.; KLIEBARD, H. & SMILTH, F. *The Language of the Classroom*. Nova York: Teachers College Press, 1966.

BELO HORIZONTE. Secretaria Municipal de Educação. *Programa Escola Plural: Caderno Zero*. Belo Horizonte, 1994.

——. Secretaria Municipal de Educação. *Programa Escola Plural. Os Projetos de Trabalho*. Belo Horizonte, 1996.

——. Secretaria Municipal de Educação. *Revista Escola e Escrita*. Belo Horizonte: Cape, n. 1, 1999.

——. Secretaria Municipal de Belo Horizonte. *Política de alfabetização para a Rede Municipal de Educação*, 2003.

BLOOME, D. Reading as a Social Process in a Middle School Classroom. BLOOME, D. *Literacy and Schooling*. Nordwood, N.J.: Ablex, 1987.

——. This is Literacy: Three Challenges for Teachers of Reading and Writing. *The Australian Journal of Language and Literacy*, v. 20, n. 2, 1997.

——. PURE, P. & THEODOROU, E. Procedural Display and Classroom Lessons. *Curriculum Inquiry*, 19 (3). John Wiley & Sons, 1989.

—— & EGAN-ROBERTSON, A. The Social Construction of Intertextuality in Classroom Reading and Writing Lessons. *Reading Research Quartely*, v. 28 (4), 1993.

—— & BAILEY, F. A Special Issue on Intertextuality. *Linguistics and Education*, v. 4, 1992.

BORTOLOTO, N. *A interlocução na sala de aula*. São Paulo: Martins Fontes, 1998.

BRASIL. *Parâmetros Curriculares Nacionais:* primeiro e segundo ciclos do ensino fundamental: Língua Portuguesa. Brasília, MEC/SEF, 1997.

BUCHOLTZ, M. The Politics of Transcription. *Journal of Pragmatics*, v. 32, 2000.

CAJAL, I. B. A interação de sala de aula: como o professor reage às falas iniciadas pelos alunos? In: COX, M. I. P.; ASSIS-PETERSON, A. A. (orgs.). *Cenas de sala de aula*. Campinas: Mercado de Letras, 2001.

CANDELA, A. *Ciência en el aula*: retórica y discurso de los alumnos. Cidade do México: Centro de Investigación y Estudios Avanzados del Instituto Politécnico – Departamento de Investigaciones Educativas, Nacional (Tese, Doutorado).

CASTANHEIRA, M. L. *Situating Learning within Collective Possibilities*: Examining the Discursive Construction of Opportunities for Learning in the Classroom. 493f. Tese (Doctorate of Philosophy in Education). Santa Bárbara: University of California of Santa Barbara, 2000.

CAZDEN, C. *Classroom Discourse*: the Language of Teaching and Learning. Portsmouth, N.H.: Heinemann Educational Books, 1998.

COLINS, E. & GREEN, J. Learning in Classroom Settings: Making or Breaking a Culture. In: MARSHALL, H. (ed.). *Redefining Student Learning*: Roots of Educational Reestructuring. Norwood, N.J.: Ablex, 1992.

COOK-GUMPERZ, J. A sociolingüística interacional no estudo da escolarização. In: *A construção social da alfabetização*. Porto Alegre: Artmed, 1991.

CURTIS, L. A. & CHENG, L. Video as a Source of Data in Classroom Observation. *Thai Tesol Bulletin*, 12 (2), 1998.

DELAMONT, S. & HAMILTON, S. Revisiting Classroom Research: a Continuing Cautionary Tale. In: HAMMERSLEY, M. *Controversies in Classroom Research*. 2. ed. Filadélfia: Open University Press, 1987.

DUNKIN, M. & BIDLLE, B. *The Study of Teaching*. Nova York: Holt, Rineart and Winston, 1974.

EDWARDS, D. & MERCER, N. *El conocimiento compartido*: el desarrollo de la comprensión en el aula. Buenos Aires: Paidós, 1998.

ERICKSON, F. Qualitative Methods in Research on Teaching. In: MITROCK, M. (ed.). *Handbook of Research on Teaching*. 3. ed. Nova York: Macmillan Company, 1986.

——. Going for the Zone: the Social and Cognitive Ecology of Teacher-Student Interaction in Classroom Conversations. In: HICKS, D. (ed.) *Discourse, learning and schooling*. Cambridge: Cambridge University Press, 1996.

ERNST, G. "Talking Cicles": Conversation and Negotiation in the English Second Language Classroom. *Tesol Quarterly*, v. 28, n. 2, 1994.

EVANGELISTA, A. (org.) *Professor leitor aluno autor.* Reflexões sobre a avaliação de textos na escola. Belo Horizonte: Formato, 1998.

EVERTSON, C. & GREEN, J. Observation as Inquiry and Method. In: MITROCK, M. (ed.). *Handbook of Research on Teaching.* 3. ed. Nova York: Macmillan Company, 1986.

FERREIRO, Emília. *Com todas as letras.* São Paulo: Cortez, 1992.

—— & TEBEROSKY, A. *A psicogênese da língua escrita.* 4. ed. Porto Alegre: Artmed, 1991.

FLANDERS, N. A. *Analysing the Teacher Behavior.* Reading: Addison-Wesley, 1970.

FLORIANI, A. Negotiating what Count: Roles and Relationships, Contend and Meaning, Texts and Context. *Linguistics and Education,* v. 5, 1993.

FONTANA, R. A. C. *A mediação pedagógica na sala de aula.* Campinas: Autores Associados, 1996.

GAME. *Avaliação da implementação do projeto político-pedagógico Escola Plural.* Belo Horizonte: Faculdade de Educação da UFMG, 2000. CD-ROM.

GATTI, M. B. et al. Características de professores (as) de 1º grau no Brasil: perfil e expectativas. *Educação e Sociedade,* n. 48, ago. 1994.

GEE, J. P. What is Literacy? In: CLEARY, L. M. & LINN, M. D. (eds.). *Linguistics for Teachers.* Londres: McGraw-Hill, 1993.

—— & GREEN, J. Discourse Analysis, Learning and Social Practice: a Methodological Study. In: PEARSON, P. D. (ed.). *Review of Research in Education* (21), Washington: Aera, 1998.

GERALDI, J. V. *Portos de passagem.* 4. ed. São Paulo: Martins Fontes, 1997.

—— (org.). *O texto na sala de aula: leitura e produção.* 2. ed. Cascavel: Assoeste, 1985.

GNERRE, M. *Linguagem, escrita e poder.* São Paulo: Martins Fontes, 1994.

GÓES, M. C. R. As relações intersubjetivas na construção do conhecimento. In: SMOLKA, A. L. & GÓES, M. C. R. (orgs.). *A significação nos espaços educacionais:* interação social e subjetivação. Campinas: Papirus, 1997.

GREEN, J. Research on Teaching as a Linguistics Process: an State of the Art. In: GORDON, E. (ed.). *Review of Research in Education.* Washington: American Educational Research Association, 1983.

—— & C. WALLAT, C. (eds.) Mapping Instructional Conversations – A Sociolinguistics Ethnography. In: *Ethnography and Languages in Educational Settings.* Norwood, N.J.: Ablex, 1981.

—— & WEADE, R. In Search of Meaning: a Sociolinguistic Perspective on Lesson Construction and Reading. In: BLOOME, D. (ed.). *Literacy and Schooling*. Nordwood, Ablex, 1987.

—— & MEYER, L. A. The Embeddedness of Reading in Classroom Life. In: BAKER, C. & LUKE, A. (eds.) *Towards a Critical Sociology of Reading Pedagogy*. Filadélfia: John Benjamins, 1991.

—— & BLOOME, D. Ethnography & Ethnographers of and in Education: a Situated Perspective. In: FLOOD, J.; HEATH, S. B. & LAPP, D. (eds.). *Handbook for Literacy Educators: Research in the Communicative and Visual Arts*. Nova York: Macmillan, 1991.

—— & DIXON, C. The Myth of the Objective Transcript: Transcribing as a Situated Act. *Tesol quarterly*, v. 31 (1), 1997.

—— & DIXON, C. The Social Construction of Classroom Life. *International Encyclopedia of English and the Language Arts*. Nova York: A. Purves, v. 2, 1994.

—— DIXON, C. & ZAHARLICK, A. Ethnography as a Logic of Inquiry. In: FLOOD, J.; LAPP, D.; JENSEN, J. & SQUIRES, J. (eds.). *Handbook for Research on Teaching the English Language Arts*. 2. ed. Nova Jersey: LEA, 2001.

HEATH, S. B. *Ways with Words: Language, Life and Work in Communities and Classrooms*. Cambridge: Cambridge University Press, 1983.

—— Literacy and Social Practice. In: WAGNER, D. A.; VENEZKY, R. L. & STREET, B. *Literacy: an International Handbook*. Boulder: Westview Press, 1999.

HERNANDEZ, F. *La organización del curriculum por proyetos de trabajo*. Barcelona: Graó/ICE de la Universidad del Barcelona, 1992.

HICKS, D. (ed.) *Discourse, Learning and Schooling*. Cambridge: Cambridge University Press, 1996.

JENNINGS, L. B. Creating Spaces for Classroom Dialogue: Co-Constructing Democratic Classroom Practices in First and Second Grades. *Journal of Classroom Interaction*, n. 2, v. 34, 1999.

JOLIBERT, J. *Formando crianças leitoras*. Porto Alegre: Artmed, 1994.

——. *Formando crianças produtoras de textos*. Porto Alegre: Artmed, 1994.

KLEIMAN, A. (org.). *Os significados do letramento*. Campinas: Mercado de Letras, 1995.

——. Ação e mudança na sala de aula: uma pesquisa sobre letramento e interação. In: ROJO, R. (org.). *Alfabetização e letramento*. Campinas: Mercado de Letras, 1998.

KOEHLER, V. Classroom Process Research: Present and Future. *Journal of Classroom Interaction*, 13 (2), 1978.

LEAL, L. F. V. A formação do produtor de texto escrito na escola: uma análise das relações entre os processos interlocutivos e os processos de ensino. In: ROCHA, G. & VAL, M. G. C. (orgs.). *Reflexões sobre práticas escolares de produção de textos*: o sujeito-autor. Belo Horizonte: Autêntica, 2003.

LIN, L. Language of and in the Classroom: Constructing the Patterns of Social Life. *Linguistics and Education*, 5, 1994.

MACEDO, M. S. A. N. *A dinâmica discursiva na sala de aula e a apropriação da escrita*. 188f. Dissertação (Mestrado em Educação). Belo Horizonte: Faculdade de Educação da Universidade Federal de Minas Gerais, 1998.

———. *Interações nas práticas de letramento em sala de aula*: o uso do livro didático e da metodologia de projetos. 335f. Tese (Doutorado em Educação). Belo Horizonte: Faculdade de Educação da Universidade Federal de Minas Gerais, 2004.

——— & MORTIMER, E. F. A internalização da cultura escolar pela criança. *Presença Pedagógica*, Belo Horizonte, v. 7, n. 37, jan.-fev. 1999.

——— & MORTIMER, E. F. A dinâmica discursiva na sala de aula e a apropriação da escrita. *Educação e Sociedade*, v. 72, Campinas, 2000.

MACHADO, A. H. *Aula de química*: discurso e conhecimento. Ijuí: Editora Unijuí, 1999.

MARCUSCHI, L. A. *Análise da conversação*. 5. ed. São Paulo: Ática, 2000.

MEHAN, H. *Learning Lessons:* the Social Organization of the Classroom. Cambridge: Harvard University Press, 1979.

MICHAELS, S. Apresentação de narrativas: uma preparação oral para a alfabetização com alunos de primeira série. In: GUMPERZ, J. (ed.). *The Social Construction of Literacy*. Nova York: Cambridge University Press, 1991.

MORTIMER, E. F. Multivoicedness and Univocality in Classroom Discourse: an Example from Theory of Matter. *International Journal of Science Education*, v. 20, n. 1, 1998.

———. *Linguagem e formação de conceitos no ensino de ciências*. Belo Horizonte: Editora UFMG, 2000.

——— & MACHADO, A. H. Elaboração de conflitos e anomalias na sala de aula. In: MORTIMER, E. F. & MOLKA, A. L. B. (orgs.) *Linguagem, cultura e cognição*: reflexões para o ensino e a sala de aula. Belo Horizonte: Autêntica, 2001.

—— & MACHADO, A. M. A linguagem numa sala de aula de ciências. *Presença pedagógica*. Belo Horizonte: Dimensão, v. 2, n. 11, 1996.

—— & SCOTT, P. H. *Meaning Making in Secondary Science Classroom*. Maidenhead: Open University Press/McGraw-Hill, 2003.

NUNES, S. *Ensino da ortografia*: uma prática interativa na sala de aula. Belo Horizonte: Formato, 2002.

PÊCHEUX, M. *Analyse automatique du discours*. Paris: Dunod, 1969.

RAHME, M. M. F. *Trajetórias profissionais de educadores e formação em serviço*: o caso do Cape (1991-2000). (Dissertação de Mestrado). Belo Horizonte: Faculdade de Educação, Universidade Federal de Minas Gerais, 2002.

ROCKWELL, Elsie. Teaching Genres: a Bakhtinian Approach. *Antropology & Education Quarterly*, 31 (3), 2000.

ROJO, Roxane. (org.). *Alfabetização e letramento*. Campinas: Mercado de Letras, 1998.

——. Letramento escolar: construção de saberes ou de maneiras de impor o saber? Caderno de Resumos da 3rd Conference for Socio-Cultural Research. *Simpósio Cultura da Escrita e Práticas Escolares de Letramento:* 80. Campinas: ISSCS/Unicamp, 16-20/7/2000.

——. Enunciação e interação na ZDP. In: MORTIMER, E. F. & SMOLKA, A. L. B. (orgs.). *Linguagem, cultura e cognição*: reflexões para o ensino e a sala de aula. Belo Horizonte: Autêntica, 2001.

ROSENSHINE, B. & FURST, N. The Use of Direct Observation to Study Teaching. In: TRAVERS, R. *Second Handbook of Research on Teaching*: an Project of American Educational Research Association. Chicago: Rand McNally, 1973.

SÁ, A. L. *Os projetos de trabalho e a escolarização dos usos sociais da escrita*: um estudo de caso. Dissertação (Mestrado em Educação). Belo Horizonte: Faculdade de Educação da Universidade Federal de Minas Gerais, 2001.

SANTA BARBARA CLASSROOM DISCOURSE GROUP (Green, Dixon, Lin, Floriani, and Bradley). Constructing Literacy in Classroom: Literate Action as Social Accomplishment. In: MARSHALL, H. (ed.). *Redefining Student Learning: Roots of Educational Change*. 2. ed. Norwood, Ablex, 1994.

SANTOS, F. M. T. *Múltiplas dimensões das interações em sala de aula*. Tese (Doutorado em Educação). Belo Horizonte: Universidade Federal de Minas Gerais, 2001.

SECRETARIA DO ENSINO FUNDAMENTAL. *Programa Nacional do Livro Didático*. Brasília: MEC, 2002.

——. *Parâmetros Curriculares Nacionais*: língua portuguesa: 1º e 2º ciclos. Brasília: MEC, 1998.

SCRIBNER, S. & COLE, M. *The Psychology of Literacy*. Cambridge: Harvard University Press, 1981.

SOARES, M. *Letramento*: um tema em três gêneros. Belo Horizonte: Autêntica, 1998.

——. A escolarização da literatura infantil e juvenil. In: EVANGELISTA, A. et al. (orgs.). *A escolarização da leitura literária*. Belo Horizonte: Autêntica, 1999.

SMOLKA, A. L. B. *A criança na fase inicial da escrita*: alfabetização como um processo discursivo. São Paulo: Cortez, 1998.

——. Esboço de uma perspectiva teórico-metodológica no estudo de processos de construção de conhecimento. In: GÓES, M. C. R. & SMOLKA, A. L. B. (orgs.). *A significação nos espaços educacionais*: interação social e subjetivação. Campinas: Papirus, 1997.

SPLINDER, G. *Doing the Ethnography of Schooling*: Educational Anthropology in Action. Nova York: Holt, Rinehart & Winston, 1982.

SPRADLEY, J. *Participant Observation*. Nova York: Holt, Rinehart & Winston, 1980.

STREET, B. *Literacy in Theory and Practice*. Cambridge: Cambridge University Press, 1984.

——. The Meaning of Literacy. In: WAGNER, D. A.; VENEZKY, R. L. & STREET, B. *Literacy*: an International Handbook. Boulder: Westview Press, 1999.

—— (ed.). *Literacy and Development*: Ethnographic Perspectives. Londres/Nova York: Routledge/Taylor & Francis Group, 2001.

VAL, M. G. C. & BATISTA, A. A. G. (orgs.). Os professores e a escolha de livros didáticos de alfabetização e língua portuguesa. In: *Livro didático de alfabetização e português*. Belo Horizonte: Autêntica, 2004.

VIGOTSKI, L. S. *A formação social da mente*. 4. ed. São Paulo: Martins Fontes, 1991.

——. *Pensamento e linguagem*. 5. ed. São Paulo: Martins Fontes, 1995.

WALBERG, H. J. Synthesis of Research on Teaching. In: *Handbook of Research on Teaching*. 3. ed. Nova York: Macmillan Company, 1986.

WERTSCH, J. *Vygotsky y la formación social de la mente*. Buenos Aires: Paidós, 1998.

——. *Voces de la mente*: un enfoque sociocultural para el estudio de la acción mediada. Madri: Visor, 1991.

Cromosete
Gráfica e editora Ltda.

Impressão e acabamento
Rua Uhland, 307 - Vila Ema
03283-000 - São Paulo - SP
Tel/Fax: (011) 6104-1176
Email: adm@cromosete.com.br